华裔儿童双语习得

〔澳〕齐汝莹 著

赵娟 译

Ruying Qi
THE BILINGUAL ACQUISITION OF ENGLISH AND MANDARIN：
CHINESE CHILDREN IN AUSTRALIA

Copyright © 2011 by Cambria Press

根据美国坎布里亚出版社 2011 年版译出

献给爸爸、妈妈

以及我的孩子
澳齐（James）和雪莹（Joy）

儿童语言研究的志趣

——序齐汝莹《华裔儿童双语习得》

THE BILINGUAL ACQUISITION OF ENGLISH AND MANDARIN：CHINESE CHILDREN IN AUSTRALIA（美国坎布里亚出版社 2011 年出版），是齐汝莹女士 2005 年的博士论文。论文以她的儿子澳齐为对象，研究儿童汉语、英语同时习得的情况。论文的一些内容发表之后，特别是整部论文出版之后，获取了许多国际赞誉。

著名学者、墨尔本大学（University of Melbourne）迈克尔·克莱因教授（Michael Clyne），称赞该书"是一项在汉英儿童双语习得方面非常重要的研究范例"，为双语习得领域的研究"注入了更丰富的内涵"。

德国埃尔福特（Erfurt）大学安妮可·德·胡文（Annick De Houwer）教授认为，这部著作"引领了双语发展过程在语义和语用研究上的新潮流"，"对于学习双语第一语言习得的学生来说，这是一本必读之作"。

伦敦大学李嵬教授评价说："齐汝莹博士对汉语-英语双语第一语言习得细致而深入的研究，不但为语言习得研究、双语学研究及儿童发展研究提供了丰富及独特的实验数据，还回答了一系列至关重要的理论和方法论问题。此书在不久的将来无疑会成为最主要的参考书目。"

香港大学马诗帆（Stephen Matthews）教授指出，"该书博取双语发展理论众家之长，对海外华人家庭及华语社区如何保留汉语这个文化遗产有着重要的启示作用"。

香港中文大学叶彩燕（Virginia Yip）教授赞扬，"这是一个引人入胜的个案研究"，"该书将会为父母和研究人员带来无限灵感"。

一位华人学者研究一位华裔儿童同时习得汉英双语的著作，今以《华裔儿童双语习得》的书名译为汉语，由商务印书馆出版，这无疑是一段学术佳话。汝莹博士在研究的过程中，在论文发表后，以及在汉译本出版前，我都有幸了解一些研究状况，分享一些学术成果。特别是我也曾经以父亲和学者的双重身份研究过儿童语言发展，因而也就更能够理解汝莹博士的研究志趣。

由于全球范围内的人口大移动，人类已经进入到"多语时代"，个人多语、家庭多语、社会多语都已经是越来越普遍的现象。一个人具有多语能力，是"多语时代"的要求；在儿童期开展多语教育，是"多语时代"重要的家庭语言政策。因而，儿童的双语习得就成为重要的研究课题。在儿童双语习得中，有一系列的学术问题，例如：

1. 儿童可以同时习得双语吗？
2. 早年的双语习得研究，多是"一位亲人一种语言"（one parent/person, one language）模式，亦即父亲和母亲对孩子各说一种语言。那么，儿童在"不同情景不同语言"（different language for different situations）中，亦即儿童在不同情景中学习和使用不同语言，也能够同时习得双语吗？

3. 儿童在同时习得双语时，大脑中形成的是一个语言系统，根据不同的语境输出不同的语言，还是同时形成了两个语言系统？

4. 儿童习得的双语，功能是一样强大，还是有强有弱？哪个是强势语言，哪个是弱势语言？

5. 儿童习得的双语，是各自平行发展，还是相互发生影响？

6. 儿童习得的双语，其每种语言的发展与相应的单语儿童的语言发展，有无重大不同？

这些问题，国际学术界有较多讨论甚至争论，意见分歧，回答这些问题颇具理论挑战性，也有巨大的实践价值。汝莹博士的研究，对上述问题给出了不少"参考答案"：

儿童不仅在"一位亲人一种语言"的情况下可以同时习得双语，而且在"不同情景不同语言"的情况下，也可以同时习得双语，双语都是"第一语言"。"不同情景不同语言"是比"一位亲人一种语言"更为普遍的情况，其研究成果也具有更大的适用性。从澳齐的汉、英代词系统的习得看，儿童习得双语时，大脑中形成的是两个语言系统，而且一个为优势语言，一个为劣势语言。家庭常用的语言为优势语言，对澳齐来说就是汉语；故而当孩子三岁左右被送往只说英语的托儿所时，会出现3—4个月的"沉默期"。出生在澳大利亚并自出生起就接触两种语言的儿童，都经历了类似的沉默期。

汝莹博士的研究还表明，儿童所习得的双语是平行发展的，起码早期没有相互发生影响；而且，澳齐的汉语发展与汉语单语习得的儿童的语言发展，遵循相同、相似度规律，其英语发展与英语单语习得的儿童的语言发展，遵循相同、相似度规律。

汝莹博士的这些研究，奠定了这部著作在第一语言习得研究中的学术地位，也体现了一位学者的学术志向。其实，汝莹博士作为"母亲+研究者"的双重身份，不仅有研究之"志"，还有研究之"趣"，亦即在儿童语言研究中获取了很多乐趣、情趣。

趣之一，在研究过程中，通过录音、录像、笔记等，把孩子的成长踪迹详细记录下来，长期保存下来，这是父母留给孩子的最为珍贵的人生礼物。趣之二，在研究过程中，会认真观察孩子的语言行为及心智发展，常为孩子的聪慧之举而愉悦，为孩子的语言天赋而感叹。趣之三，就是把研究与子女教育结合起来，研究的过程也就是进行教育的过程，用心研究也就是用心教育，观察孩子也在调整自己的教育方式。孩子能够健康成长，这就是父母的最大幸福、最大满足。事实上，汝莹博士不仅取得了研究上的成功，而且也取得了教育上的成功，澳齐及其妹妹雪莹，语言、智力、人格的发展都十分出色，这是汝莹博士的人生最大收获。

在分享汝莹博士的儿童语言研究的志趣之时，还是希望这部译著的出版能够促进我国儿童语言学的发展，促进我国儿童多语能力的提升。我国的儿童语言发展有很多学术上的特点：

其一，中国人育儿，祖辈介入很深，一些退休老人的夕阳时光，仿佛都用在照顾第三代上。这种"祖孙深度接触"的育儿模式，必然会对儿童的语言发展产生重大影响。

其二，独生子女缺少家庭玩伴，其语言发展之路不同于多子女家庭。中国实行独生子女政策近 40 年，是天然的且人类历史不会再建的"语言实验室"。

其三，2016 年中国开始放开二孩，许多二孩与老大年龄距离较大，不是自然的"大孩~二孩"关系。可以预料这种非自然的"大孩~二孩"关系，也会对儿童的语言发展和心理发展产生各种微妙影响，这又是一个天然的且人类历史不会再建的"语言实验室"。

有此三者，对中国儿童的语言发展研究就有特殊的学术意义，特别是对探讨人口结构与儿童语言的发展具有天然优势。我们期待着，语言学家能够利用中国的这两个"语言实验室"和"祖孙深度接触"的育儿方式，广泛开展其对中国儿童的语言发展研究。而且，更希望这些研究成果能够惠及亿万家庭和千万教师，用早年习得的方式发展起儿童的多语能力，使这些孩子成为适应"多语时代"的世界公民。

李宇明

2018年8月8日

序于北京惧闲聊斋

"如果你和一个人交谈时使用的是他可以理解的语言,那是与他进行思想的交流。

如果用他的母语和他交谈,那是与他进行心灵的沟通。"

——纳尔逊·曼德拉(Nelson Mandela)

"语言和文化上的鼠目寸光,使我们在世界上渐渐失去友谊、商机和尊重。"

——J. 威廉·富布赖特(J. William Fulbright)

"我们应该让每一个孩子都掌握不止一种语言。"

——巴拉克·奥巴马(Barack Obama),美国前总统

"语言教育能让每一个学生受益匪浅。"

——陆克文(Kevin Rudd),澳大利亚前总理(汉语流利)

序

  本书系首例对一名汉语-英语双语儿童的语言发展过程进行的系统性研究。双语习得研究在国际学术界受到持续而广泛的关注。本书为该领域的研究注入了更丰富的内涵。
  本研究涉及的社会语言环境使本研究的重要性更加凸显。在大部分移民社会中存在两种不同的双语儿童抚养方式。一种方式是父母双方各使用一种语言（one parent/person, one language），另一种方式更为普遍，即在不同情境下使用不同的语言（different language for different situations）。绝大多数的已有文献均着力于对第一种抚养方式的探讨。齐汝莹的研究则是以第二种方式作为研究背景，即父母在家都讲汉语，而官方语言英语的输入则主要来自家庭以外的环境。
  汉语不仅是世界上使用范围最广的第一语言，而且讲汉语的移民也遍及很多其他国家，尤其是在英语作为官方或半官方语言的国家。例如，根据2011年的澳大利亚人口普查（Australian Census），在澳大利亚，汉语是除英语之外使用最多的家庭语言。根据相关文献，双语能力使澳大利亚（以及英国、美国和加拿大）华裔在认知和经济上取得优势，并同时成为他们及家人的社交财富。

  本书立足于双语习得理论，采用了典型案例法，运用实证数据对成长于悉尼的一名双语儿童的两种语言的关系进行评估。在跟踪这名双语儿童的语言发展上，本研究聚焦三个关键问题：一是身份识别，二是人称代词的习得和使用，三是对于早期词汇和句法发展是"分立式"还是"融合式"的讨论。基于这名儿童在1岁零7个月至4岁期间的数据，作者进行了深入的探讨，并将结果与对单语儿童的现有研究成果进行了比较。本研究不仅对双语习得研究做出了贡献，而且丰富了儿童语言研究——尤其是双语儿童研究成果。

  该研究除其学术价值外，还有诸多实用价值。家长们可以以此为鉴，找到培养孩子双语能力的最佳方法，既有利于国家，也有利于家庭。因此，这是一项在汉英双语习得方面非常重要的研究范例。

迈克尔·克莱因（Michael Clyne），
墨尔本大学（University of Melbourne）语言学院研究员，
莫纳什大学（Monash University）名誉教授

前　言

近年来，双语第一语言习得（BFLA），即儿童自出生起两种语言的发展，已成为儿童语言研究领域及跨学科领域中最让人振奋的研究课题之一。这也是我在 2004 年向澳大利亚西悉尼大学提交的博士论文研究课题。

随着双语习得研究领域近年来取得的重大进展，学术界掀起了一股针对双语和多语语境下汉语习得的研究热潮。2002 年，在新加坡召开的国际应用语言学协会国际学术研讨会上，安妮可·德·胡文（Annick De Houwer）和山木昌代（Yamamoto Masayo）首先发起了汉语儿童双语学术研讨。第二次重要的国际学术活动是 2007 年于汉堡举行的第六届国际双语研讨会。在这次会议上，李嵬（Li Wei）教授和我主持了汉语儿童双语和多语第一语言习得专题研讨。本次研讨的一些成果已发表于 2010 年《国际双语杂志》（*International Journal of Bilingualism*）的一期特刊上。

必须承认，语言是一种国家资源。在澳大利亚，除英语之外的其他语言也是一种国家资源。充分利用这种资源对实现国家发展目标至关重要，对国家和个人都有益处。尤为重要的是，充分及合理地利用该资源能够促进国家发展贸易，改善就业，增强国际流动性，提升科研能力，促进科技发展，增强对社区及国际社会的了解。汉语是中国的国语和通用语，是世界上被作为本族语使用人数最多的语言（超过13亿；*China Statistical Yearbook*，2009），而中国是澳大利亚最重要的贸易伙伴之一。数十万中国人移民到了北美和其他讲英语的国家；约有31万澳大利亚居民出生在中国（Australian Bureau of Statistics，2009a）。汉语和英语是世界上使用人数最多的语言，其使用的总人数为16.5亿，或在全球69亿人口中约占24%（Central Intelligence Agency，2011）。在美国，汉语正成为一种最常用的社区语言和战略性语言。在澳大利亚，根据2006年人口普查数据（Australian Bureau of Statistics，2006），讲汉语的居民约为54.9万人，其中14岁以下的儿童大约有10万。他们或讲汉语普通话，或讲粤方言，有的既会讲普通话又会讲粤方言。出生于中国的澳洲华人中，约有60%在家讲汉语普通话，29%讲粤方言，4%讲英语。在父母一方或双方出生于中国的华人家庭中，每10名出生在澳大利亚的儿童中就会有9名在家庭内讲汉语（Australian Bureau of Statistics，2009a）。

自20世纪60年代末起，已故的麦克尔·克莱因教授在澳大利亚进行了开创性的研究（特别参见 Clyne，2003），为重振国际双语学和多语学研究而不懈的努力，做出了重要贡献（例如，Clyne，1967，1972，1987，1991，2005）。虽然双语现象在世界范围内极为普遍，但是关于汉语和英语双语发展的研究却很少，因为大部分语言习得研究以欧洲语系为中心。

探讨儿童如何同时习得在词形、句法、音系和书写体系方面存在

前　言

显著差异的两种语言（如汉语和英语），既有理论意义又有实践意义。在双语文化环境下长大的儿童既有优势也面临困难和挑战。对于这些儿童的双语发展，父母和幼儿教师普遍心存忧虑。一些人固执地认为双语习得会使儿童感到"困惑"。他们认为儿童无法分辨自己在使用哪种语言，而且更为严重的是儿童的智力发展也会受到影响。在澳大利亚的华裔移民家庭还有一个特别的担忧：在以英语为主的澳大利亚语言环境中，汉英双语儿童的语言发展会出现某些滞后，其英语语言的发展会经历一段沉默期。此外，双语儿童的父母和教育者也一直担心以下一些问题：孩子是否会混淆这两种语言？双语儿童学习语言的速度是否比单语儿童缓慢？双语儿童在这两种语言上的习得速度和发展轨迹是否相同？如果发展速度和轨迹不同的话，两种语言的不均衡发展是否会引发担忧？生活在 21 世纪，孩子使用英语及汉语（或其他汉语方言）的双语家庭数目与日俱增，针对这对特殊语言组合的研究的实用价值也日益凸显。该研究不但有助于探讨双语习得问题，还为重新审视语言发展的过程和轨迹提供了素材。这项研究丰富了儿童早期双语习得的理论认识和实证数据。本书案例中的双语儿童没有混淆所习得的两种语言。希望本书中的内容能减轻家长及教育者的担忧。双语给儿童带来的不是负担，而是财富。两种语言的不均衡发展并非总是阻碍儿童语言发展。在儿童的发展过程中，这两种语言之间形成的动态关系以及儿童对差异巨大的两种语言的习得能力令人惊奇。

本研究关注的是双语儿童的身份识别和代词发展。身份识别和代词发展是儿童的认知、人际关系和语言发展的一个重要里程碑。在语言发展过程中，儿童需要识别身份（person）的各种新特征，这是社会生活的一个基本范畴。了解儿童在认知和语言层面的个体身份建构对于研究双语儿童尤为重要，因为双语儿童需要在两种语言和两种文化的语境下同时确立身份。这种了解在当今全球化背景下显得格外重要，因为越来越多的人所建构的身份跨越了语言和国家的界限。双语习得经历如何影响身份识别和代词发展？每个人有不同的称谓，同时也被赋予构成语言使用基础的社会身份指称。人称代词的习得难点在于其指示特征。幼童学习第一人称和第二人称代词的语义规则比较困难，原因有三，其一，他们需要在认知层面鉴别基本的身份范畴；其二，代词的所指对象随言语角色发生转换；其三，在与儿童交流的言语中，没有关于这些代词的正确用法范例。探讨双语儿童人称代词习得的研究屈指可数。本书对一名双语儿童的发展进行深入的纵向研究，旨在填补这项空白。

本书的研究对象为一名汉英双语儿童，其两种第一语言汉语和英语在语言类型上显著不同。这是首例对此类双语第一语言习得从名词向代词指称的发展路径的纵向研究。本书探究一名儿童早期词语学习中名词短语（NP）系统的发展以及两种语言输出中身份识别和人称代词的出现。本书聚焦这名儿童在 1;7—4;0 期间的总体句法发展，描述了其在自我指称表达发展中建立的形式-功能关系在人称代词习得中的运用，并将获得的数据与单语儿童的发展进行了比较。研究结果表明，不同类型的输入体验会影响儿童学习人称代词的速度和平稳性。不同的学习语境使双语儿童有机会运用语言加工策略在两种语言中实现代词的目标形式和完成其功能的映射。这项研究也探讨了双语发展中弱势语言的作用以及两种语言系统早期分立和互动的特征及程度，其语言环境迥异于"一人一语"的背景。本研究的数据至少包括 65 个自然言语的磁带录音片段，时间跨度超过 30 个月的汉语和英语两种语言的语境。汉语为家庭（以及种族社区）语言，讲汉语者为父母和其他家庭成员；英语为其他环境下的（支配）语言。

本研究的灵感来自伦杰特（Ronjat，1913）、利奥波德（Leopold，1939—1949）和斯滕斯（Sterns，1900—1918）对他们的孩子的经典案例研究。基于心理学框架，个体充当研究的基本单位。在此框架内，发展被视作区分身心统一体（psychophysical uniformity）中不同区域的过程。本研究所采用的策略同时关注发展过程中的一般性和特殊性。本书的结论有助于双语家庭了解双语者的早期语言区分，应对语言接触中可能出现的相互影响并且充分利用双语体验的优势。

在研究期间，作为一名家长兼研究者，我不仅拥有接近澳齐这名儿童的优势，而且见证了双语者收获的诸多益处，分享了在孩子成长的各个关键期伴随他健康发展的兴奋、惊讶和喜悦。澳齐已经成长为一名聪明、能干并且有责任心的 17 岁少年，他是老师眼中的优等生。在本书的各个章节，我愿意和读者分享我在双语发展研究过程中的发现。本书的信息可供双语研究者、发展心理语言学家、语言教育工作者以及相关学科的临床专业人员参考。我也希望双语家庭、儿童和他们的父母能够从本书中获益良多。

致 谢

本研究的成书得益于我的诸位同事、家人以及其他相关人士长期的支持和鼓励，在此深表感谢。

在研究过程中，我有幸与斯图尔特·坎贝尔（Stuart Campbell）教授和布鲁诺·迪·拜厄斯（Dr Bruno Di Biase）博士合作。他们的学术造诣、才智、源源不断的灵感和指导都使我获益匪浅。在西悉尼大学（University of Western Sydney，UWS），他们是一直慷慨支持我的同事和无可比拟的导师。

我在西悉尼大学的研究得到了澳大利亚联邦政府博士生奖学金的资助（the Australian Postgraduate Award）。对此，我心怀感激。同时，我感谢西悉尼大学和文学院给我提供研究基金以及人文与语言学院和MARCS听觉实验室给我提供的极富活力的学术环境。韦恩·麦克纳（Wayne McKenna）、彼得·哈钦斯（Peter Hutchings）、南希·赖特（Nancy Wright）、德尼斯·伯纳姆（Denis Burnham）以及其他同事在西悉尼大学的双语研究和教学中都做出了独特的贡献。本书也得益于他们的工作。在此，对你们表示感谢。

致　谢

1999年,我荣幸地参与了一项国家级研究项目,成为迈克尔·克莱因教授的研究助理。克莱因教授是研究澳大利亚移民语言的开创者,重点研究澳大利亚社区语言的结构变化、分布状态和维持状况。虽然他已永远地离开了我们,但是,在澳大利亚乃至国际学术界,他的研究成果具有持续而深远的影响力。就在克莱因教授离世前不久,他阅读了本书的草稿并撰写了评语。我非常感激他的学术视野、鼓励和关怀。

还有很多一流的学者和朋友对我的研究做出了贡献,在此我想表达谢意。我的灵感得益于伊丽莎白·蓝泽(Elizabeth Lanza)的双语研究,我感激她对我的研究所付出的热情和精神上的支持。我非常感激陈平(Chen Ping)和李宇明(Li Yuming),他们给我提出了最初的建议,并提供了关于汉语语言学和汉语单语儿童语言发展的参考文献。他们的帮助为我缩小研究范围起了关键的作用。我感激郭熙(Guo Xi)的热情相助,他帮我收集了有关汉语儿童代词发展研究的文献。我感激哲思拉·哈坎森(Gesela Håkansson)的鼓励,在本研究的初期,她在儿童语言方面的学识和经验帮我理清了思路。我还要感激若根·迈泽尔(Jürgen Meisel),他对我在国际双语研讨会上宣读的论文提出了非常宝贵的评述和建议。他的深刻见解和专业知识扩大了我的眼界,使我的思路变得更加清晰。我还要深深感激安妮可·德·胡文(Annick De Houwer),她在我研究的不同阶段都提出了极其宝贵的建议,拓展了本书分析的范围。我想对李嵬(Li Wei)表达特别的感激之情,他渊博的学识和洞察力促使我重新思考并改写本书的一些章节。在我研究的关键阶段和本书的撰写过程中,李嵬和祝华(Zhu Hua)提出了非常珍贵的指导意见,感谢他们给予的灵感和支持。

在本书的撰写过程中,我曾经在南京大学做客座研究员,在香港大学及香港中文大学做访问学者。在此,特别感谢南京的徐大明(Xu Daming)和香港的谭力海(Li-Hai Tan)、马诗帆(Stephen Matthews)和叶彩燕(Virginia Yip)的亲切接待。马诗帆和叶彩燕还花时间阅读了草稿的部分内容,给予我极大的支持和慷慨的帮助,提出了非常宝贵的建议。

西悉尼大学的很多同事和朋友使我受益匪浅。在此,我想对以下人士表达感激之情:丹尼斯·麦金纳尼(Denis McInerney)和孙德昆(Sun Dekun);人文与语言学院的萨托密·卡哇古奇(Satomi Kawaguchi)、桑德拉·黑尔(Sandra Hale)、乔治·桑德斯(George Saunders)、罗斯玛丽·苏利曼(Rosemary Suliman)、武果(Guo Wu)、姆斯塔法·泰比(Mustapha Taibi)以及刘向东(Xiangdong Liu);MARCS实验室的凯特·史蒂文斯(Kate Stevens)、丹尼斯·伯纳姆(Denis Burnham)、凯西·贝斯特(Cathi Best)、科林·肖克讷奇(Colin Schoknecht)、约翰逊·陈(Johnson Chen)以及达琳·威廉姆斯(Darlene Williams);社会科学学院的迈克尔·肯尼迪(Michael Kennedy)。我非常感激卡罗琳·琼斯(Caroline Jones)的相助,在草稿的修改过程中,她倾注了大量时间,提供了技术支持,并提出了宝贵的建议。

保罗·理查森(Paul Richardson)是一名出色的编辑,我非常感激他的鼎力支持和耐心。我还要感激坎布里奇出版社(Cambria Press)的全体工作人员。他们设计了别出心裁的封面,并提供了专业的指导和针对性的建议。我尤其感激主编托尼·谭(Toni Tan)和副主编米歇尔·赖特(Michelle Wright)。他们在稿件的出版编辑过程中提出了非常宝贵的建议,提供了专业指导和帮助。

致 谢

我想对我的家人表达诚挚的谢意，尤其是我的丈夫张云（Yun Zhang），感谢他在我数年的研究过程中给予的爱、理解、坚定的支持和不断的鼓励，他出色的电脑排版和编辑技术使初稿得以顺利完成。我永远感激他和我们的两个能讲多种语言的孩子澳齐（James）和雪莹（Joy），在我"黏"在电脑屏幕上的那段时间，他们宽容了我整晚的"缺席"。我深深感谢我的妈妈、爸爸、妹妹小莹（Xiaoying）和妹夫杰克（Jack）给予我的爱、理解、不懈的支持、无尽的信任和在困难时期的帮助。妈妈，是您用激情和智慧激励了我。妈妈，女儿深深地感谢您！特别感激小莹（Xiaoying）投入精力帮我完成繁琐的转写和数据校对工作。没有他们，我的梦想就不会成真。

虽然本书第五章和第六章经过重写，但是其早期版本已公开发表过。为此，我对《国际双语期刊》(International Journal of Bilingualism) 和《第四届国际双语研讨会会议记录》(Proceedings of the Fourth International Symposium on Bilingualism) 表示感谢。

最后，我想对澳齐本人表示感谢，他使我的研究妙趣横生并不断激发我的灵感，没有他的咿呀学语和话语资料，本研究就不会成为现实。

目 录

序 xi
前 言 xiii
致 谢 xviii

第一章　引言 1
第二章　双语第一语言习得研究综述 10
第三章　个案研究法 47
第四章　汉英早期句法发展 74
第五章　汉英双语儿童早期语言中从人称名词到人称代词的发展 .. 121
第六章　人称代词的习得（汉语－英语）............................. 147
第七章　总结 227

参考文献 239
表格目录 263
图示目录 266
附　录 267
索　引 275
后　记 281

第一章　引言

1.1. 双语语境的影响

假如一名儿童自出生就习得两种语言，这种特殊经历在认知和语言方面会如何影响其身份识别和代词使用？本书探讨双语语境对儿童的身份识别和代词习得的影响，尤其是自我指称的方式从名词形式向语法化的代词形式的转换。本研究探讨以人称代词指称自我、受话人和非参与者的使用情况。孩子的代词输入语为汉语和英语，这两种语言在类型上有显著差异，孩子的早期词语和句法学习都是在这两种语言的语境下进行的。本书也讨论单语句法发展中的词序和主语实现问题，并与这名双语儿童的句法习得进行比较。本研究的发现对于普通语言习得研究，特别是双语第一语言习得研究，具有借鉴和启发意义。

本章概述要点。

1.2. 双语语境及其重大意义

自 20 世纪 80 年代后期，在理论和实证层面，对儿童的双语习得研究呈增长趋势（例如，De Houwer，1990，2009；Deuchar & Quay，2000；Genesee，1989；Lanza，1997；Meisel，1986，2007；Paradis，Nicoladis，& Genesee，2000；Yip & Matthews，2007）。这股热潮源自几个方面的因素。第一，在全球化的时代，双语或多语儿童与单语儿童数量旗鼓相当；换言之，双语或多语儿童属于多数，而不是少数（W. Li，2010；Tucker，1998）。因此，针对双语儿童的语言习得研究本身就是有意义的。第二，语言习得理论终究必须囊括双语习得。第三，思维与大脑中概念的形成与双语能力和双语习得有一定的关联。例如，研究者对于人类语言能力与思维能力的探索才刚刚起步。终生使用双语的人的大脑似乎更发达——通过使用两种语言系统，双语者会有更好的指令系统以弥补大脑其他部分的缺陷，其大脑结构也可能会更好（参见 Australian ABC Radio National，2011；Bialystok，2001；Li，Tan，Bates & Tzeng，2006）。此外，语言习得研究者目前愈加意识到跨语言研究的必要性，并将此领域的研究数据与聚焦不同语言的儿童单语习得研究成果做对比（Slobin，1985a）。这样的跨语言研究受多种因素的驱动，其中包括语言的普遍因素与特殊因素在习得过程中的权重问题（参见 Berman，1986；Slobin，1985b）。观察自出生起就处于双语环境下的儿童对于普通语言习得理论研究有特殊意义，原因在于，可能影响双语者的变量被降至最低限度（De Houwer，1990：1）。双语儿童最接近"完美配对"。正如迈泽尔所言："一个人具有一种个性、智力等，却驾驭两套语法系统"（Meisel，1990：17）。双语儿童在认知、社会、经济和心理等方面可能与单语儿童存在显著差异。双语第一语言习得研究有助于父母和教育者了解双语儿童语言习得的发展规律以及家庭在帮助儿童成功习得双语中应发挥的作用。

目前的双语习得研究涉及面很广，几乎包括语言学习的所有层面：音系（Deuchar & Quay，2000；Paradis，2001）、早期词汇发展（David & Li，2008；Quay，1995）、句法（参见综述 De Houwer，2005）以及社会语用或交际技能（Genesee，Boivin, & Nicoladis，1996；Lanza，1997）。这些研究关注双语习得的进程、表征系统以及双语儿童的两种语言之间可能存在的相互影响——例如，语音错误（Zhu & Dodd，2004）、父母的输入（Lanza，1997，2001）和句法迁移（Yip & Matthews，2000，2007）。

针对双语儿童的身份识别和代词习得的研究数量很少，而且研究范围较窄。对于双语第一语言习得的研究主要停留在双语儿童语言发展的形式层面。在真实语境中的语言使用现象未得到充分的调查研究，被忽视的尤其是语言习得中形式与功能的相互作用——这些要素在双语和单语习得中都至关重要（Lanza，1997：318）。具有双语能力的儿童能很好地运用双语输入、语境、支配和习得策略，从而实现语言形式与功能的对接。针对双语儿童的语言习得研究不可忽视双语儿童交际能力的发展，真正的双语交际能力意味着能够根据当下语境的相关特征灵活地使用语言，包括选择对话人所偏好的或更娴熟的语言（Genesee，2003：216）。

针对双语儿童的人称代词发展的研究有助于揭示双语者的语言形式与功能对接的过程。

1.3. 双语第一语言习得

麦克劳克林（McLaughlin，1978）提出的对两种语言的同步习得和先后习得的区分在学界广为引用。他提出的双语同步习得指儿童在三岁生日之前已置身双语环境，不能达到此标准的情况即为先后习得。麦克劳克林承认，三岁生日实际上是人为的分界点。然而，德·胡文（De Houwer）认为，麦克劳克林划定的第一个类型过于宽泛，她更认可双语第一语言习得（Meisel），并用此术语指儿童自出生的第一个月起即经常接触两种语言的情况。杜查和夸伊（Deuchar & Quay，2000：1）认可德·胡文的观点：初次接触每种语言的年龄对习得过程可能产生影响。然而，有关每个年龄段的确切影响目前知之甚少，因此，与她在术语上的争论相比较，德·胡文的如下见解更重要：研究者应该"精确界定他们的双语研究对象经常置身于多语环境的确切起始时间"（De Houwer，1995：223）。

　　鉴于此，本书使用术语双语第一语言习得，原因是儿童澳齐自出生至五岁期间经常置身于双语环境。在本个案研究中，我提供了双语习得的时间段和语言接触的详细数据。同时，我也尽可能提供了可与其他个案研究进行比对的相关信息。

1.4. 双语第一语言习得的理论论争

　　双语儿童最初的语言系统究竟是怎样的？是从单一语言系统逐步发展为两个分立的语言系统［杰尼斯的单一语言系统假说（Genesee，1989）；或迈泽尔的融合系统假说（Meisel，1989）］，还是从词形句法发展初期就形成了两个相区分的语言系统［德·胡文的分立发展假说（De Houwer，1990）；或迈泽尔的区分假说（Meisel，2001）］。

　　尽管研究者都认可双语习得过程中两种语言的混用，但是对于这种现象的解释存在分歧。根据单一语言系统假说，在不考虑语言输入

第一章　引言

和语境的情况下，双语儿童最初习得的是包括两种语言词语的单一词汇系统，并且使用的是同一套语句规则。研究者从不同的视角论证此观点，其中，沃尔泰拉和泰施纳（Volterra & Taeschner，1978）的合著以及泰施纳（Taeschner，1983）的独著最有代表性。

支持分立发展假说的研究者认为，儿童自双语的早期习得阶段即可区分两种语言系统（参见综述 De Houwer，1990，1995，2005；Genesee，2000，2003；Lanza，1997；Meisel，1990，2001）。

然而，最近的研究热点已经转移至双语习得和使用过程中两种语言相互影响和相互作用的方式，比如，语言相互依赖所产生的影响：干扰或迁移，加速和延缓（参见综述 Genesee，2000；Lanza，2000；Meisel，2001；Yip & Matthew，2007；Zhu & Li，2005）。研究者认为，在习得早期，两种语言的分开（输入）并不意味着它们不会相互影响和相互作用而各自分立发展。

迄今为止，大多数双语第一语言习得研究主要关注的是在一人一语家庭环境中养育的双语儿童，并且多数研究涉及的是印欧语系的语言。本研究聚焦的语言为汉语和英语，它们在类型上差别较大，因此，在验证分立发展假说的效度和双语互动程度方面本案例可以提供新的数据；此外，语言习得的不同社会语境可以检验分立发展假说在非一人一语语言输入模式[罗曼理论中的第三类的修改形式（Romaine，1995）；详见第二章的讨论]的家庭语境下的适用性和概括性。本研究关注的双语儿童在移民家庭中最有代表性。在这些家庭中，语言的输入和使用以情境为导向，一境一语。在本案例中，汉语为家庭（以及少数民族社区）语言，是孩子的父母及其他家庭成员的母语，在其他情境中使用的语言以英语为主。即使在家庭环境中，孩子也在每天特定的时间接触英语。例如，听英语故事、看英语电视节目以及与同龄人玩游戏等。这类双语案例研究有利于探讨双语相互影响和互动的可能性——比如，语言干扰、加速和延缓，以及在早期的词语学习、句法和代词方面的差异。这些问题将在第四章、第五章和第六章中讨论。

1.5. 双语语境下人称代词的发展

儿童是如何使用两种语言识别人称并学会使用人称代词的？指示语的习得问题令人着迷，原因是多方面的。首先，指示语意味着成人与儿童之间即时"交互主体性"的分解。就名词而言，一只猫在你和我之间没有差别。词语意指相同的世界以及表征实体的语言规约。然而，就人称识别而言，这种对应关系就瓦解了：讲话人的身份导致了人称代词的差别。举一个最简单的例子，孩子和其父/母亲都可以用"澳齐"这个人名称呼这个孩子，但是他们不可以同时用"你"指称他。换句话说，这种情况意味着讲话人和受话人之间恒常状态的瓦解。学会使用人称代词的基本前提是对话语角色的辨识。

人称代词是指示语的一种形式（Wales，1986：401）。在话语场景中，指示语的作用是引导受话人注意空间或时间特征，这对恰当解读话语至关重要。指示语的引导方式很有趣，集中体现了语言的句法、语义和语用方面的特点。G. 斯特恩（G. Stern，1964）将指示语称为依附表达，对其解读不仅取决于非语境限制的语义信息而且有赖于真实的（或被解读的）语境信息。指示语的作用在于引导交际中的受话人注意某个对象或事件。解读这种话语场景或言语事件的重点是了解讲话人的相关信息，无论如何这类信息必须保证对话语所涉及的人物

第一章 引言

或地点的判断准确无误。指示语明确地表述主观指向，并提醒人们，语言的习得和使用发生在真实场景中。

研究者在英语和其他欧洲语言的单语第一语言习得方面开展了针对代词系统的研究（Charney，1980；Chiat，1982；E. Clark，1978；Deutsch，Wagner，Burchardt，Schulz，& Nakath，2001；Huxley，1970；Rispoli，1994；Stern & Stern，1900—1918）。此外，第一语言代词习得的主要研究对象为单语儿童，而不是双语第一语言习得者。然而，在屈指可数的双语第一语言习得研究中，针对代词发展的研究局限于几个领域（De Houwer，1990；Lanza，1997；Meisel，1990，1994）。这些研究主要涉及欧洲语言，讨论了代词形式的出现以及代词与儿童的词形句法发展之间的关系、某些代词在两种语言各自语境中使用的频率以及混合话语中的跨语言影响。

针对早期语言发展过程中从人称名词向人称代词转换的纵向研究文献仍然凤毛麟角，同样鲜有涉足的研究领域包括双语第一语言的代词习得。本研究旨在追踪从人称名词向人称代词转换的发展过程，研究对象为一名汉英双语第一语言学习者（年龄跨度为 1;7—4;0）。详见第四章的讨论。

英语代词发展的研究对象一直是单语儿童（Brown，1973；Budwig，1990；Charney，1980；Chiat，1986；E. Clark，1978；Huxley，1970，以及其他研究者）；厄尔博（Erbaugh，1992）、李宇明（Y. Li，1995）和其他学者研究了汉语单语习得。本研究旨在描述一名汉英双语儿童的自我指称表达和人称代词的习得过程，并将此与单语发展做对比，探讨名词和代词的指示功能和句子发展，包括两种语言中人称和数的形式-功能的区分以及英语格标记的语法差异。详见第六章的讨论。

针对本章开头提及的问题——了解双语儿童即时交际中的语言习得过程和习得策略（也涉及单语儿童的语言习得过程和习得策略）——研究者需要详实描述和分析双语儿童的语言输出。然而，令人遗憾的是，我们对双语儿童两种语言的发展状态（特别是弱势语言的发展路径）以及双语第一语言习得策略还了解甚少，涉及的因素有隐性的间接输入、同龄人语言输入以及在一语一境移民家庭中的语境制约性双语输入。这些问题将在第二章中予以讨论。不同类别的双语儿童和不同的双语组合将为双语第一语言习得研究拓展新的视角——有关双语儿童的两种语言分立的各类问题，双语和单语儿童语言输出的相似点与差异（附录二"汉语与英语的类型差异"）。

因此，本研究有三个目的：第一，获取更多关于双语第一语言习得的知识；第二，在此基础上，更好地了解儿童语言习得的一般过程；第三，帮助应对双语儿童的养育中出现的实际问题。

1.6. 内容概要

第二章回顾双语第一语言习得的相关研究并详述本研究的主要问题；第三章介绍个案研究；第四章分析儿童的双语句法习得过程，重点阐述主语实现和词序模式，并将单语和双语数据做对比。

第五章阐述儿童早期语言发展中的名词性系统，主要探讨从人称名词向人称代词的转换。

第六章讨论双语语境对双语儿童人称代词习得所产生的影响。分别描述两种语言中代词指称自我、受话人和非参与者的现象，将获取的数据与汉语和英语单语儿童的相应数据做对比。为了解双语儿童早期语言系统分立与互动的特征和程度，本章还介绍代词使用的语用和语义问题。

第七章综述研究结果并指出今后的研究方向。

第二章　双语第一语言习得研究综述

2.1. 引言

双语习得研究的历史相当长。1913年,伦杰特(Ronjat)报告了第一例关于双语儿童的科学研究。此后,从1939年至1949年,沃纳·利奥波德(Werner Leopold)出版了四卷本的经典专著,记载了他对两个双语女儿的研究,这项研究在双语同步习得研究的历史上开了先河。但是,20世纪80年代之前,很少有人突破伦杰特和利奥波德的研究。自20世纪80年代中期开始,此领域的研究异常活跃,势头无衰减的迹象。对于1980年前的双语儿童研究,可以参考林霍尔姆(Lindholm, 1980)、麦克劳克林(McLaughlin, 1984)和雷德林格尔(Redlinger, 1979)的论著。本章回顾双语第一语言习得领域尚未给予充分研究的一些问题,并简要介绍最具争议的焦点问题:一元与二元系统的对峙——单一语言系统假说与分立发展假说的论争。这方面最值得关注的研究成果见诸如下学者的论著:迈泽尔(Meisel, 1989, 2001, 2004)、杰尼斯(Genesee, 1989, 2000)、德·胡文(De Houwer, 1990, 1995, 2005, 2009)、蓝泽(Lanza, 1990, 1997)以及杜查和夸伊（Deuchar & Quay, 2000）。

2.2. 语言输入的类别与多样性

维曼和麦克劳克林（Vihman & McLaughlin, 1982）认为，研究双语同步习得语境下的语言输入至少应该包括两个参数：(a) 家庭语境比照家庭外社区语境下的输入；(b) 出自会话人个体的单语及双语输入的比照（术语为"混合输入"）。维曼和麦克劳克林甄别了家庭与社区这两种基本语境，以及双语儿童所接触的语言使用或输入的三种情形：(a) 使用一种语言的个体；(b) 混合语言的个体；(c) 个体随环境变换语言，即在家庭和社区语境下各使用一种语言。这三种类型的语言使用体现了各语境的特征。在家庭和社区环境中，每一种语言的使用分布情况都会影响儿童的双语同步输入。

罗曼（Romaine, 1995）采纳了哈丁和赖利（Harding & Riley, 1986）对双语家庭的分类法。但是，维曼和麦克劳克林提出的参数只符合其中的一部分条件。针对这种情况，罗曼（Romaine, 1995）将儿童早期的主要双语环境划分为六类，其中的五类与哈丁和赖利（Harding & Riley, 1986：47—48）的分类相吻合。罗曼（Romaine, 1995）依据父母的语言、社区语言和父母"策略"划分双语家庭。尽管罗曼提出的父母和社区语言对应维曼和麦克劳克林提出的家庭和社区（语言）输入，罗曼只在涉及父母策略的情形下运用"单语比照双语输入"参数。以下是罗曼对儿童早期的主要双语环境的分类。

第一类：一人一语

父母：父母的母语相异，双方对对方的语言有一定的运用能力。

社区：父亲或母亲的语言为社区的强势语言。

策略：自孩子出生起，父母分别使用自己的母语与孩子交流。

第二类：非强势的家庭语言或一语、一境

父母：父母的母语相异。

社区：父亲或母亲的语言为社区的强势语言。

策略：父母均使用非强势语言与孩子交流，孩子只有离开家庭环境才完全处于强势语环境中，尤其是托儿所。

第三类：无社区语言环境支持的非强势家庭语言

父母：父母讲同一母语。

社区：父母的母语不属于社区的强势语言。

策略：父母使用自己的母语与孩子交流。

第四类：无社区语言环境支持的双重非强势家庭语言

父母：父母使用不同的母语。

社区：父母各自的母语都不属于社区的强势语言。

策略：自孩子出生起，父母各自使用自己的母语与孩子交流。

第五类：讲非母语的父母

父母：父母的母语相同。

社区：父母的母语属于社区的强势语言。

第二章　双语第一语言习得研究综述

策略：父亲或母亲始终使用母语之外的一种语言与孩子交流。

第六类：混合语言

父母：父母均为双语者。

社区：社区的某些场景也可以被视为双语语境。

策略：父母转换语码并混合语言。

祝华和李嵬（Zhu & Li，2005）指出，儿童双语环境的这六种类型有明显的重合特征。例如，在第一类和第二类中，父母均使用不同的语言，其中一方的语言属于社区的强势语言，两者的差异在于父母与孩子交流时的策略。在第一类中，孩子在家庭环境中系统地接触了两种语言；而在第二类中，孩子一般较晚接触家庭以外的社区语言。在第四类中，父母双方使用不同的母语，但双方的母语都不属于社区的强势语言。孩子在家里接触父母的两种语言，在家庭外接触社区语言，在这种情况下，孩子属于三语者。在第三类和第五类中，父母讲同一种语言。但是，在第三类中，父母的语言不属于社区的强势语言，而在第五类中，父母一方与孩子交流时不使用自己的母语。

罗曼（Romaine，1989：166—168）特别指出，双语学习情境涉及三个关键要素：（a）父母与孩子交流时所使用的语言；（b）父母的母语；（c）父母的语言与社区强势语言的亲疏关系。德·胡文（De Houwer，1995：223）认为，第一个要素的重要性显而易见。然而，有一点不甚清楚的是，其他要素在儿童双语习得过程中是否发挥重要作用。祝华和李嵬（Zhu & Li，2005）认为，罗曼给六种儿童双语环境归类的三个要点——父母的语言、社区的社会语言环境、父母以及其他直接看护人的话语策略——是影响双语习得过程和习得产出（即最终发展为何种类型的双语者）的关键要素。然而，目前针对双语儿童的这六类输入条件和语言的大脑表征以及他们的语言使用模式之间的关系仍然缺乏实证研究。

关于早期双语同步习得的大多数研究都关注第一类情境（参见综述 De Houwer，1995，2005）。乔治·桑德斯（George Saunders，1982，1988）对他的三个孩子（两个男孩：佛兰克和托马斯（Frank & Thomas），一个女孩：卡特里纳（Katrina））的英德双语案例研究符合罗曼的第五类情境。维曼对她的儿子赖沃（Raivo）的爱沙尼亚语和英语双语案例研究（Vihman，1985）以及杜查和夸伊（Deuchar & Quay，2000）对自出生即习得西班牙语和英语的双语者 M 的输入语境的案例研究可以被划分为第二类的修改版。

罗曼划分的第六类也许是一种更常见的类型，这一点与文献中的记载有差异（Zhu & Li，2005）。德·胡文（De Houwer，1995）发现，世界上很多双语儿童成长在"双语均为本族语的社区"，在这样的环境中，事实上没有或不存在单语标准（Wölck，1987：8）。然而，关于实质上完全没有分立的两种输入语对发展过程所产生的影响还未得到系统的研究。在第一类和第六类之间的连续体中，语言的使用实际上存在输入的各种结合、分立的程度以及混合等情形。例如，在澳大利亚这样的移民国家，第三类和第六类的结合在移民家庭中最常见。

父母：讲相同母语的双语者。

社区：父母的母语不属于社区的强势语言。

策略：在家庭环境中，父母主要使用母语与孩子交流；在家

第二章 双语第一语言习得研究综述

庭环境外，孩子大部分时间接触强势语言。

然而，在某些语境（例如，居家）中的特定情景下（例如，讲故事），父母的某一方会使用社区强势语言与学习双语的孩子交流。这种模式既包括话题改变时父母与孩子一对一交流中的语码转换，也包括父母之间一对一交流时的语码转换。据我了解，对于这种囿于语境的语言输入的特征以及这种语言输入对双语幼童的语言发展的影响仍有待研究。

在本案例的每个家庭和社区情境中，这名双语儿童的两种语言在输入时分开的状态受语境限制。对于环境制约性双语接触的条件，德·胡文提出了影响儿童个体社交网络中的语言使用的情景制约性因素。她指出：

> 到目前为止，最受研究者关注的是把两种语言分开的人为因素，（但是）对两种语言的分开输入也受到情景因素的制约。据我所知，尚未有人研究这类输入情景比照其他因素对双语幼童语言发展的影响。（De Houwer, 1995：226）

然而，后一种情景在移民社区中最常见。我认为，没有确凿的证据能够验证某种特定的环境更有利于或不利于养育双语儿童。本研究调查在每种语言的特定语境下，一名双语儿童的词汇和句法学习过程中的早期双语代词发展（此处的"语境"指互动中的谈话语境；Lanza, 1997：10）。

对于普通移民家庭儿童的双语发展研究，我与杜查和夸伊

（Deuchar & Quay，2000）持同样的观点，即采用描述性而不是规定性的方法。因此，本研究的重点在于描述双语习得过程中发生的真实情景。养育双语儿童有多种方法，在很多情况下，父母或其他话语参与人没有意识到"方法"取舍的必要性和可能性（Deuchar & Quay，2000：9）。在本案例中，当父母决定将他们的孩子澳齐培养成为双语者时，他们采用了被杜查和克拉克（Deuchar & Clark，1988：461）称为"真实的社会语言"的输入法。他们没有依照父母一人讲一种语言的原则，这种做法在这样的家庭中不切实际。澳齐早期的汉英双语接触受限于语境，尤其是环境/场景和互动语境相组合的语言输入模式。环境制约性变量即维曼和麦克劳克林（Vihman & McLaughlin，1982：x）提出的"环境制约性语言，在家庭内讲一种语言（汉语），在社区讲另一种语言（英语）"，这一点类似于德·胡文的场景制约性语言，即与孩子讲话时父母的语言选择取决于场景。互动语境制约性变量指父母在家与孩子交谈时的语言选择主要取决于话题（例如，睡前半小时的讲故事时间使用英语）；语境制约性会话也涉及父母和孩子对话中的话题转换及父母之间的交流。在本案例中，儿童澳齐的双语输入环境在移民家庭的第二代中具有代表性，即父母均使用本族语。在移民国家，他们的语言属于少数民族社区语言。然而，这样的语言输入会如何影响双语习得呢？

2.3. 输入在习得中的作用

德·胡文（De Houwer，1990，1995，2005）认为双语儿童的（语言）输入很重要。双语幼童非常关注输入语的变化性，做不到最基本的这一点，他们输出的话语就不大可能与每种输入语表现出清

第二章 双语第一语言习得研究综述

晰的关联度。蓝泽（Lanza，1997：70）指出，在对儿童双语混用现象的研究中，双语儿童语言输入的影响一直被忽视。对双语儿童的研究"可以给单语习得中有关输入的作用的论争提供参考"（Lanza，1990：447）。输入模式指输入语在输入过程中是否分开的状态，研究者对这方面的关注出于几种原因。输入过程中的语言区分或分开程度具体表现在双语儿童的语言"混用"程度或分立发展上（Genesee，1989；Meisel，1989）。杰尼斯（Genesee，1989）认为，如果双语儿童经常接触混合输入的语言，就不应该要求双语儿童不要混用他们的语言。因此，输入过程中语言分开的程度常常被认为是早期双语习得的主要决定因素。纵观历史，罗曼划分的第一类"一人一语"的输入条件（Romaine，1995：183）与伦杰特（Ronjat，1913：4）的"一人一语"（une personne, une langue）的方法一脉相承，伦杰特的语言学家朋友 M. 格拉蒙特（M. Grammont，1902）认为这是养育双语儿童的最好方式。这类输入模式被认为是有效避免混用的最理想的双语发展方法。自20世纪早期，这种方法或策略一直影响着双语儿童父母的养育理念。

很多儿童双语研究特别关注父母的语言输入而忽略其他渠道的输入，这种做法似乎很普遍。杜查和夸伊（Deuchar & Quay，2000：8）指出，此类研究常常预设的是西方中产阶级一夫一妻的核心家庭。然而，事实上，双语儿童成长的很多家庭结构呈现多样性。例如，非核心大家庭和西方单亲家庭。对西方"标准"核心家庭中父母的语言输入的过度强调显著地表现在针对父母采用各自的母语与孩子的交流模式的研究中。叶彩燕和马诗帆（Yip & Matthews，2010：143）也强调习得环境中的差异因素，包括输入模式和家庭结构。在讲汉语的社区，大家庭占主流，除父母之外，亲戚和其他看护人的语言输入不可忽视。

依据侧重于方法或父母策略的研究（伦杰特的框架），除非每种语言和不同的人有关联，否则儿童无法区分他们所接触的语言。这种视角低估了双语儿童区分语言的能力，它实际上涉及两个相关的假说（Deuchar & Quay, 2000：8）：（a）为了让双语者分立两种语言，有必要将输入的语言分开；（b）语言输入分开的前提是，父母各讲一种语言。然而，语言分开的方式可以是多样的。例如，在我的研究中，根据家庭内外的场景，语言分开的状态可能以一种语境、一种语言或一个话题、一种语言的方式呈现。此外，研究者不确信是否真的有必要将输入语截然分开。加西亚（García, 1983）对西班牙语和英语的学龄前双语儿童开展过研究。这两种语言的习得源头都是母亲的口语，孩子们混合搭配话语的概率相当低（在1%至15%之间），而且他们可以将西班牙语和英语区分为两个分立的系统。加西亚的研究表明，不遵循"一人一语"的语言输入条件并不会妨碍儿童使用双语系统进行有效交流。而且，双语儿童接触的是成人设定的不同标准——例如，语码转换输入与单语输入同时存在，这些不同的"成人标准"不一定会导致语言混用。在培养双语儿童双语区分能力方面，研究者对两种语言在输入过程中分开程度的界定仍然没有定论。蓝泽认为：

在输入中有混合或语码转换的情况下，语言分立问题并不荒唐。有语码转换的输入并不排除每种语言的单独输入。双语者会根据情景的互动需要变换语言的使用。双语儿童需要学会区分的是混合或不混合语言的恰当时机。这是关键点，而且是儿童语言社交能力的重要方面。因此，虽然儿童仍然需要依据参与者和话

第二章　双语第一语言习得研究综述

题之类的社会语言学参数在使用中学会区分两种语言，但是在表征层面，她也许掌握了两个分立的语言系统。(Lanza, 1997: 48)

此外，对单语者的言语和语言感知力的研究表明，新生儿普遍具有适应输入语的听觉辨识能力。婴儿可以辨识和语言相关的音段和超音段信号，这样的辨识能力可以引导孩子关注输入中与孩子的母语发展相关的声音信息（参见Genesee, 2003）。根据博世和德巴思彻-加里斯（Bosch & Sebastián-Gallés, 2001）的研究报告，西班牙语和加泰罗尼亚语的双语婴儿在出生后的135—139天内，就可辨识他们的两种母语的差异，与可区分这两种语言的单语儿童处于同一年龄段。换句话说，在双语环境下的双语儿童与单语儿童的辨识力相同。有证据表明，婴儿的这种惊人的听觉辨识能力和记忆力得益于怀孕期的最后三个月的语言输入。婴儿似乎不仅对母亲的声音做出反应，而且对言语信号中普遍的声音特征具有辨识能力（DeCasper & Spence, 1986）。因此，韵律特征可以给婴儿提供辨识两种语言的证据，主要原因在于子宫中听到的语言是低通过滤的——也就是说，子宫中的胎儿听到的多为低频发音，这是携带某些韵律特征的基本频率（Caroline Jones，个人交流，2004年8月20日）。针对这些早期的经历对语言习得的知觉系统产生影响的时间和方式，珍妮特·沃克尔（Janet Werker）的近期研究表明，怀孕期接触两种语言的婴儿在出生前已经开始习得双语（Australian ABC Radio National, 2011）。

以上观点过于强调来自父母的语言输入，低估了双语儿童吸收其他输入的能力。例如，同龄人或兄弟姐妹的输入和旁听到的他人之间的对话——这些因素在单语儿童的语言习得中都很重要。双语第一语言习得理论偏重对父母与子女二元关系的研究。事实上，全世界的大部分儿童生活在多元（语言输入的）环境下。大部分儿童在生活中频繁接触的人包括父母、祖父母、兄弟姐妹或同龄人、年长的儿童或其他看护人、与其闲聊的成年人和其他儿童。研究者多关注与儿童在互动中的话语交流所产生的影响，而对儿童旁听到的话语的相关影响了解较少。大岛-高根（Yuiko Oshima-Takane，1988）提出如下假说：儿童通过关注他人的谈话而理解人称代词的含义。她还认为，旁听到的话语可能发挥了重要作用，特别是第二人称代词的习得。如果这个假说是正确的，那么，儿童必须通过关注和理解他人之间的一些对话而学会使用人称代词。祝华和李嵬指出：

> 目前，针对兄弟姐妹和同龄人在双语习得中的角色的系统研究仍为空白。罗曼（Romaine，1995）对儿童双语的分类没有将同龄人视为关键因素。然而，对双语社区的观察表明，兄弟姐妹和同龄人在双语儿童的语言发展和使用中属于一种主要的促发因素，而他们的输入很可能与来自父母的输入相矛盾。(Zhu & Li, 2005：170)

多伊奇、瓦格纳、布查德特、舒尔茨和纳卡斯（Deutsch, Wagner, Burchardt, Schulz, & Nakath, 2001：310）研究了限定条件下的47名2—3岁年龄段的德语单语儿童的称呼方式。结果显示，与无兄弟姐妹的儿童相比，有哥哥姐姐的儿童不仅更快地学会了使用代词（接近成人水平），而且不容易犯代词反转使用的语义错误。多伊奇等人的研究证实，当儿童处于相互矛盾的语言输入和夹杂人称指示词的

第二章 双语第一语言习得研究综述

成人对话的语境中时,兄弟姐妹的语言会提升其分辨力。这种同胞效应假说表明,在语言发展期,儿童会借助多层面的语言"贡品",输入的来源不仅限于父母。然而,研究者无法描述儿童的言语输入特征,对儿童加工这些言语的方法也知之甚少。尚无可靠的方式对双语习得中的输入与"吸取"进行比较。此外,隐性和显性学习之间也存在差异。

多元情境下的不经意的输入属于隐性学习。其他输入源的重要性不容小觑,但这些输入的特点及其对双语习得的影响仍然不明了。将话语输入的数量及类型与儿童的语言发展视作一种线性关系的设想有简化问题之嫌,这样的假设忽视了曲线性和动态关系——即门限、阶段性输入敏感度以及其他有内在关联的效应。单靠输入的数量即可在语言习得的各层面取得进步的断言难免偏颇,需要考虑的因素还包括输入过程中的语言质量、时机和语境:"儿童语言水平的进一步提高往往只需要一点儿恰当的语言素材就可以实现"(Nelson, Denniger, Bonvillian, Kaplan, & Baker, 1984:48)。来自同龄人、兄弟姐妹和其他人的输入都能够促进学习吗?双语输入在多大程度上、以什么样的方式得益于同龄人、兄弟姐妹和其他人的输入?在儿童语言向目标语的发展过程中,不同来源的输入会导致儿童个体之间在质量或数量方面出现差异吗?例如,同龄人输入可能相互矛盾,而父母或其他成年人的输入会更符合儿童的需求。通过研究双语习得中来自兄弟姐妹、同龄人、旁人的话语和其他语境中的交谈,我们对输入在儿童语言习得中的作用就会有更全面的了解。第六章的内容表明,旁人的话语以及同龄人或兄弟姐妹的输入很可能是促使澳齐正确使用第一人称和第二人称代词的原因。

2.4. 语境的作用

有些研究者认为，双语儿童和父母之间的互动语料不适用于针对双语儿童的语言辨识力的研究，原因显然在于无法确定儿童的语言混用起因于双语意识的缺失，抑或是对会话人的双语能力的了解（Arnberg & Arnberg, 1988）。在儿童双语习得研究领域，尤其是对语言混用的研究，有一个重要的概念值得特别关注——儿童语言的会话语境〔尽管在语言选择方面，蓝泽、杜查和夸伊，以及德·胡文（Lanza, 1997, Deuchar & Quay, 2000, De Houwer, 1990）的研究已经将其考虑在内〕。

语境的概念很难定义。虽然语言学的各分支学科强调了语境对语言的影响，但是对语境的各种定义有重合现象。正如希夫林所言：

> 例如，语用学关注语言如何受双方知识结构的影响；话语分析关注文本结构和会话模式的影响；社会语言学聚焦社会情境和讲话人/受话人身份的影响；而交际人种学注重文化建构的影响。（Schiffrin, 1987：11；参见 Lanza, 1997）

这些语言学分支学科之间相互重叠。在双语文献中，社会语境对双语习得过程的影响一直被认为是至关重要的因素。祝华和李嵬（Zhu & Li, 2005）指出，双语儿童必须学习的两种语言所代表的价值观可能差异较大，在相关的社区可能具有不同的社会地位。罗曼的类型学也表明了同样的见解。因此，大家庭、学校和社会对儿童正在学习的、与主流语言存在差异的语言可能持不同态度。桑德斯认为，"如果儿童的双语能力……得到了家人和大众的普遍赞同，就很少有问

第二章　双语第一语言习得研究综述

题存在"（Saunders，1982：22）。与此类似，罗曼曾经写到"大家庭和朋友的态度会……影响儿童的双语发展"（Romaine，1989：213）。父母自身对特定族群社区语言的态度会影响孩子对该语言的选择。父亲或母亲是否选择使用自己的本族语会影响其对所选语言的态度（De Houwer，1995：229）。根据多普克的报告，澳大利亚德裔家庭的年轻父母认为，用双语养育孩子"注定要失败"。这种态度导致的结果是，这些年轻父母"如果没有看到立竿见影的效果，就不用德语与孩子交流"（Döpke，1988：102）。因此，这些孩子在成长的过程中就不会有双语环境。

蓝泽认为，"将两种语言分立或混合的恰当时机完全取决于语言使用的语境以及儿童的语言社交能力"（Lanza，1997：69）。针对双语儿童依据语境区分两种语言的系统研究几乎为空白。蓝泽的研究表明，在儿童双语混用方面，儿童的语言使用和习得语境是另一个被忽略的领域（Lanza，1997）。维曼（Vihman，1985）的研究结果证实，她儿子对两种语言的区分依据的是环境的转换（家庭内与家庭外的区别）。在这个案例中，语境被视作特定的背景变量。

在儿童双语习得研究中，语境的重要性还体现在语言使用的语境与儿童的双语混用的关系上。此处，语境的定义既包含语言使用的社区与家庭模式的语境，又包含会话的语境（Lanza，1997：10）。双语第一语言习得研究的焦点问题是，双语儿童最初加工语言时发展的是一种还是两种系统——体现在单一语言系统假说与分立发展假说的对立。这些分歧对语言混用做出了不同的解释。支持单一语言系统假说的研究者认为，混用现象证明儿童不具备区分两种语言的能力；与此相反，持分立发展观点的研究者认为，双语儿童很早就能够区分两种语言。有些研究者认为，语言混用的根源在于儿童生活环境中的语言混合现象。除此而外，有关语言混用还有很多其他的解释。最近的研究提供的重要实证数据表明，双语幼童没有经历词语或句法的混用阶段即形成了两种语言系统。正如沃尔泰拉和泰施纳（Volterra & Taeschner，1978）所言，词语和句法的混用显然并不是早期双语输出的必然现象。沃尔泰拉和泰施纳（Volterra & Taeschner，1978）、泰施纳（Taeschner，1983）、雷德林格尔和帕克（Redlinger & Park，1980），以及斯温和文恒德（Swain & Wesche，1975）支持单一语言系统假说。批评单一语言系统假说的研究者指出，它的不足之处在于有些研究者没有在语境中验证他们的数据，只有在语境中呈现语言混用现象才能探讨儿童的双语混用问题（例如，De Houwer，1990；Genesee，1989；Lanza，1997）。

　　蓝泽（Lanza，2000：234）认为，为分辨习得过程中接触的不同的源语言，研究者必须仔细探究语境对儿童话语的影响，以及语境在儿童加工和使用两种语言过程中的作用。蓝泽（Lanza，2000：235）还指出，语境的社会语言变量会引发"语言模式"的心理语言变量。此处的语言模式指"在某个特定阶段，双语者的语言和语言加工机制被激活的状态"（Grosjean，1998）。因此，一种或两种语言的激活会影响认知加工。一名双语或多语者一定处于单语-双语模式连续体的某个位置（参见 Grosjean，1998）。这一事实强调了仔细观察语言发展和使用的语境的必要性，也就是说，要确定一种互动在本质上为单语或双语。这一点甚至适用于语法分析（Lanza，1998）。语境是动态的，语言在语境中发挥作用，也可以充当语境。蓝泽（Lanza，1997）从话语分析的视角研究斯里（Siri）的互动，运用单语-双语连续体来解读家长所使用的话语策略。她注意到，在和女儿对话的语境中，斯里的母亲比父亲更倾向于用单语。例如，当斯里的词语出现混用时，母亲会要求她解释词语的差异，而父亲则继续谈话，不会提出解释的要求，这说明父亲能理解女儿的英语词汇。父母的这两种谈话风格或许可以用来解释斯里与父母单独谈话时的差异：尽管她的挪威语明显处于强势地位，但她在与讲挪威语的父亲交谈时比与讲英语的母亲交谈时使用更多的混合词语。因此，蓝泽强调，从语言社会化的视角看，对儿童的交际要求取决于语境中的互动关系。然而，在双语第一语言习得研究中，语境的另外一面——谈话中的语言学习语境——一直被忽视。

鲍尔曼（Bowerman，1982，1985，1988）和卡米洛夫-史密斯（Karmiloff-Smith，1983，1985，1986）认为，儿童将听到的语言视为形式层面的问题。儿童在习得一种语言时必须关注语言的输入和使用的语境，从而确定形式和意义的联结规则。任何偏离常态的形式最终都会被抛弃。对词义的学习是在语境中完成的，这种情况同时适用于句法的学习（例如，Bates, Bretherton, Shor, & McNew, 1983; Berman, 1986; Carey, 1978; Dockrell & Campbell, 1986; Dromi, 1987a, 1987b; Keil & Carroll, 1980; Miller, 1984; Nelson, 1985; Shatz, 1987）。在完全相同的语境中听到两种形式的可能性虽然不是零，但也近乎零。

词语或句子的习得语境——无论是语言的或非语言的——会影响儿童对该词或该句的最初假设。输出不是输入的镜子，因此，不能假设输入的数量和儿童的领悟力有直接的关联。例如，曾经有人研究一组看德语电视节目的荷兰儿童，结果显示，如果只接触词语和句子而没有关于其意义的任何信息，学习会无果而终（Snow, Arlman-Rupp,

Hassin, Jobse, Joosten, & Vorster, 1976）。因此，儿童的语言学习不能仅依靠脱离语境的话语接触。实指命名和精心设计的并且与年龄相匹配的语例会增强学习效果（Miller & Gildea, 1987）。但是，儿童一旦过了蹒跚学步的年龄，就很少遇到实指命名的语言现象。显性的语例很有用，但不是所有的儿童都会接受此类教法。至于儿童为何能每年学习成千上万的词语，唯一的可能性就是大多数的词语是通过语境学会的（Sternberg, 1987）。

通过语境学习词语的最好方法是在与别人的谈话中领悟词义（Nagy & Herman, 1987）。谈话可能会包含很丰富的非语言语境，讲话人通常会了解受话人的知识面，而受话人可以表达自己的意愿或提出疑问。不可否认，即使话语所指对象不在场，儿童从他人的谈话中至少可以学会一些单词。显而易见，儿童的知识和技能在语言学习的场景中均有展现。在他们早期词汇发展的过程中，这些社会互动经历可能给他们提供了习得常规词汇形式的机会。布鲁纳（Bruner, 1983）和弗里尔（Ferrier, 1978）曾经观察过一些咿呀学语期儿童的日常社会活动（例如，绘本阅读、躲猫猫游戏、拆装游戏，还有日常看护活动，如喂食、洗浴、更换尿布、穿衣）。研究表明，这些定期发生的日常社会互动具有典型的高结构化和标准化模式。在这些模式中，成人和儿童有清晰的角色划分。在可预知的日常事件中，成人有机会输出常用的社交语言。这些定期的、可预知的仪式化事件给儿童的语言习得提供了绝佳的语境，使儿童不仅能习得事件的表征，还能习得具有特定语境和社会语用功能的词语。但是，这种学习过程的本质仍然是个谜。一名双语儿童如何能实现两种语言的词语学习和语句构造？他或她在完成这些任务时使用了什么策略？如果在学习过程中有语言互补的现象，双语儿童的早期词语发展是否呈现出互补分布的模式？

如果语言的习得语境有差异，并且每个语境中的语言吸入也有差异，那么，自出生即接触两种语言的儿童的双语习得路径可以有所不同。因此，在双语第一语言习得的研究中，聚焦个体差异并探讨影响双语发展的变量具有启迪意义。这一点在第四章和第五章中详述。澳齐的双语早期句法和词语发展验证了语境制约条件说，其路径呈现差异性和互补性。

2.5. 弱势语言与语言支配

双语儿童的语言输入条件和语境会从根本上改变他们的发展路径吗？帕拉迪斯和杰尼斯（Paradis & Genesee，1996）、格利茨克-迈瓦尔德和特蕾西（Gawlitzek-Maiwald & Tracy，1996）、缪勒（Müller，2003）、叶彩燕和马诗帆（Yip & Matthews，2000，2007）以及祝华和李嵬（Zhu & Li，2005）等认为存在以下可能性：双语者和单语者的语言表征不必相同，跨语言的影响无法回避。双语儿童的两种语言在某些领域和某一段时间内会有高度的互动。研究这种现象需要哪些数据呢？

近年来，双语第一语言习得理论中语言支配的概念受到挑战。依据这个观点，一种语言一定会比另一种语言更强势，并且会影响另一种语言的加工（Lanza，2000：228）。研究人员用实例证明儿童的语码混用与他们的语言支配相关，认为"双语儿童会使用任何随手可得的语言资源来表达自己"（Genesee，Nicoladis，& Paradis，1995：629）。利奥波德（Leopold，1939，1947，1949a，1949b）、斯温和文恒德（Swain & Wesche，1975）以及沃尔泰拉和泰施纳（Volterra &

Taeschner，1978）均认为语言的支配导致了混用。迈泽尔（Meisel，1989：14）也指出，如果两种语言中有一种在儿童的能力范围内占绝对支配地位，混用就最有可能发生。因此，研究报告显示，除语言混合输入这一环境因素外，语言的支配地位是导致双语儿童语言混用的另一个因素。

蓝泽（Lanza，1997：175）认为，混用有显著的指向性，并依此为斯里（Siri）的语言支配作证。她强调，有必要研究年幼双语儿童的强势语言和弱势语言的语法发展（Lanza，1997：325）。蓝泽还指出，针对儿童语言发展过程中的加工策略，语言支配对两套词形句法系统发展的影响是非常值得探究的领域（Lanza，1997：174）。

与此相关的一个问题是强势语言和弱势语言的关系。弱势语言的发展和第一语言相同还是像第二语言一样受到占支配地位的强势语言的影响？施莱特（Schlyter，1993）从词形句法的视角对双语儿童的两种语言的强弱关系做过精彩的讨论和分析。施莱特和其他学者（Schlyter & Häkansson，1994；Bernardini & Schlyter，2004）认为，弱势语言的发展更类似于二语习得（L2），从根本上有别于单语习得和均衡发展的双语习得。例如，根据施莱特（Schlyter，1993）的研究，一方面，强势语言显示了普通第一语言习得的所有特征——核心语法现象，比如有限性、词序和否定词的位置；另一方面，在弱势语言中，这些语法现象有更多的变异。正确的有限性包括正确的限定动词形式，有时态和人称标记、显性主语（一般指人称代词）和正确的词序（Schlyter，1993：297）。施莱特还提到，当孩子讲弱势语言的时候，代词主语等或许会被强势语言的某一要素所替代。同样的现象曾经发生在斯里身上，她的强势语言是挪威语（Lanza，1997）。这种

第二章 双语第一语言习得研究综述

混用在斯里的代词使用上尤为显著，特别是自我指称。蓝泽（Lanza，1997：153）举了一个斯里混用的语例，孩子当时的年龄为2;6，同时习得挪威语和英语：*Jeg go there one day?* ／哪一天"我"去那儿吗？这表明，双语儿童的强势语言与普通单语儿童的第一语言完全相同。然而，在代词使用方面，弱势语言与第二语言类似。因此，施莱特对弱势语言的描述意味着双语儿童的弱势语言水平低于强势语言。

蓝泽（Lanza，2000：234）进一步区分了熟练和强势的概念。她坚持认为，尽管语言强势和熟练（或不均衡的熟练程度）可能有关联，但二者不对等。换句话说，不均衡的熟练程度可能是语言不对等的强弱关系导致的结果。虽然强势不会对语言接触的各方面都产生影响，但是语言的直接或间接迁移在某种程度上可归因于语言强势。帕拉迪斯和杰尼斯（Paradis & Genesee，1996）讨论了语言接触影响习得过程的不同方式，认为习得可以是自主的，也可以是相互依存的。他们声称，迁移的发生是因为所涉及的语法特性是单语习得的典型特征（尽管频率可能不高），也可能是因为双语儿童的一种语言占强势地位。为描述双语习得中语言强势所发挥的作用，叶彩燕和马诗帆（Yip & Matthews，2007：42）提出了语言强势假说：对于同时接触两种或多种语言的儿童，在可测差异（比如话语平均长度差额）方面，如果一种语言比另一种语言发展更快，就会发生强势语言影响弱势语言的跨语言现象。在中国香港，叶彩燕和马诗帆（Yip & Matthews，2007）对六名年龄在1;0—4;6之间的双语儿童进行了开创性的研究。他们调查了粤方言（强势语言）影响英语（弱势语言）的一些迁移现象：英语习得过程中出现频率颇高的非移位wh问句（wh-in-situ questions）、零宾语以及前置关系从句。[1]

虽然迁移常表现为强势语言对弱势语言的影响，但弱势语言的特征同样也会影响强势语言的语法。例如，粤方言中带 hai2 / "at" 的方位介词短语容易发生不受语言强弱关系影响的迁移。叶彩燕和马诗帆提出的非同步发展和输入歧义的假说（Yip & Matthews，2007）预见了粤方言和英语双语数据中出现的双向迁移。陈咏珊（Chan，2010）研究了同一组香港双语儿童的语料，发现英语的非目标形式〔bei2-R-T〕在儿童粤方言中的迁移使用已经固化。陈咏珊和顾晨洁（Chan & Gu，2010）认为，英语中的介词与格和粤方言中的 bei2 与格易受迁移。杨雪樱和朱曼殊（Yang & Zhu，2010）进行了一项具有开创性的三语儿童音系发展研究，使用的语言包括西班牙语、"国语"和中国台湾方言。他们提供的原始数据验证了儿童的三种语言发展中语音之间的迁移现象。同时，这项研究也为早期语言的区分提供了证据。他们的结论表明，虽然孩子的西班牙语和"国语"的输入多于台湾方言，但是其台湾方言发音的准确率最高。在此案例中，台湾方言的输入量和强势地位与其习得速度的不对称被归因于语音显著性（Zhu，2002）。语言强势与双语不均衡紧密相关。正如贝克和普里斯·琼斯所言："对于大多数双语者而言，一种语言比另一种更强势"（Baker & Prys Jones，1998：12）。不均衡双语者的数量之多超乎人们的想象。

　　以上讨论表明，语言强势与双语混用以及跨语言的影响紧密相关。弱势语言似乎更容易受到影响，遭遇的挑战包括混用、影响和迁移。弱势语言甚至会呈现第二语言的发展特点。然而，以上都是基于"一人一语"案例研究得出的结论。是否存在另一种可能性，即这种假说仅适用于某一类型或某种语言程度的双语儿童而不适用于其他双语儿童？在大多数研究中，儿童的直接语言网络中的弱势语言输入模式来自父母的某一方——携带某种发音和某种言语风格的本族语者。儿童从外界言语社区所听到的弱势语言是一种混合语。例如，由于英语与粤方言的长期交融，语码混合在受过教育的香港人的话语中已经成为一种普遍现象（Li & Lee，2004）。通过反复接触本族语者（包括成年人和儿童）的语言社区，双语者习得的常规语言形式通过竞争逐渐取代其他非目标语形式（源自跨语言的影响），具有特定的交际功能。这种观点符合竞争模式框架（Bates & MacWhinney，1989），即有特定功能的表层形式（非传统的和传统的）与儿童正在发展的语法相互竞争（并抢占优先权），竞争结果取决于各自的刺激强度和使用频率。此种现象会引发如下问题：一个更丰富和真实的输入环境能否为表层形式和其功能提供机制，从而增强刺激，同时避免非常规形式的干扰？换句话说，不同类型和模式的双语输入如何影响（双语）发展？当双语儿童在澳大利亚这样的本族语言语社区接触真实而丰富多样的弱势语言时，其弱势语言的基本特征是什么？例如，这类双语儿童的弱势语言是否可以避开强势语言的影响而分立发展，并在语言表达中不出现混用、迁移或第二语言的特征？本书的第四章阐述澳齐的两种语言中句法系统的不均衡发展，并探究其弱势语言的特征。

德·胡文首先提出了双语儿童两种语言的不均衡发展，认为"年幼双语儿童的两套词形句法系统是分立发展的，这意味着一种语言可能比另一种语言发展得更好"（De Houwer，2005：40）。例如，胡安-加劳和佩雷斯-维达尔（Juan-Garau & Perez-Vidal，2000）与施莱纳（Schlyter，1993）所关注的儿童至少在被观察的某些阶段表现出了不同的语言能力。德·胡文提出了相关的问题：

有关儿童的双语不均衡（但仍然分立）发展还缺少相关的数据，不均衡性表现在哪些方面尚不得而知。例如，在理论上，双语儿童有可能用一种语言说出复杂的语句，而用另一种语言只能说出双词语句。目前还缺少针对熟练双语儿童的这种趋异发展路径的研究报告。是什么因素决定了双语儿童在这两种语言能力中的显著差异？这一点有待进一步的探究（De Houwer，2005：40）。

李嵬（W. Li，2010）指出，到目前为止，对弱势语言的基本特征和作用的研究相对较少。齐汝莹和迪·拜厄斯（Qi & Di Biase，2005，2007，2008）研究了发展不规则或不均衡的汉-英双语儿童的弱势语言，调查的范围包括主语的实现、词序、问句的结构和词形。研究结果显示，在这名儿童输出的英语中，主语没有屈折和一致等语法形态的变化，孩子的词形和句法能力的发展不同步，即词形能力滞后于句法能力；然而，孩子对汉语和英语主语的不同用法表明，无论弱势语言还是强势语言，双语的发展等同于单语发展，助动词的使用在一般疑问句和特殊疑问句中符合规则。在语法的这些方面，弱势语言虽然发展较慢，但其发展的方式与单语儿童的第一语言相同。齐汝莹和迪·拜厄斯的研究结果支持迈泽尔（Meisel，2007）的观点，即弱势语言的发展可能被延迟——但这并不意味着习得的失败。

如果两种语言中的一方居于弱势地位，那么如何对它们的语法结构和代词系统的习得速度和顺序进行比较？双语儿童是否能够借助其他方式避免因一种语言的强势而导致的语言混用？在双语发展的过程中，双语儿童能够运用什么样的语言加工策略应对两种不均衡发展的语言？

2.6. 双语习得策略

文献表明，研究者对父母的话语策略给予了特别的关注。根据一项有关澳大利亚的英德双语家庭中父母的交际策略的研究，多普克（Döpke，1988）提出了这样的假说：单语儿童语言发展研究表明，父母的交流方式对儿童的语言发展可能有促进作用，这些方式也是成功养育双语儿童的关键因素。蓝泽（Lanza，1997）调查了父母对孩子的语言混用所采取的话语策略，目的是了解父母的话语策略对孩子的语言混用产生的影响。她将五种策略组成一个连续体，连续体的单语一端是要求孩子澄清混用，双语一端是使用语码转换。根据父母对孩子的语言混用的反应，父母的话语策略与孩子的词语混用程度相关。然而，双语第一语言习得的研究文献表明，双语儿童在语言加工中所使用的策略是另一个被忽略的领域。

研究者承认，目前关于双语习得的研究得益于语言学和心理语言学最新理论的启发（Genesee，2000：168）。单语习得研究显示，早期词汇和句法的习得策略可能有差异，不同的儿童对这些策略的偏爱程度各不相同（Peters，1986）。越来越多的研究表明，即使儿童在学习同一种语言，他们的进度也不完全相同（参见 Bloom, Lightbown, & Hood, 1975；Nelson, 1973；Peters, 1977）。儿童习得词语的方法多种多样，既有儿童个体间的差异，也有经历的差异。理解这些差异很重要，因为它们可能涉及双语儿童对两种语言的词语采用的学习方法的差异。此处需要区分两个重要的概念，首先，从宏观的角度区分两种学习策略：自下而上或分析性策略和自上而下或综合性策略。运用自下而上策略的学习者从尽可能小的语言单位入手进行学习——常常是成人语言中的单个（一般都是重读）音节，这些音节最终与其他音节组合后产生更长的话语。与此相对照，采用自上而下策略的语言学习者似乎更乐意用更长的语言组块（通常被称作公式语），相当于成人语言中的完整单词或短语。这些较长的语块最终被解析为各种成分，经过组合形成新的话语。尽管有些学习者可能对某种学习方法有所偏爱，但是大多数学习者会结合使用两种方法（Peters，1983）。探讨双语儿童对学习策略的使用很有意义。无论采取何种策略，儿童必须习得足够多的语言组块，能够操作足够多的语言单位——或者从尽量小的语言单位开始（自下而上／分析性的）设想某种分类系统以引导早期的语言组合，或者对足够大的语言组块（自上而下／综合性的）进行初步分析，获得有待填充的公式语的空缺项。

  第二个重要问题涉及儿童学习的词语类型。学界对使用不同语言的单语儿童的研究已得出一致的结论——所有儿童都具有相似的发展模式，不同的词语类型在不同的阶段得到发展。基于强势分配连续体，金特纳和博格迪特斯基（Gentner & Boroditsky，2001）的研究结果显示，在各种语言习得的初期均出现了名词优势现象。例如，在一项针对八名英语单语儿童早期输出和理解力的研究中，本尼迪克特（Benedict，1979）发现，最初的50个单词中的61%是名词，19%为动词（社会游戏、日常活动、位格词、动词），10%属于修饰词。这些结果显示，在词语发展的早期（约50—100个单词），儿童倾向于习得普通名词；但是，在随后的100个单词的词汇量阶段，他们通常习得更多的动词；在200个单词的词汇量阶段，习得更多形容词；在200—400个单词的词汇量阶段，习得更多功能词（Barrett，1995）。巴雷特（Barrett，1982，1983，1986，1991）的多路径模式探究了指示性、语境制约性和社会语用性词汇意义的发展。根据这一模式，早期词汇发展主要有两条路径,一条由指示词主导,另一条由语境制约性和社会语用性词语主导(Barrett,1987;Mandler,1983)。指示词最初被映射为原型表征,儿童用这些词指称近似原型的物体、行为、性质或状态。与此相对照,语境制约性和社会语用性词语最初被映射为事件表征,然后,儿童在被表征事件的语境中使用这些词语。至此,依据这个模式,儿童在词语习得初期使用两种不同的内在表征:原型表征和事件表征。具有原型表征的词语常常为指示词,而与事件表征相关联的词则具有更多的社会语用和表意功能。在儿童早期的50—100个单词的词汇量阶段,原型方法(名词优势)似乎占支配地位,这一规律适用于任何语言的习得。然而,应该注意的是,很多儿童并不会偏向指称词语或表意词语的任何一方,而是徘徊在两者之间的连续体中(参见 Nelson,1973;Lieven,Pine,& Barnes,1992)。双语儿童对两类不同词汇的习得需要在语言的表意/指称维度上进行权衡;影响双语词汇的因素还包括儿童的认知表征、对内在表征的分析、修改和推敲、语言输入以及学习语境。针对澳齐的语言发展,本研究重点探讨以下几个方面的问题:

1. 这名双语儿童两种语言的词语发展路径是什么样的?从广义上讲,在早期词语学习和语言区分能力方面,双语儿童使用什么样的语言加工策略处理两种语言?
2. 双语儿童两种语言的发展模式相同吗?如果不同,不对称发展是否值得关注?
3. 双语儿童和单语儿童语言习得的阶段、路径和速度是否相同?如果双语儿童表现出了某些独特的发展模式,这些现象是否值得进一步探究？

在双语第一语言习得领域，一些学者认为，至少从初期的词语学习或更早的学习阶段开始，同时学习两种语言的儿童可能已经区分了不同的语言系统。夸伊（Quay，1995：2）重新分析了泰施纳（Taeschner，1983）的三阶段模式中的数据，发现泰施纳的研究对象确实输出了一些翻译对等语。夸伊（Quay，1995）、杜查和夸伊（Deuchar & Quay，2000）在语言区分能力方面提供了更多的论据，他们的双语研究对象曼纽拉（Manuela）从会说话开始便使用跨语言的对等词语。在寻找论据以证明婴儿究竟是拥有单语还是双语系统的过程中，杰尼斯强调，双语研究需要考虑儿童使用语言的如下不同语境：

> 特别是，如果区分语言系统假说成立，那么，尽管强势语言可能在两个语境中都占支配地位，但弱势语言在自己的语境中的使用可能比在强势语言的语境中更频繁。（Genesee，1989：165-166）

迄今为止，最受研究者关注的是，双语儿童的早期词汇中有对等现象，而且双语儿童能根据语境使用两种语言，这些被视为双语儿童早期双语区分能力的证据。早期双语习得中所谓的对等词语缺失的现象被解释为儿童只说"一种属于他自己语言体系的语言"（Volterra & Taeschner，1978：317），德·胡文（De Houwer，1995：232）对这个观点提出了质疑。在早期儿童语言输出中，如果一对对等词语仅出现一个，原因可能是输入的缺失（以及随后的理解的缺失），因此，也无法证实儿童是否把习得中的两个语言输入系统当作单一的系统（Hayashi，1992）。双语与单语儿童表征词语的方式是否相同还不得而知。以下问题有待解答：尽管在双语儿童的早期词库中还没有出现对等词语，但儿童能根据语境的变化而区分使用两种语言词库中的不同表征，这一现象能否说明双语儿童的两种语言在早期是分立发展的？双语儿童以什么样的方式使用两种加工策略？这些加工策略与单语的模式相同吗？在不同习得环境下，儿童的双语接触类型与程度是否会影响早期词语发展的模式？这些习得策略在双语儿童语言发展的其他方面——例如，在语法和人称代词的习得中——是否为显性？加工模式中的个人偏好如何影响发展过程？习得或加工策略与双语混用有关联吗？在所有这些问题得以解答之前，我们不能忽略习得策略对双语儿童发展的影响。

2.7. 分立发展假说与单一语言系统假说

迈泽尔认为："双语习得研究中的主要问题之一——也许是唯一最重要的问题——就是语言分立问题"（Meisel，2001：14）。德·胡文进一步强调，"迄今为止，双语习得领域的核心问题是，从最初的语言输出开始，一名双语儿童在多大程度上发展两套分立的语言系统"（De Houwer，1995：230）。显然，这个问题涉及语言知识的各个层面，包括双语者的词汇、语义、词形句法以及社会语用或交际能力。实际上，所有关于儿童双语发展的研究均发现，双语儿童混用两种语言的要素，但研究者对这种现象的解释不尽相同。

支持语法系统融合（Meisel，1989：37）或单一语言系统假说（Genesee，1989：164）的研究者声称，双语儿童最初的词汇系统是一个包含两种语言的词语的单一系统，并且不加区分地使用同一套句法系统。简言之，他们认为儿童拥有一个单一的语言系统，这个系统包含了无区分度的语音、词汇和句法的子系统。支持此观点的其他研究者提出了不同角度的论证（Imedadze，1967；Leopold，1970；Redlinger & Park，1980；Saunders，1988；Swain，1977；Taeschner，1983；Volterra & Taeschner，1978）。利奥波德（Leopold，1970）的单一系统理论立足于对语音和词汇的观察，没有涉及一套融合的句法；而斯温（Swain，1977）提出了双语发展的"共同存储模式"，即两种语言的所有规则最初都被存储在一个单一的位置。沃尔泰拉和泰施纳研究了两名德语-意大利语的双语女孩——莉萨（Lisa）和朱莉娅（Giulia），对孩子们的语言习得过程记录的年龄段分别为1;5至3;6和1;2至2;6。根据这两名女童的语言输出，沃尔泰拉和泰施纳（Volterra & Taeschner，1978：311）提出了双语早期发展的三阶段模式。他们认为，儿童最初发展的是一个单一的词汇和句法系统，随后逐步分立为两个截然不同的系统：

　　第一阶段：孩子发展的是包含双语词语的单一词汇系统（1;6—1;11）。
　　第二阶段：孩子能够辨识两种不同的词汇，但依照同一套句法规则使用两种语言（2;5—3;3）。
　　第三阶段：孩子区分使用两种语言的词汇和句法，但是，每种语言都与其特定的使用者有关系（2;9—3;11）。

　　上述年龄段是迈泽尔（Meisel，1989：16）划分的。支持融合系统假说的证据是语言的混用现象。支持者认为，这两名德意双语女童最初的混合语表明，她们仅使用一个词汇系统。但是德·胡文（De Houwer，1990：30）认为，输出的话语包括来自两种语言的词汇并不一定意味着只有一个语言系统。研究混合搭配话语需要考虑输入和语境，必须考察混用交际出现或不出现的社会语言条件以及儿童所处的社会环境是否鼓励混用（Lanza，1997）。杰尼斯（Genesee，1989：165）认为，单一语言系统假说的一个重要条件是，双语儿童在所有的语境中不加区分地使用来自两种语言的素材。鉴于双语儿童的语言能力还处于发展阶段（Genesee，1989：169），混用的出现可能是因为他们在尽量使用他们现有的或能力所及的语法手段。双语发展中的这种交际策略不拘于语言的表征，因此，不能作为早期双语发展中融合系统存在的证据。

在沃尔泰拉和泰施纳模式的第二阶段，两名女孩在一种语言中使用了另一种语言的词序规则。研究者发现了有别于成人意大利语和德语的句法结构，涉及三类：属格、形容词位置和否定。他们提供了一整页表格，分别列举了莉萨的双语数据中的这三类句法结构：1;8—3;4阶段的属格结构；2;3—3;6阶段的形容词结构（2;9之前没有使用意大利语的结构）；2;3—3;6阶段的否定结构。沃尔泰拉和泰施纳的结论是，莉萨似乎是渐次习得句法规则："在2;9之前的很长一段时间内，她似乎只习得了一个句法系统"（Volterra & Taeschner，1978：322；参见Lanza，1997）。然而，迈泽尔（Meisel，1989）认为，沃尔泰拉和泰施纳的数据并不能支持这个观点。例如，他认为"两种语言使用中的共性可能是迁移自强势语言"（Meisel，1989：19）。迈泽尔（Meisel，1989）指出，沃尔泰拉和泰施纳（Volterra & Taeschner，

41　1978）为三种句法结构提供的证据力度不够。事实上，这类证据在方法论和理论层面都存在问题（De Houwer，1995）。例如，针对形容词的位置问题，沃尔泰拉和泰施纳认为，两种语言的形容词均出现在前置修饰语的位置。然而，迈泽尔指出，在 2;9 之前，孩子的意大利语中没有出现形容词，这是第 Ⅱ 阶段和第 Ⅲ 阶段的年龄分界点——孩子从第 Ⅲ 阶段开始使用不同语言特有的规则。基于进一步的分析，迈泽尔（Meisel，1989）认为，沃尔泰拉和泰施纳（Volterra & Taeschner，1978）将干扰现象作为单一或融合语言系统假说的论据的观点站不住脚。干扰现象不能被当作单一语法系统假说的论据，讨论干扰的前提是必须存在两个可以互相干扰的系统（Meisel，1989）。此外，在沃尔泰拉和泰施纳（Volterra & Taeschner，1978）提供的例证中，研究对象莉萨被认为还处在第 Ⅱ 阶段时，在对两种语言各自否定结构的使用方面，她与每种语言相应的单语儿童没有差别。迈泽尔（Meisel，1989）认为，莉萨的数据不足以支撑沃尔泰拉和泰施纳的观点，即莉萨在她的两种语言中使用了同样的句法规则。持类似观点的还有维曼（Vihman，1985：310）、辛卡和施利特（Sinka & Schelletter，1998：304）。泰施纳（Taeschner，1983：155）声称，在早期的双词话语阶段，她的双语实验对象使用的是单一语法系统，这些女孩的词序模式与单语儿童的词序模式非常相似。德·胡文（De Houwer，1995：234）认为，这个证据不足以支撑泰施纳的融合论，如果在单语和双语数据中发现相似的现象，表面上双语儿童似乎在两种语言中使用了同样的"规则"，但实际上该规则反映的可能是单语习得的普遍原则。总括起来，迈泽尔（Meisel，1989：18）的结论是，不存在足够的证据能够证明这样的假说，即句法混用是双语儿童将两种语言当作一个单

第二章　双语第一语言习得研究综述

一系统的结果，并且双语习得必须经历句法混用的初始阶段。

如何证明幼儿在词形句法层面加工的是两个语言系统？迈泽尔（Meisel，1989）和德·胡文（De Houwer，1990）都认为，那些能实现相同语义和语用功能的不同结构和形式的成人语可以用来验证分立发展假说。此外，在单语儿童各自语言的输出结构相异的情况下，研究者应该为无区分的句法积极探寻支持或反对的证据。迈泽尔（Meisel，1989）认为，如果研究发现双语儿童使用的是具有不同于成人目标语系统（包括各自的儿童语言）的语言结构，单一语言系统假说就有可能被推翻。此外，德·胡文（De Houwer，1990：68—69）认为，用于探究双语儿童两种语言的结构关系的话语数据库应该只包含一种语言的词素。迈泽尔（Meisel，1986，1989）以同样的方法研究了两名德法双语儿童的句法习得。孩子被观察的年龄段为1;0—4;0，话语平均长度（MLU）为1.75—2.25。父母仅用各自的本族语与孩子交流。迈泽尔调查了两种现象：词序的使用和法语与德语的动词屈折变化。他选择这两种句法特征的原因是，它们在目标语中的成人语形式和目标语单语儿童的输出形式之间存在差异。迈泽尔（Meisel，1986，1989）对德法双语词形句法习得中的词序研究表明，在开始输出包含多词组合的连贯话语时，他的研究对象在两种语言中使用了不同的词序。在每种语言中，双语者使用的词序与单语儿童的输出形式非常相似。他发现，孩子较早习得动词屈折变化，并且几乎没有错误。迈泽尔（Meisel，1994）重点探讨了法德双语儿童对限定形式的习得，结论认为，一旦功能范畴的屈折短语（IP）被掌握，法语和德语就呈现出不同的语法结构；相比较而言，法语结构更接近成年人的语言，而德语结构需要经过进一步的推敲才能接近成人语法。因此，迈泽尔认为，有

"确凿的证据支持这样的假说,即一旦双语儿童使用可以被解读为句法的表达,他们事实上就能够区分两种语言"(Meisel,1989:13)。迈泽尔提出以下假说:由于需要发现不止一个系统的规则,双语儿童"会更加关注语言的形式,因此,比很多或大部分单语儿童能够更快地习得某些语法结构,所犯的错误也更少"(Meisel,1990:18)。杰尼斯概括了语言分立的状况,特别指出,"现有的证据表明,准双语幼儿在开始说出单个词语的时候,能够在习得过程中辨别和区分不同语言的口语"(Meisel,1993:75)。

与迈泽尔(Meisel,1989)的研究相对照,德·胡文(De Houwer,1990)对荷兰语-英语双语者凯特(Kate)的词形句法发展的研究范围更广,年龄跨度为2;7—3;4。凯特从出生开始定期接受两种语言的输入,她的父母采取了一人一语的语言输入策略。德·胡文想要了解的是,凯特的词形句法发展在多大程度上呈现语言的个性特征。德·胡文为分立发展假说提供了有力的证据:凯特讲荷兰语时使用的是荷兰语的词形句法,而讲英语的时候使用的是英语的词形句法。此外,对凯特的词形句法发展进行深入分析,并将此与单语儿童的现有数据进行对比,结果表明,她的输出与荷兰语和英语单语者的输出类似,凯特的混合语包含了两种语言的词素。德·胡文注意到,当凯特知道和她交谈的人是流利的双语者时,就主要使用混合语。德·胡文认为,凯特的混合语形式完备,并且符合语法规则。这些现象"表明她能创造性地驾驭双语词库和两套封闭的语言规则系统,口语流利。"(De Houwer,1990:114)。

所有这些证据都清晰地显示,分立发展假说确实触及双语习得假说的一个重要领域(De Houwer,1995:45;2005)。然而,德·胡文

第二章　双语第一语言习得研究综述

指出，分立发展假说最初只是针对在一人一语的双语环境下成长的儿童。目前，还没有足够的案例研究验证这个假说是否同样适用于其他类型的双语者——例如，在罗曼（Romaine，1995）的范畴中的第三类和第六类的组合。

> 目前，支持分立发展假说的研究数据库包括29名（17名男孩，12名女孩）年龄在1岁至接近6岁之间的儿童的言语输出。这些孩子习得以13种方式相组合的12种语言。除了两种语言之外，其余均属于印欧语系（加泰罗尼亚语、荷兰语、英语、法语、德语、意大利语、拉脱维亚语、斯洛伐克语、西班牙语以及瑞典语）。两种非印欧语系的语言为巴斯克语和日语（De Houwer，2005：38）。

很显然，支持双语第一语言习得分立发展假说的多数现有文献表明，这些儿童习得的双语都在类型上相似或有亲缘关系。如果双语儿童习得类型相异并且没有亲缘关系的两种语言——例如，英语和汉语，其习得过程是否会与现有研究结果相符？这个独特的双语组合与另一对不同类型的双语数据（的对比）也许可以检验分立发展假说的有效性。

虽然越来越多的研究已经表明，双语儿童能够而且确实很早就能分立并区别两种语言，但是蓝泽（Lanza，2000：227）却提醒，语言接触可能并不意味着混淆。因此，问题的焦点从单一语言系统假说与分立发展假说的论争转移至语言在习得和使用过程中的互动方式。帕拉迪斯和杰尼斯（Paradis & Genesee，1996）讨论了互动的程度和特点,即双语儿童的两个发展中的语言系统之间的影响。换句话说,有区分的表征可能意味着发展的自主性或独立性。帕拉迪斯和杰尼斯将相互依赖定义为"在习得过程中一种语言的语法对另一种语言的语法的影响,其结果为双语者与单语者在发展模式和速度上的各种差别"(Paradis & Genesee, 1996:3)。他们认为,相互依赖发展可能至少表现为以下三种方式:加速、延缓或迁移。依据帕拉迪斯和杰尼斯的观点,加速是指与单语者的正常发展相比,双语者的一种语言的某个领域可能出现先行发展。与此相反,与单语者的正常发展相比,延缓是指双语者的一种或两种语言发展迟滞。尽管延缓在语言的整体发展过程中都可能会出现,但是这种现象最有可能发生在某些具体结构中。事实上,迄今为止,没有证据表明双语儿童在整体句法发展中会有延缓(参见综述 Meisel, 2001)。无论是延缓或加速,双语儿童与单语儿童在发展速度上有差别,但在每种语言的结构特征上没有差异。迁移是指将一种语言的某种语法特性与另一种语言合并。真正的迁移产生的是系统性效果,而不仅仅是偶发的行为效果。因此,迁移会使双语儿童的语法在某段时间内与单语者的语法之间出现差别(参见 Genesee, 2000:168—169)。虽然帕拉迪斯和杰尼斯(Paradis & Genesee, 1996)认为相互依赖表现为三种形式,但是他们并没有发现能证明语言以迁移、延缓或加速的方式而相互依赖发展的证据。更确切地讲,在英语和法语的否定表达中,限定、一致以及词序等的使用与单语的习得模式和速度都一样,其中,英语中的限定比法语中的限定更早出现(参见 Meisel, 2001:29)。虽然帕拉迪斯和杰尼斯不支持相互依赖假说,但是祝华和李嵬(Zhu & Li, 2005)以及其他研究者认为,双语和单语习得之间的相似性不一定意味着(a)双语儿童正在习得的两种语言会以同样的方式或速度发展；或（b）双语儿童正在习得的两种语言不会相互影响或相互作用。然而，这类研究相对较少，还需要大量的研究以丰富数据并增加对双语接触的了解，包括了解所有类型的双语者在各种语境下的语言习得和使用情况。

2.8. 结语

总而言之，文献表明，双语第一语言习得研究围绕单一语言系统假说和分立发展假说的论争，聚焦儿童的语言混用和词形句法发展。双语者在习得过程中的两套语音系统、词汇和语法的跨语言影响受到越来越多的关注（详见 W. Li，2010；Yip & Matthews，2007）。双语儿童的代词习得还没有得到系统的研究。然而，在过去的十年中，对双语儿童语言习得的实证研究表明，更多的证据支持以下观点：自幼年开始，双语者的每种语言的词形句法就已经出现了区分式发展。尽管如此，这些研究大都是在一人一语的双语输入环境下开展的，与大部分移民家庭的经历存在差异。此外，已出版的有关双语第一语言习得的大部分研究所关注的儿童语言均为类型相似或有密切亲缘关系的语言对，而类型相异且无亲缘关系的语言对还没有得到系统的研究。

本文献综述讨论了在双语儿童习得研究中被忽略的四个主要领域：非双亲输入的影响、学习语境的作用、弱势语言的特征，以及习得策略的重要性。本研究通过观察一名双语儿童的人称代词习得过程，对这些问题展开探讨，聚焦双语第一语言习得中的语言分立和互动，这些问题在过去的研究中鲜有涉足。

尾 注

1. 非移位 wh 问句（Wh-in situ questions）指的是出现在陈述句相应名词短语位置的 *wh-* 短语（如 who、what 等）。例如，*you said what?*（等同于 *you said it* ）。

第三章 个案研究法

3.1. 引言

所有的学术研究均基于理论假说，尽管这些假说可能没有得以明确表述。本研究的理论假说之一是，双语儿童发展中的语言与其他语言一样具有系统性，并且可以被描述。另一个假说是，双语儿童发展中的语言仍然与其他语言一样，处于不断变化的状态中，不断接近目标语。最后一点，虽然发展中的语言由于个体的原因可能发生某些独特的变化，但是双语习得和第一语言习得过程中可能出现的变化的模式和约束条件具有普遍性。

基于以上理论假说，同时考虑到时间、资源和人为因素的制约，本研究仅限于描述一名双语儿童的早期词汇和句法发展的一个方面的情况，时间跨度为30个月。

3.2. 研究设计

3.2.1. 个案研究法

个案研究法在儿童语言研究以及社会和行为科学研究中被广泛采

用。事实上，现在已经有很多儿童语言个案研究成果，包括双语习得研究。20 世纪上半叶著名的双语个案研究包括伦杰特（Ronjat，1913）和利奥波德（Leopold，1939，1947，1949a，1949b）的研究成果，这两名研究者都是双语儿童的父亲，有详细的日记记录。在 20 世纪下半叶，音频和视频技术得以应用，针对某个特定儿童的单语或双语发展的专著面世。例如，史密斯（Smith，1973）报告了他儿子对英语语音的习得；德洛米（Dromi，1987a，1987b）观察了她女儿学习希伯来语时的早期词汇发展；埃尔南德斯·皮纳（Hernandez Pina，1990）报告了她儿子对西班牙语的习得；托马塞罗（Tomasello，1992）报告了他女儿对动词的早期习得；杜查和夸伊（Deuchar & Quay，2000）报告了女儿对英语和西班牙语的早期习得。在所有这些案例中，均由父母收集数据，这种做法有一定的优势。父母接触的情景远多于调研者依据计划而观察到的场景类型，因此，具有父母身份的研究者有可能收集到更多的话语样本。作为语言学家的父母可以采用音标做日常记录，这样，他们不会（尽管避免不了）将孩子的话语过度解读为一个特定的词或词串。不过，现在多数研究者都借助录音，可以进行信度检测。

当然，非父母身份的人已经开展了很多成功的案例研究。例如，弗莱彻（Fletcher，1985）研究了英语单语习得；德·胡文（De Houwer，1990）研究了荷兰语-英语双语习得；蓝泽（Lanza，1997）探讨了两名挪威语-英语双语儿童习得过程中的语言混用情况；迈泽尔和他的 DUFDE 纵向研究团队调查了法语和德语的同步习得，研究对象是一些生活在德国的年龄为 1;0—4;0 的儿童（Meisel，1990，1994）。在本研究中，鉴于数据收集的便利性和资源的约束条件，孩子

第三章 个案研究法

的母亲是英语和汉语语料的主要数据收集者和分析者,外婆是汉语语料的辅助收集者。

针对这些领域中个案研究的实用性,普拉特(Platt)曾引用了鲁尼恩(Runyan,1982)给个案研究法所下的定义:"关于一个研究对象,无论是事件、文化(现象)或……一个人的详尽信息的呈现和解读"(转引自 Platt,1988:4)。普拉特曾指出,个案研究常常采用定性研究法,而非定量研究法,并且与调查法或实验法形成对照。在一本描述她女儿希伯来语习得的书中,德洛米区分了定性和定量研究法:"定量法认为,科学知识只能通过检测具体的和有积极意义的假说获得进步,而采用定性法的研究者认为,通过对发生在自然语境中的特定过程的可靠分析可以获得对行为的理解"(Dromi,1987a:63)。

在探究儿童的双语代词习得上,我采用的是个案研究法。根据现有文献,尽管这种方法在双语发展研究中有很长的历史,但仍要考虑到其理论依据的有效性和可能存在的缺陷。正如蓝泽在她对幼儿双语混用现象的调查中所说:"个案研究的主要优势在于,有机会以全局的视角研究当下问题"(Lanza,1997:81)。一个个案研究可以包含多种语料资源(Yin,1984)。我的研究包括两种数据:自由谈话和阅读互动。所有的录音包含双语习得者澳齐的自由谈话,表3.2中的第18、20、24、26、27、29、35、38、39、40、41、49、50、52、56、57、58和63号录音数据包括澳齐和成人或同龄人在讲故事时的互动语料。关于这两类语料在记录儿童言语变化上的优势可参考蓝泽的讨论(Lanza,1997:91,92)。全局视角有助于考查参数之间的相互关系。蓝泽认为,"对几个案例的探究有助于更好地了解他们之间的关系,这种方法胜过误读500个研究对象中的三个案例"

(Lanza，1997；引述自Agar，1980：123）。

如果从发展的视角研究双语儿童的代词习得，有必要采取纵向研究法，并且包括一段时间的数据收集。德洛米指出，"个案研究具有精密的特点，因此，研究的对象通常数量较少"（Dromi，1987：65）。本研究属于这种类型。鉴于问题的性质，有必要在儿童的家庭内部进行近距离观察，这种做法本身具有实际意义。

尽管有人认为基于个案的研究无法得出具有普遍意义的结论，但是普拉特驳斥这种观点，她认为，"普通的假说意味着可以从已知信息推导出合理的理论。因此，除非存在与现有理论不一致的信息，否则没有理由将个案研究排除在已知信息范围之外"（Platt，1988：18）。她还提醒读者，与其他类型的研究一样，个案研究并非孤立进行，每一例个案研究都可以同其他研究进行比较，并通过这种比较获得评估。普拉特认为，"个案研究……更有可能以对细节的探究而获得意料之外的发现，这种探索未知的开放性和实现多重目标的可能性是一种优势"（Platt，1988：20）。本研究对双语儿童从人称名词向人称代词转换的意外发现反映了个案研究的这种优势。

同时，我也牢记德洛米对采用个案研究法的研究者的提醒：

> 个案研究的结果总是很复杂，单个个案研究很难给具体而严谨的问题提供简洁明了的答案。选择个案研究方法的研究者应该做好反复推敲结果的准备，这样才能对结论做出最好的解释（Dromi，1987：67）。

然而，德洛米认为，个案研究法尤其适用于早期语言的研究。因为在话语输出的早期阶段，儿童的语言知识变化快速而频繁，早期的话语输出高度依赖他们的语言和非语言语境（Dromi, 1987 : 64）。她还认为，因为早期的词语在语音上会与常规形式有所区别，并且儿童的语言表达趋于简化，所以需要由熟悉儿童的分析者对语料做出正确的解读。

个案研究明显的弊端是缺乏概括性。例如，不能仅仅基于一名双语儿童的经历而对所有双语儿童做出概括性的结论。正如德洛米所言，因为个案研究主要基于主观分析，而其语料的概括性相对有限，所以容易受到质疑（Dromi, 1987 : 65）。然而，研究是累积性的，随着儿童语言发展的个案研究数量的增加，各项研究之间可以获取的对比数据也更丰富，因此，研究者就有机会验证个案研究的结果（参见Dromi, 1987）。

德洛米（Dromi, 1987）承认，"母亲兼研究者"可能会高估孩子的知识。但是，她建议，这一缺陷可以通过信度调节措施进行弥补。这些措施的效果在本研究中尤其显著。在数据记录和编码过程中，一名汉语单语者和一名英汉双语者的合作可以避免过度依赖母亲兼研究者的判断。德洛米还认为，个案研究法"没有考虑到……对隐性知识的直接检测"，比如理解力（Dromi, 1987 : 67）。因此，虽然我承认理解常常先行于输出，但是如同很多其他个案研究，本研究关注的是语言输出而不是理解。基于我的数据所得出的任何结论仅适用于输出。总而言之，尽管个案研究存在固有的缺点，但是这种方法以描述见长，因而能够产出丰硕的成果。

3.2.2. 自然数据比照实验数据

针对儿童代词习得的很多早期研究都是通过实验进行的。例如，多伊奇和佩希曼（Deutsch & Pechmann，1978）通过实验引导德语儿童的代词输出；坦茨（Tanz，1980）开展了针对一组3;6以下儿童的代词输出实验。这两项实验性调查对儿童的代词发展没有提出新的解释，只是强调了这些年幼的实验对象没有混淆代词。

基于代词输出或代词理解的实验可以避免出现自然数据中常见的非典型抽样问题，因为每个代词都能引出一个答语。然而，对幼儿的细微语言辨识能力的实验可能会产生不良后果。在儿童语言发展的关键时期（很多儿童在2岁左右习得代词），很难获取非实验性的可靠答语。恰特（Chiat，1986：344）注意到，在儿童能够确凿无疑地做出回答的时候，习得过程可能已经有了很大进展，实验可能无法获取有效数据。这也许就是代词的正确使用更早出现在自然语料中而不是实验语料中的原因。有时候，与其说实验结果揭示了儿童对特定语言形式的加工，不如说揭示的是某种实验情境以及在那种情境下儿童使用的策略。

本研究采用了自然探索法而不是理解实验法，原因在于两个方面。其一，从处于代词习得年龄段的儿童身上很难以实验测试的方式引出答语；其二，很难保证任何引出的答语是单纯的言语交流，而非仅是对实验情境的回应。自然数据不涉及实验测试过程中的控制，可以避免因控制而导致的失真现象，特别是在以儿童为实验对象的研究中。此外，纵向数据提供了关于发展过程的重要信息。

3.2.3. 个案研究儿童与他的语言环境

本项目采用的是个案研究法，研究对象是生活在澳大利亚的一名汉英双语儿童。

第三章　个案研究法

　　孩子名叫澳齐，是一个讲汉语的移民家庭的第一个孩子。他出生并成长在澳大利亚悉尼市一个中产阶级家庭。父母都接受过高等教育，是汉语本族语者，生活的环境属于悉尼最大的非英语语言社区之一。父母在中国都是从中学开始学习第二语言英语，在中国和澳大利亚大学继续学习英语。澳齐出生时，父母已经在澳大利亚定居。居家时，父母相互用汉语交流，而在讨论工作的时候，他们使用英语。

　　由于澳大利亚是一个多语种和多元文化的社会，20世纪的华人社区普遍认可维系家庭语言的重要性（参见 Clyne，2003，2005）。澳齐周围的亲人都十分支持他的双语习得，尤其是在他2;8（入英语托儿所的年龄）之前的早期语言阶段。在澳齐初入托儿所的半年时间内，他一直保持沉默。事实上，在那段时间，他的一名保育老师怀疑他的发声能力有问题，这种情况使他的父亲很焦虑。尽管老师承认孩子确实能明白她的话，但是"问题"在于，他拒绝在托儿所讲英语。澳齐的妹妹雪莹（Joy）虽然自出生起在家庭环境中就听过澳齐和其他人对她讲英语，但是在3岁左右被送往托儿所的时候，她也经历了3-4个月的沉默期。移民家庭父母的经历均表明，出生在澳大利亚并自出生起就接触两种语言的儿童都经历了类似的沉默期。但是，澳齐的母亲注意到，孩子待在家里的时候会练习英语。每天从托儿所回到家以后，他会一边玩玩具一边用英语自言自语，时间持续一个多小时。从那时候起，在每天半小时的慢跑时间，父亲与孩子的交流语言由汉语转为英语。因此，从第31号录音片段（3;2;12）开始，父亲成为孩子的主要英语交流对象。总体来说，孩子经历了有助于成为双语者的养育环境。在研究期间，他看起来确实具备双语能力。

3.2.4. 研究的年龄范围

本项研究所关注的儿童年龄跨度为 1;7—4;6，但有些分析没有涉及全部年龄段。事实上，大多数分析聚焦的是 4;0 之前的数据，即代词的习得阶段。澳齐在做事前喜欢观察，言少行多；此外，他是一个没有学习障碍的正常孩子。托儿所的行为报告显示，澳齐的智商和一般能力的发展都正常，他擅长空间推理和逻辑思维。

根据澳齐的代词发展，按照六个年龄段划分语料库。在跨越 1;7—4;6 的总体句法发展期间，孩子的双语代词发展经历了以下几个阶段：

一、对其他人的名词性指称（1;7—2;0）

二、昵称类的自我指称（2;0—2;3;16）和名字与昵称并用的自我指称（2;4—3;0;07）

三、第一人称代词的出现与其他自我指称的并用（3;0;07—4;0）

四、第二人称代词的出现（3;2;09—3;9;26）

五、其他代词的出现（3;9；26—4;6）

本研究主要探讨第一阶段、第二阶段、第三阶段、第四阶段和第五阶段早期，第五阶段晚期留待今后探讨。第四章讨论孩子的总体语言发展，主要聚焦汉语和英语的词序和主语实现，五个阶段的数据均包括在内。第五章阐述从名词到代词发展的过渡情况，采用的数据来自第一阶段至第三阶段。第六章探讨两种语言的代词发展，分析的数据来自第三阶段至第五阶段早期。

3.2.5. 语言输入的类型和多样性

澳齐生活在汉语家庭中，五名成年人讲汉语。祖父母是仅使用汉语的单语者，其余三人为他的父母和姨妈，他们在家庭语境外还使用英语。虽然父母和姨妈在家里相互用汉语交流,但是因为英语属于澳大利亚主流社会的语言,他们在工作和其他社会场合讲流利的英语。在家里,澳齐主要接触汉语。在一些特定的语境中,父母和姨妈用英语和孩子交流,这样的语境包括讲英语的朋友的拜访、英语故事阅读、英语媒体讨论、英语聊天和英语游戏。虽然父母在家里主要用汉语和孩子交流,但是澳齐自出生起就定期接触汉语和英语两种语言。他出生在澳大利亚的一家医院,从第一天起就接受英语的输入。每天,母亲会让澳齐花半个小时分别看少儿英语电视节目和阅读英语故事。随着澳齐年龄的增长,父母带澳齐参与特别英语交际活动的时间也增加了。在澳齐满 1 岁之前,母亲每周带他参加一次讲英语的母亲的聚会。家里的日常活动,如购物、郊游,或邻居、朋友、同龄人和医生的拜访均使用英语交流。在澳齐满 1;1 的时候,他的外婆来到澳大利亚,白天看护他。因为外婆讲汉语,所以在 2;8 前,他有了更多接触汉语的机会。在 2;8 的时候,澳齐每周在英语托儿所生活两天,六个月之后,他开始接受全日托管。表 3.1 罗列了他的社会语言环境和输入条件。

上文已经提到,澳齐的父母和姨妈每天都用英语和汉语同他交流。但是,他们都依不同的语境和活动而选择语言:在家里用汉语,在外用英语;日常交流用汉语,而在读书、讲故事和社会活动时间使用英语。

表 3.1. 澳齐的社会语言环境和语言输入条件

年龄段	社会语言环境	语境	对话者	输入语	时长（小时/天）
0—1;1	家庭	日常活动	母亲 父亲	汉语	5-6
		看英语电视、 讲故事、 其他户外活动	姨妈	英语	1-2
1;1—2;8	家庭	日常活动	母亲 父亲	汉语	6
		看英语电视、 讲故事、 英语家长会、 其他活动	姨妈 外婆	英语	2
2;8—3;2	家庭	日常活动	母亲 父亲 姨妈	汉语	5
		看英语电视、 讲故事、 其他活动	外婆	英语	1.5
	托儿所	托儿所生活	老师 同龄儿童	英语	2
3;2—4;0	家庭	日常活动	母亲 父亲 姨妈 外婆 外公	汉语	3
		看英语电视、 讲故事、 闲聊、其他活动		英语	1
	托儿所	托儿所生活	老师 同龄儿童	英语	5

  澳齐的双语输入环境是移民家庭的第二代普遍拥有的双语条件，父母亲的本族语属于移居国家的少数民族社区语言。澳齐的早期汉英双语接触模式属于罗曼（Romaine, 1995）的类型三的一种修改版，我将其称为一境一语背景下的语境制约性语言使用。这一点在第二章

中讨论过。

表3.2. 录音数据简介

录音编号	日期	年龄	话语平均长度：汉语	话语平均长度：英语	话语平均长度：混合语	使用语言
1	13-07-95	1;7;0	1.54	1.00		汉;英
2	15-08-95	1;8;02	1.67	1.00		汉;英
3	15-09-95	1;9;02	1.36			汉
4	13-10-95	1;10;0	1.54			汉
5	16-11-95	1;11;03	1.63	1.23		汉;英
6	13-12-95	2;0;0	1.96	1.67		汉;英
7	13-01-96	2;1;0	2.00			汉
8	13-02-96	2;2;0	1.00			汉
9	11-03-96	2;2;28	2.25	1.00		汉;英
10	29-03-96	2;3;16	2.30			汉
11	07-04-96	2;3;24	1.78			汉
12	10-04-96	2;3;27	1.51			汉
13	13-04-96	2;4;0	2.63	1.50		汉;英
14	16-04-96	2;4;03	2.22			汉
15	28-04-96	2;4;15	3.89	1.00		汉;英
16	08-05-96	2;4;25	3.61	1.00	2.00	汉;英;混合
17	20-05-96	2;5;07	4.00			汉
18	30-05-96	2;5;17	3.33	1.00	3.00	汉;英;混合
19	01-06-96	2;5;18	3.54	1.15	3.00	汉;英
20	15-06-96	2;6;02	3.50			汉
21	30-06-96	2;6;17	3.76		3.00	汉;混合
22	08-07-96	2;6;25	3.50	1.00		汉;英
23	15-07-96	2;7;03	2.86			汉
24	01-08-96	2;7;18	3.20			汉
25	15-08-96	2;8;02	2.78			汉
26	05-10-96	2;9;22	2.87			汉
27	20-10-96	2;10;07	2.79			汉

（下页续）

(续表)

录音编号	日期	年龄	话语平均长度:汉语	话语平均长度:英语	话语平均长度:混合语	使用语言
29	30-11-96	2;11;17	2.80			汉
30	14-12-96	3;0;01	4.12	1.00	2.00	汉;英;混合
31	20-12-96	3;0;07	3.72	1.00		汉;英
32	27-12-96	3;0;14	3.26	1.25		汉;英
33	14-01-97	3;1;01	2.93			汉
34	25-01-97	3;1;12	3.50	1.00		汉;英
35	30-01-97	3;1;17	3.70	1.00		汉;英
36	15-02-97	3;2;02	4.79	1.00		汉;英
37	22-02-97	3;2;09	3.12			汉
38	25-02-97	3;2;12	2.83			汉
39	27-02-97	3;2;14	3.35			汉
40	01-03-97	3;2;16	4.25	2.50		汉;英
41	05-03-97	3;2;19	4.31			汉
42	08-03-97	3;2;21	3.63			汉
43	16-03-97	3;3;03	4.75	1.30	5.30	汉;英;混合
44	01-04-97	3;3;18	5.43	2.70	6.30	汉;英;混合
45	15-04-97	3;4;02	4.60			汉
46	05-05-97	3;4;22	3.20	3.00	6.00	汉;英
47	18-05-97	3;5;05	5.40	3.00		汉;英;混合
48	02-06-97	3;5;20	5.12	2.70	5.00	汉;英;混合
49	14-06-97	3;6;02	6.40	1.83	4.00	汉;英;混合
50	21-06-97	3;6;09	4.00	4.25	3.00	汉;英;混合
51	07-07-97	3;6;25	5.43	2.70	4.00	汉;英;混合
52	14-07-97	3;7;01	4.43	3.33		汉;英
53	16-07-97	3;7;03	3.60	3.40		汉;英
54	22-07-97	3;7;09	5.60	1.71		汉;英
55	01-08-97	3;7;19	5.30	2.00		汉;英
56	15-08-97	3;8;02	5.74			汉
57	22-08-97	3;8;09	5.80	2.55	4.00	汉;英;混合
58	04-09-97	3;8;22	5.18		4.00	汉;混合

(下页续)

(续表)

录音编号	日期	年龄	话语平均长度：汉语	话语平均长度：英语	话语平均长度：混合语	使用语言
59	21－09－97	3;9;08	6.25			汉
60	09－10－97	3;9;26	3.83	2.88	3.50	汉;英;混合
61	20－10－97	3;10;07	5.92	3.50		汉;英
62	04－11－97	3;10;22		3.82	5.75	英;混合
63	20－11－97	3;11;07	6.48	4.41	5.00	汉;英;混合
64	27－11－97	3;11;14	5.00	3.90	6.00	汉;英;混合
65	13－12－97	4;0;0	4.50	4.34	3.00	汉;英;混合

3.3. 数据收集

3.3.1. 数据类型

本语料库主要由两类数据组成：(1) 录音和 (2) 记录孩子话语的日记。虽然有时候汉语和英语语境会出现在同一段录音中，但是数据来源既包括孩子的汉语输入语境，也包括他的英语输入语境。例如，一段录音的前20分钟可能是在一次汉语活动中孩子和一名成人的会话，而最后的10分钟记录的是在一次英语郊游中与另一名成人的会话，内容取决于孩子说话的意愿。这些录音主要记录孩子在日常生活中的自然语言。表3.2提供了每段录音的汉语和英语语境的详细信息。

讲汉英双语的母亲出现在大部分录音数据中。这种方法有一个明显的不利之处——即对孩子的单语模式没有严格的控制。格罗斯让 (Grosjean, 1985, 1998) 提出的双语者的语言模式指"双语者的语言被激活的状态和语言加工机制" (Grosjean, 1998：136)。模式处于从语言A的单语状态到语言B的双语状态的一个连续体上。在每种模式中，各语言活跃或不活跃的程度取决于语境特征，比如共同参与者的单语或双语能力、话语的目的、内容和情境。格罗斯让没有详细阐述此模式适用的年龄段。假定将这种模式用于研究双语儿童，为了在原型单语语境下对一名双语儿童的话语进行采样，研究者应该确保孩子的对话伙伴为单语者，并且孩子也了解这种情况。在澳齐的案例中，很难检测到纯粹的英语单语模式，原因是所有会讲英语的家庭成员都使用流利的汉语，他听到过他们的语码转换。在几段录音数据中，澳齐只和讲英语的同龄人或成年客人互动，这些被当作控制语料。显然，如果所有的录音只涉及一名交谈者（例如，一周一名汉语谈话者，下一周换为一名讲英语的人），语言的输出（数据）可能会更均衡。然而，一个值得关注的因素是，和家人生活在一起的外婆只讲汉语，不懂英语。克莱因（Clyne，1991：114）强调，祖父母在移民家庭中会有很大的影响力，他们极力维护家庭语言。在很多录音中，只出现澳齐和外婆之间的汉语对话，澳齐使用的完全是汉语单语模式。

本研究与德·胡文（De Houwer，1990：77）的观点一致：在选择数据的收集方法时，我偏向自然法。其中的风险在于，一种语言的数据可能非常充足（汉语），而另一种可能稀少（英语）。

3.3.1.1. 录音资料

本语料库包括 82 段录音（3 段为视频），孩子的年龄段为 1;7—4;6。在两种语言的语境中进行定期录音的年龄段为 2;0—4;6，每两周录一次音，有时会两次或更多。与孩子的交流语言是汉语，交流者主要是母亲或讲汉语的外婆（不会讲英语）。后来，与孩子的交流语言是英语，交流者主要是父亲（给孩子讲道理的时候主要用英语）或母亲（给孩子讲故事的时候主要用英语）。每段录音平均时长为 20 至 30 分钟。只有在孩子 1;7—2;0 时录制的最初 6 段录音的每段时长为 15 分钟，

第三章 个案研究法

原因是孩子不愿意开口。值得注意的是，澳齐不太喜欢用言语表达，在大多数情况下，他更乐意观察和行动而不愿意说话。除非他能够精确地说出目标语，否则他更愿意等待时机。在录音过程中，他常常保持沉默。因此，在一些录音中，孩子的话语语料相当有限也就不足为奇。

用于录音的仪器包括一台爱华牌便携式录音机和一个高配定向麦克风。录音均由母亲或外婆操作，因此，现场没有额外的观察者影响孩子的语言或其他行为。在家里，录音机被放置在房间内固定的桌子上，即使在不录音的时候，它的位置也不会变。可以说，和其他家具一样，录音机不会影响孩子的语言表述。

与孩子交流的成人的语言决定了每段录音的语境。因此，与讲英语的成人互动时录制的语料被标记为英语语境录音，而与讲汉语的成年人互动时录制的语料被标记为汉语语境录音。

录音期间的主要活动包括澳齐玩玩具、与对话者一起阅读、讲故事、郊游、购物、拜访朋友、与其他儿童或妹妹的游戏、在英语托儿所的玩耍以及其他的日常活动。

在 82 段录音中，用于本研究的主要有 65 段，相关语料均收录于表 3.2 中。其他信息包括孩子的年龄（年数；月数；天数）、每一段录音的日期以及采用缩略形式标注的语境（M 代表汉语，E 代表英语）。同时罗列的还包括孩子每一段录音中的汉语、英语和混合搭配话语的话语平均长度（以词为计算单位）。

表 3.2 中的全部语料包括 2048 段可辨识的话语，其中有 39 段混合搭配话语。混合搭配话语的辨识特征是在同一段话语或谈话中——语际及语段内的混用（Genesee，2003：213）——使用了来自两个或更多语言的要素（音素、词语、句式）。仔细观察在语境中的这些混

合搭配话语可以看出，其中的 13 段不是真正意义上的混合搭配话语，而是两种语言的对等翻译，即孩子试图将汉语翻译为英语或将英语翻译为汉语。例如，*hand jiu4 shi4 shou3*/ "hand 就是手"（2;5;17），这是在汉语语境中，澳齐给他父亲解释英语单词 hand。因此，对混合语的话语平均长度（MLU）的计数应该将这 13 对翻译对等语排除在外，但是，表 3.2 没有忽略这个因素。在较小年龄段的混合搭配话语的低发生率和对混合搭配话语的过高估计会导致混合搭配话语中的话语平均长度呈现较高值。在全部语料库中，混合搭配话语仅占 1.2%。

3.3.1.2 日记资料

母亲用汉语和英语两种语言记日记，而外婆仅用汉语记日记。这些日记从孩子约 6 个月大一直持续到 6 岁，记录的内容依据的是母亲或外婆和孩子相处时的观察。因为母亲做兼职工作，她的记录常常是在工作日的休闲时间或睡前活动之后完成的，而外婆的记录包括每天更多的自由活动。日记中的笔记形式借鉴了蓝泽的建议（Lanza，1997：94）以及蓝泽的附录七中的信息表（Lanza，1997：356）。

在孩子 0;6—1;7 期间，一些与他身体发育和语言发展相关的零星信息被记录下来。

从 1;7 开始，孩子每天的话语都被记录。最初，孩子的话语几乎可以被全部记录下来，但是当他的话语输出越来越频繁的时候，这种巨细无遗的记录就变得越来越困难，此后的笔记主要关注新出现的话语。原始记录使用手写的语音符号（外婆的笔记例外，她使用的是仿语音的汉字）。使用语音符号记录的重要性在于尽量减少母亲对孩子输出的话语高估的可能性。语音符号的使用以及孩子发声时的语境使母亲有足够的自信辨析这些声音单位。

3.3.2. 录音转写

82 段话语录音的全部转写均由一名双语助理研究员完成,她恰巧是研究对象的姨妈,熟知孩子的话语模式。转写的内容包括语言和非语言的互动,也有相关的语境。

转写近似标准的拼字法,但没有附加尚未出现在孩子话语中的语素。对汉语的笔录采用的是罗马化的国际语音系统(拼音),四个声调被转换为四个数字,但必要时,对使用的符号加以修正,从而使记录尽可能接近孩子实际的言语输出。随后,采用 CONC 1.76 索引软件处理数据。如果孩子的话语含糊不清或偏离成人的发音,就采用易于解读的语音符号。如果出现难以理解的话语,就用 XX 做标记。转写包括孩子、成人以及其他在场的人(如孩子的同龄人或妹妹)的所有可理解的话语。当情景与非言语交际语境特征适用于解读孩子的话语时,相关信息也被转写。附录一提供了本研究的转写所采用的标准符号。

一段录音转写完成后,孩子的母亲会再次核对,她熟知并且能够灵活解读孩子的话语。

3.3.3. 数据解读

熟知儿童语言数据的研究者认为,转写是个耗时费力的过程,需要在语言的不同层面做出判断。因为汉语和英语的语音差别较大,与发音相似的两种语言相比,儿童输出的汉语和英语更容易区分。在对儿童语言样本的语言形式(包括公式化形式)的解读上,我采纳了蓝泽确立的基本分析标准，并做了微小的改动（Lanza，1997：105—106）：

1. 采用成人词汇中的形式标注近似语音
2. 如果第一个标准行不通，即采用单语儿童词汇中的形式标注近似语音（汉语，参见Chao, 1951/1976; Y. Li, 1995; 英语，参见Fletcher, 1985）
3. 当第一个标准和第二个标准都行不通时，采用含有特定意义的某种特殊形式的惯用法
4. 以日记或语音对话的形式证实家庭成员对含特定意义的某特定形式的认可

不能满足这些标准的话语被记录为"无法理解"（X）。无法理解的话语在对孩子的语言样本的分析中不予考虑，但是，如果话语涉及音素扩展，则会加以分析（例如，*one more-de*/ "another one-NomMarker", *li li tangtang-de*/ "one Classifier lolly-NomMarker"）。此外，父母与孩子之间的"意义协商"也会用于解读孩子话语中的某形式或公式化形式的意义（Lanza，1997：104）。

语例（第36段）：外婆（G）和澳齐（A）关于一件坏事的对话（"这是你搞的"指饼干被压碎的事）

G： *zhe4 shi4 **ni3** gao3 de ba?*　　（这是**你**搞的吧？）
A： en　　　　　　　　　　　　　（是）
G： *ni3 shuo1 zhe4 shi4 **ni3** gao3 de*　（你说，这是**你**搞的）
A： *ni3 gao3 de*　　　　　　　　　（你搞的）
G： *shuo1 "**wo3** gao3 de"*　　　　（说"**我**搞的"）

A：*po2 gao3 de* （外婆搞的）

在这个对话中，尽管澳齐对外婆的话似懂非懂，但是外婆鼓励他使用自我指称的正确代词形式。

依据此处罗列的标准，几乎所有的数据都可以被解读并做出判断。

3.3.4. 电脑分析和编码程序

转写的数据通过一个词语加工软件程序被输入电脑，用于建立数据库的是夏季语言学研究所的 CONC 软件。由 SIL 研发的索引软件 CONC 1.76 用于做辅助分析，此软件可在互联网上免费获取。CONC 将语言输出按字母排序以方便核查词素分布和使用语境。

3.4. 数据库的特征

3.4.1. 分析单位：话语平均长度（MLU）

德·胡文（De Houwer, 1990：14, 87）和蓝泽（Lanza, 1997：127）讨论过话语平均长度的计数优势，这种方法尤其适用于研究除英语之外的其他语言。话语平均长度测量法属于定量信息收集的一种做法，是布朗（Brown, 1973）为英语设计的测量法，对第一语言习得研究产生了很大影响。布朗（Brown, 1973）发现，年龄并不能很好地预测儿童语言发展的水平。他认为，只有采取将话语平均长度和话语上限（UB）结合起来的测量方式，才能得出把孩子的语言发展的各阶段进行相互对比的指数。大致上，话语平均长度指的是一段录音转写中每段话语的平均词素数（关于计算话语平均长度的具体规则，参见 Brown, 1973：54），而话语上限（UB）指的是一段录音转写（长度以词素数测定）中最长话语的词素数量。话语平均长度经常被当作儿童语法发展的基本指数，尽管它既不能反映不同的语义结合，也不能用以解答话语长度是否与语言复杂度对等的问题。然而，潘声明，话语平均长度"是（描述）儿童语言状况的基本测量标准之一"（Pan，1994：32）。

话语平均长度是测量儿童语言能力的一种工具，关于其有效性一直存在不少争议（De Houwer，1990；Köppe，1994；Lanza，1997）。找到另一种恰当的测量工具是比较和对照语言学以及普通儿童语言研究共同面临的问题。不幸的是，研究者仍未找到一种恰当的工具（另参见 Wells，1985：125）。在本研究中，话语平均长度与定性分析相结合，并且可以作为测量孩子的语言发展水平的一种方法。此外，它可以用来比较儿童在特定阶段的语言发展状况。

3.4.2. 测量问题

本书中有关澳齐的话语平均长度的数据至少可以用于和其他儿童的汉语或英语习得数据进行比较。

德·胡文（De Houwer，1990：14）提醒读者，如果没有较大调整，话语平均长度不适用于英语之外的其他语言（另参见 Crystal，1981）。本研究依据布朗（Brown，1973）的准则，测算了话语的平均长度，并做了一些修正，统计了包含词素和语法要素的话语。然而，除非话语中包含某种语言独有的要素，否则，如果话语包含可能同时属于两种语言的要素，它们就不在统计之列。包含某语言独有要素的话语被完全归类为此语言。具有公式化特征的表达被划归一个单位（例如，*thank-you*、*oh-dear*、*oops-oh-daisy*）。依照德·胡文（De Houwer，1990）和蓝泽（Lanza，1997）的做法，我没有去掉转写的首页或前50段话语，原因是孩子已经非常熟悉会话人，他们是他的父母、亲戚和朋友。

每段录音中，孩子的话语平均长度值均依据所使用的语言和当时的语境分别测算，因此，每一段话语都被归类为汉语、英语或混合语。此外，每个样本中的话语平均长度的测算均依据会话人和活动的语境。有人曾经从儿童的阅读活动和自由玩耍会话的话语中进行取样。蓝泽（Lanza，1997：128）发现，这些语境中的话语平均长度的数据变化显著，除了一些特例，自由玩耍有利于输出更长的话语。

根据话语类型计算的儿童话语平均长度存在差异。因此，以100个话语片段为平均长度基数的测算法不完全有效。针对这个问题，参照施莱特（Schlyter，1990a）和蓝泽（Lanza，1997）的先例，我将计数低于100的话语平均长度包括在内。在施莱特的框架内（DUFDE工程），这个基数的变化区间为10—100；而我设定的基数变化区间包括1—100的全部区域。可能有人会提出质疑：作为唯一样本的一句话的话语平均长度不可靠，因此，这样的数据应该被排除。但是，我赞同蓝泽（Lanza，1997：128）的观点：虽然只是一句话，但这句话毕竟反映了话语的复杂或简单程度。将此类话语也列入其中的原因是，在一次互动中，即使仅仅见到了"另一种"语言的一例话语，这一例的使用及其长度也透露了孩子在某种场合中使用那种语言的意愿或勉强的态度。在儿童话语平均长度数据分析方面，将这类话语包括在内的做法是有意义的。因此，不同于摒弃小于基数10的做法，我的研究包括了全部变化区域。参照德·胡文（De Houwer，1990）和多普克（Döpke，1992b）的先例，我也将混合搭配话语的话语平均长度包括在内。

测算话语平均长度的标准也决定了赋值。例如，施莱特认为，如果儿童单独使用了代词，每个代词就会获赋值 2 分，任何形式所获得的赋值都不会超过 2 分。依据我的测算法，虽然孩子可能已经发展了一套丰富的代词系统，但是每个代词仅获赋值 1 分。因此，话语平均长度计数中呈现的值可能相对有些保守，但是同样的标准也被用于测算话语的其他方面的值。在有些语段中，尽管用于测算话语平均长度基数的话语数量较少，对话语类型和谈话者进行比较却可以发现一些有趣的模式。

依据基于词语数量的话语平均长度（MLUw）观察澳齐的双语发展模式，可以发现，他在两种语言的使用上存在巨大差异。例如，在某个特定的年龄段，孩子在讲汉语时使用了大量包含多重分句的话语，而在讲英语时仅用了独词话语。尽管话语平均长度（MLUw）难免会有问题，但研究者将其视为测定儿童的每种语言发展程度的最客观的指数。话语平均长度（MLUw）的计算取决于对词的定义，无论是在（语言的）普遍层面还是在汉语中，研究者对这个问题都没有一致的结论。本研究中的话语平均长度的计数是以录音转写中的词语划分为依据的。多普克（Döpke, 1998：564）认为，话语平均长度适用于一种语言内部的比较，但不适合语际比较，尤其是类型不同的语言。我在澳齐的汉语和英语中观察到的现象与叶彩燕和马诗帆（Yip & Matthews, 2000：198）的粤方言和英语中的数据一致：汉语和儿童英语都可以被当作孤立语，理由是，在幼儿的英语中，屈折词素还没有出现。此外，双语者两的种语言的话语平均长度是相对的，而不是绝对的——例如，随着时间的推移，使用的模式会发生变化。另外，黄柏源（Huang, 1999）比较了英语数据中基于词素的话语平均长度和基于词的话语平均长度，结果表明，两种计数法基本呈现了相同的发展模式。张显达（Cheung，1998）发现，在儿童的汉语习得过程中，基于词的话语平均长度和基于音节的话语平均长度高度相关。

基于以上观点，图 3.1 展示了澳齐的两种语言中基于词的话语平均长度的发展。

图 3.1 展示了孩子在 1;7;0—4;0;0 期间的汉语、英语和混合搭配话语中基于词数的话语平均长度。混合搭配话语不属于任何特定语言。本表中的混合搭配话语数量仅用于完整展示实验对象的句法发展——例如，在汉语语境中的 *ba4ba naughty*/"爸爸淘气"（2;2）；*ba4ba weewee*/"爸爸小便"（2;6）；在英语语境中的 *en car*/"是的，小车"（3;1;12）。对于这种现象，我不做进一步的讨论，原因如下：其一，它们出现的频率很低（全部语料库中仅有 26 例）；其二，本质上，它们与代词发展的核心问题不相关，因为它们无法用于探讨孩子的每种语言是否沿着特定的路径朝着目标语发展（De Houwer，1998：256）。图 3.3 和 3.4 展示了澳齐在不同年龄段（年;月;日）基于词的话语平均长度。数据表明，澳齐的汉语似乎比英语发展得更快，突出表现在 1;7—3;4 期间。在 3;3;3 时，他的基于词的汉语话语平均长度是 3.70，而他的基于词的英语话语平均长度仅为 1.54。自 3;4 起，澳齐的基于词的英语话语平均长度显著增长。到 4;0;0 为止，两种语言的基于词的话语平均长度的差距已经缩小。澳齐的基于词的汉语话语平均长度（未列入表 3.3）是 5.49，而他的基于词的英语话语平均长度为 3.99。这个过渡期后的日记数据显示，澳齐的英语发展速度加快。随后的数据表明，在他满 5 岁的时候，他的两种语言（发展）趋于均衡。

澳齐的话语平均长度（MLU）：汉语1;07—4;0（间隔期：三个月）

澳齐的话语平均长度（MLU）：英语1;07—4;0（间隔期：三个月）
（66段录制的话语中，35段为英语）

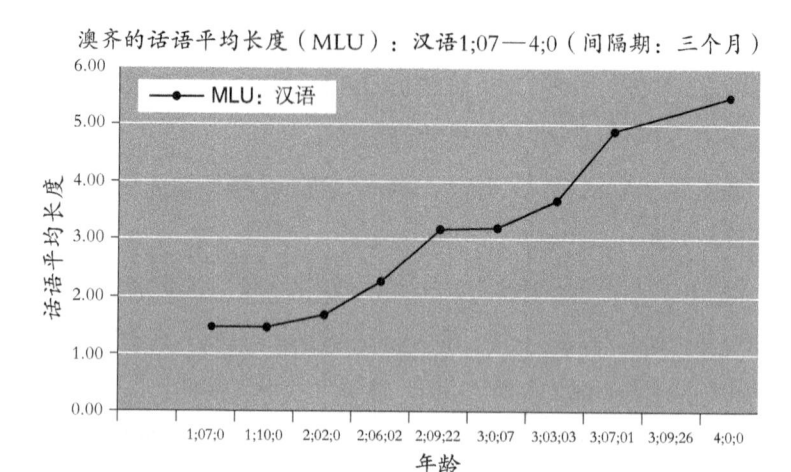

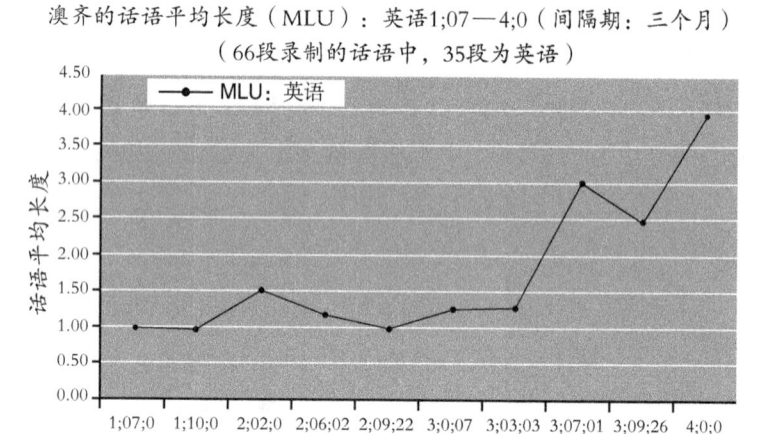

图 3.1. 澳齐（James）的汉语、英语和混合语的话语平均长度（MLUw）：每三个月为一个间隔周期（下页续）

第三章 个案研究法

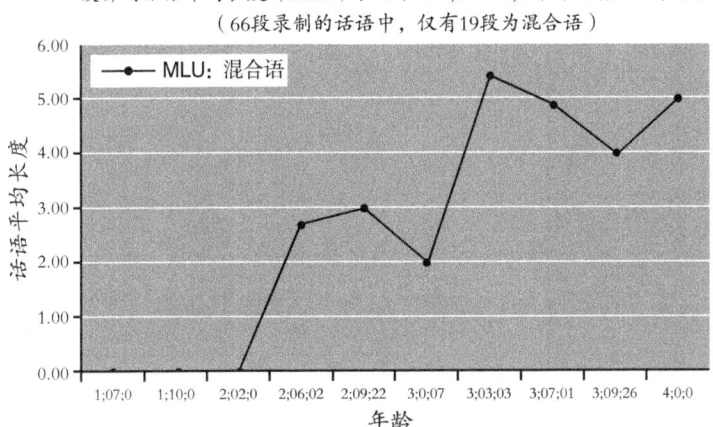

澳齐的话语平均长度（MLU）：混合语1;07—4;0（间隔期：三个月）
（66段录制的话语中，仅有19段为混合语）

图3.1.（续）

事实上，澳齐的汉语发展始于1;7。直到3;4（他开始在托儿所过全托生活），他的英语才开始迅速发展。此后，与他在汉语语境中的汉语输出相比，他在英语语境中的英语输出更频繁。

依据布朗的阶段划分标准（Brown，1973），表3.3和3.4提供了澳齐的基于词的汉语与英语话语平均长度数据。

虽然语言输入受语境制约，但是两种语言输入的数量并不均衡。根据我的估算，澳齐在3岁前大约三分之二的时间接触的是汉语，而在第四年接触的主要是英语。考虑到语言接触的不均衡模式，澳齐的两种语言的发展速度不一致就不足为奇，尤其是在我研究的初始阶段。总体上，可以说澳齐的语言发展在正常范围内。尽管在发展过程中有一些变化，但是澳齐的两种语言发展的整体表现都符合从布朗的第Ⅰ阶段到第Ⅴ阶段的测量标准。

表 3.3. 澳齐的汉语话语平均长度（MLUw）与布朗的阶段量表的比较

	话语平均长度（MLUw）	年龄	布朗的阶段
第Ⅰ阶段	1.54—1.65	1;7—2;2	1.75
第Ⅱ阶段	2.31	2;6;02	2.25
第Ⅲ阶段	2.88	2;8	2.75
第Ⅳ阶段	3.70	3;3;03	3.50
第Ⅴ阶段	4.0	3;5	4.0

表 3.4. 澳齐的英语话语平均长度（MLUw）与布朗的阶段量表的比较

	话语平均长度（MLUw）	年龄	布朗的阶段
第Ⅰ阶段	1.0—1.54	1;7—3;3;03	1.75
第Ⅱ阶段	2.0	3;6;01	2.25
第Ⅲ阶段	2.89	3;9;27	2.75
第Ⅳ阶段	3.31	3;10;22	3.50
第Ⅴ阶段	3.99	4;0	4.0

3.5. 结语

无论在家庭内还是家庭外的环境中，录音均未受到第三方观察者的影响。可以说，这种做法增强了数据的自然性和真实性。虽然录音属于同期资料，但均录制于两种语言的语境下，而且录制次数相对比较频繁：每两周1—2次。频繁的录音可及时记录有可能被忽略的变化。每天的日记也有助于记录出现的变化。因为日记由母亲-研究者和同住的外婆记录，在分析中可以与录音一并使用。在调查者以非父母身份所开展的几项研究中，收集自父母的信息在质量和细节方面会有差异。在本研究中，基于所收集的数据的范围和数量，可以在语言的不同层面分别进行一系列的分析。第四章主要在句法层面论述孩子对两种语言系统的区分；第五章探讨从名词性指称到代词指称的过渡；第六章详细分析在输出中代词发展在不同语言层面的变化。每一章还讨论用于数据分析的相关编码标准。

数据收集并不能保证可以捕捉到孩子话语中任意时间点的每一个可能出现的形式,任何每周半小时的录音库都无法做到这一点。然而,对材料的定期研究表明,孩子的代词系统的典型模式呈现清晰的变化。同时,孩子的两种语言系统之间的发展差异也清晰可见。

尾 注

1. Deutch and Französisch-Doppelter Erstsproacherwerb; cf. Schlyter (1987), 2.1.6.

第四章　汉英早期句法发展

4.1. 引言

代词使用的约束条件与儿童习得各目标语语法的发展过程相关。从跨语言的视角，伯曼和韦森伯恩特别关注涉及主语实现的论争："在某个特定的目标语中，儿童是在什么时间以何种方式习得其代词主语使用的约束条件对于语法理论的跨语言比较以及语法发展至关重要"（Berman & Weissenborn 1991：12）。

因此，可以说，双语儿童的汉英主语实现是验证分立发展假说的理想试验场，因为它满足了第二章中提及的词形句法分立的取证条件。本章讨论双语儿童澳齐的总体句法发展过程中的主语实现和词序模式。杰尼斯建议在句法全面发展的语境中研究主语的实现："这种做法（语境化）在过去以及现在的研究中不常用。但是，如果需要提供关于双语儿童的发展系统的典型描述，语境化是非常理想的条件"（Genesee，2000：170）。基于以上观点，本章全面描述一个双语语料库中所有相关的主语实现数据，语境为儿童的总体语言发展。用于研究澳齐的汉语句法发展的语料选自 1;7—2;6 期间的输出语。在这段

第四章　汉英早期句法发展

时间，他的汉语多词结构已经稳定下来。他的英语句法语料包含研究的整个过程，即 1;7—4;0，原因是他的英语发展晚于汉语发展，并且英语的发展方式也不同。通过观察更长的英语发展过程，可以看到澳齐的双语多词结构由简单到复杂的演变轨迹。

所有分析只考虑有完整和清晰转写的话语。另外，除非话语仅包含一个动词，否则被分析的话语必须包含多个成分（符合汉语语法的语句可以仅包含一个动词，无主语和宾语）。在可能的情况下，针对单语儿童的语言输出的研究成果用于对比分析。

为了解澳齐的句法总体发展，我对他的双语的独词话语和多词话语的习得过程都做了分析。依据维曼和麦丘恩（Vihman & McCune, 1994）提出的标准，对词的鉴定概括如下：

- 基于语境的标准：发声被鉴定为词的情形包括，当它们的意义在语境中易于辨认，或能被母亲辨认，或它们在不同的场合下以相似的语音形式被孩子多次使用。对言语刺激的模仿性反应不被认可为词。
- 基于发声特点的标准：发声被鉴定为词的情形包括，当它们与成人语中两个以上的音素相匹配，或者发声的韵律（本研究中指汉语的声调）与成人目标语相匹配。
- 基于与其他发声比照的标准：发声被鉴定为词的情形包括，当它们是易于理解的模仿音，或所有的发声相同，或在各种语境中所有的发声都倾向于表达同一个词。

表4.1提供的是包括六段转写样本的词的综览，相邻转写之间相隔一

个月，年龄段为1;7—2;0。这个综览包括录音（汉语或英语，取决于孩子的语境）的语境信息以及澳齐使用汉语、英语和混合搭配话语的类型及其频率。混合搭配话语不仅由一种特定的语言组成。总体上，澳齐的语言习得进度属于正常范围。虽然澳齐的语言发展会有一些变化，但总体表现是他的汉语习得从第Ⅰ阶段早期发展到第Ⅱ阶段早期，而他的英语发展处于第Ⅰ阶段。表4.1的数据显示，在早期的语言输出中，澳齐的英语在熟练程度上明显不如汉语。

表4.1. 澳齐的句法发展中词汇的类符和形符总结（1;7—2;0）

录音编号	日期	年龄	话语平均长度:汉语	话语平均长度:英语	话语平均长度:混合语	形符数汉语	形符数英语	形符数混合语	形符数总计
1	13-07-95	1;07;0	1.54	1.00		20	1		21
2	15-08-95	1;08;02	1.67	1.00		30	1		31
3	15-09-95	1;09;02	1.36			15			15
4	13-10-95	1;10;0	1.54			17			17
5	16-11-95	1;11;03	1.63	1.23		13	38		51
6	13-12-95	2;00;0	1.96	1.67		49	15		64

录音编号	日期	年龄	类符数汉语	类符数英语	类符数混合语	类符数总计	话语汉语	话语英语	话语混合语	使用语言
1	13-07-95	1;07;0	11	1		12	14	1		汉；英
2	15-08-95	1;08;02	17	1		18	32	1		汉；英
3	15-09-95	1;09;02	12			12	11			汉
4	13-10-95	1;10;0	11			11	11			汉
5	16-11-95	1;11;03	7	25		32	8	31		汉；英
6	13-12-95	2;00;0	27	12		39	25	9		汉；英

第四章　汉英早期句法发展

应该引起关注的是，录音和转写中出现的词不能代表孩子尝试使用的所有语言特征。因此，在孩子的语言输出中，某种特征的缺失不一定表明他不会使用。在解读结果的时候，这一点必须考虑在内。本章关注的问题是，这名双语儿童在句法上是否发展了两个分立的语言系统，句法涉及"词语联结成句的方式"（Quirk，Greenbaum，Leech，& Svartvik，1985：43）。我的研究聚焦于词序，目的是了解澳齐的汉英词序系统特征和范围。显然，澳齐不可能仅靠将一种语言的知识迁移至另一种语言来发展任何一种成人语言系统。如果澳齐主要在汉语和英语各自的语境中使用两种语言的词序，并且如果主语实现的功能具有语言的独特性，那么，这种发展就可以支持以下假说：

> 双语儿童的两种语言的句法发展涉及两个基本上分立的过程。这两个过程主要由儿童的语言输入决定，而不是普遍的认知或语言范畴。(De Houwer，1990：159)

4.2. 句法编码

文献表明，各种句法分析在本质上有很大差异；术语的运用常常极具个性，不一定会获得语言学家的普遍认同。这种情况通过比较马修斯（Matthews，1982）、哈德逊（Hudson，1984）、韩礼德（Halliday，1985）、乔姆斯基（Chomsky，1986）以及布列斯南（Bresnan，2001）等人的专著就可见一斑。本研究采用德·胡文的编码系统：

> 最重要的一点是……（编码系统）应该较准确地记录儿童话

语形式中的各种变体，同时，从一开始就不过度限制随后的分析。因此，必须设计一个相对中性的描述工具，基于此工具的任何解释性理论在后期都可以被运用。(De Houwer, 1990: 238)

基于这个要求，我采用的编码系统主要依据欧洲结构主义传统。德·胡文（De Houwer, 1990）和蓝泽（Lanze, 1997）在他们对双语儿童的研究中也采用了这个系统。我对此系统的运用可以与德·胡文和蓝泽的研究结果做对比。

更具体地说，我将夸克、格林鲍姆、利奇和斯瓦特维克（Quirk, Greenbaum, Leech, & Svartvik, 1985）的语法体系著作作为句法编码的总体框架。夸克等人的方法主要用于描述英语，所以我面临的主要问题是如何以相应的方法分析汉语的句法单位。事实证明，夸克等人的很多见解都可以运用于汉语的分析。例如，英语中的"主语"也可以用于指汉语中的主语。然而，对于汉语中的语法和语义小品词，英语术语不适用，或者无法充分反映汉语的句法特征。

因此，我首先采用夸克等人的术语和定义以建立句法编码系统。对于每一个结构成分的英语术语，我找到一个接近其内涵的汉语术语。在给汉语语料库编码的时候，我主要依据汉语术语而不是英语术语——例如，汉语中的静态动词常常等同于英语中的形容词，但同时可以被当作纯粹的动词。汉语术语主要采纳赵元任（Chao, 1973）以及李纳和汤普森（Li & Thompson, 1981）的方法。前者运用传统的语法术语描述汉语，而后者借助的是功能语法。虽然这两部专著没有遵循结构主义的传统，但是鉴于其折衷的立场和功能主义的视角，我将其作为汉语话语分析的基础。

4.3. 汉语与英语的句法对照

4.3.1. 汉语与英语中的零主语和零宾语的 SVO 结构

众所周知，语言之间的差异在于限定分句是否允许语音层面的零主语和零宾语。英语和法语等语言一般禁止零主语和零宾语；西班牙语和意大利语等语言允许零主语但不允许零宾语；汉语和欧洲的葡萄牙语既允许零主语也允许零宾语（参见 Cole, 1987）。关于主题零题元的识别条件有多种解释［识别条件；参见嘉格力与萨菲尔（Jaeggli & Safir, 1989）的评论］。

在引述型陈述句中，汉语的词序是主语-谓语-宾语（SVO），与英语类似，一般情况下，动词之前的名词短语为行为者或经历者，而动词之后的名词短语为动作承受者或受事参与者。然而，在自然话语中，汉语大量使用淡化语法关系的"话题-评述"结构。英语具有"基于一个名词词组和其述谓成分构成的纯句法关系"（Comrie, 1989：65），这一点体现在表达语法关系的主语和宾语之类的概念术语中。与英语相比，汉语在结构方面更强调动词。事实上，汉语被称为主语省略语（pro-drop language），英语却不同。在主语省略语中，句子主语通常是非强制性的，因此常常被省略。但是，在任何主语省略语中，动词都很少被省略。无论在汉语还是英语中，动词都不大可能被省略。换言之，主语省略语比非主语省略语可能更重视动词，原因很简单，这些语言的交际需要较少的名词词组，并且可能是较少的普通名词。此外，在 SVO 语言（英语和汉语均为 SVO 语）中，放弃句子主语意味着零主语话语中动词更有可能居于显著的句首位置；而在包含完整主语的话语中，占据这一位置的更有可能是一个名词或代词（Tardif, Shatz, & Naigles, 1997：538）。汉语与日耳曼主语省略语都有省略的特征，但在词序方面，前者不如后者灵活。总体上，在任何语言样本中，零主语语言使用的动词比例更高，而且动词在句首出现的频率高于非零主语语言。此外，黄正德（Huang，1989）和其他一些学者（Hyams，1987；Wang，Lillo-Martin，Best，& Levitt，1992）认为，汉语（而不是英语）也属于零宾语语言，这种论断进一步强调了汉语中动词的显著性。

汉语经常允许省略主语和宾语，因此，可以设想动词在很多话语中或居于首位或居于末位。与之相对照，英语话语的开头和末尾会有更多的名词词组，因为英语几乎不允许有词序的变化，也尽可能不省略标准SVO句子结构中的名词性成分。因此，汉语代词出现的频率远低于英语代词。

然而，虽然汉语属于主语省略语，但是其促成或允许零主语的结构特征与意大利语、西班牙语、加泰罗尼亚语等日耳曼语的结构特征有相当大的差异。例如，加泰罗尼亚语是一种零主语语言，具有非常丰富并且完全统一的一致形态；而汉语缺乏认可零主语的一致形态（Huang，1989；Jaeggli & Safir，1989）。依据一致性原则（Huang，1989），英语不允许有零主语，原因在于英语中的一致形态相对稀少（但也不是缺乏），也无法统一。尽管某些日耳曼语和汉语在形态一致的图谱上处于两个相反的极点，两者却都允许零主语。海姆斯（Hyams，1987）对这两种零主语语言加以区分：一种语言的零主语产生自句子层面的一致成分；另一种语言的零主语受制于话语层面的话题。汉语属于后一种。

关于汉语和英语的类型差异的详细描述，参见附录Ⅱ。

4.3.2. 研究问题和意义

儿童的早期语法是否会类似意大利语或汉语这样的主语省略语，这一点在有关参数设定的问题上已加以论述。海姆斯（Hyams，1986）认为，儿童的早期语法具有省略的特性。依据这个观点，讲英语和讲意大利语的儿童的早期语言应该相类似。只有到稍晚的阶段，即讲英语的儿童开始关注英语句法的细微特征（例如，在 3;4 时形式主语的出现），他们才会意识到，在有时态变化的分句中，代词主语不可空缺。

有关所谓的零主语参数习得的最新研究（Bloom，1991；Rizzi，1994；Valian，1991）对先前的假说提出质疑。先前的假说认为，学英语的儿童最初以为无主语句合乎语法，因此忽视了英语输入的一个基本特征，这种认识随后才得以纠正。根据这些最新研究，初始语法与成人语法差别不大。主要的区别体现在习得英语的儿童与习得意大利语、葡萄牙语和西班牙语的儿童所使用的强制性显性主语的比例。关于语言发展中早期的主语实现有不同的解释——在习得的早期几个阶段，参数不存在无标记默认值。因此，在任何阶段，儿童的输出都不会依据错误假设。如果这些观点正确，那么在句法构造的主语实现上，儿童与成人的行为相似。

西雷特里斯（Serratrice，2002）报告了一项关于一名英语-意大利语双语儿童（1;10—3;1）的研究，对以下假说提出质疑，即英语中显性主语的持续实现起因于儿童语法中限定动词形态的出现。西雷特里斯认为，主语的出现是英语的一个语法特性——人称指示的标记。依据西雷特里斯的观察，孩子的英语话语中出现了较多的既与限定动词搭配也与非限定动词搭配的显性主语，主语的输出稳定在 90% 的强制性语境中。在这个阶段,孩子还没有习得限定性的相关构词形态。虽然意大利语的主语输出比率低,但是标识人称一致的许多屈折形式已经稳定下来。研究者认为,英语中显性主语的出现以及意大利语中主语与动词一致的现象表明,这名双语儿童正在依照语言独有的方式对人称指示的重要功能进行语法化:同样的功能在儿童的两种语言中以不同的形式表达。西雷特里斯认为,这名儿童采用不同的策略习得每种语言的人称指示词,并且他关注的是两种语言中相应的提示信号:英语中的主语和意大利语中的动词一致。

对早期汉语中的无主语句与意大利语及英语儿童输出的无主语句的对比分析有一定的理论意义。从对省略现象的对比研究中可以发现汉语的特别之处,因为对汉语中的空缺类型的识别借助的不是动词屈折形式,而是话语主题和结构形态。汉语允许零宾语,这一点有别于英语和意大利语。有些研究者[参见黄正德(Huang,1984)的分析]将这些视为可变因素而不是代词。本研究探讨如下几个问题:这名汉英双语儿童的句法构造呈现什么样的特征?在每种语言的主语实现方面,孩子最初讲出的语句是否与成人的输入相似?在句法发展的早期,这名双语儿童使用什么样的策略处理两种发展不平衡的语言?

汉语是一种主语省略语,并且是澳齐的强势语言,孩子可能会受到汉语的 V（O）句式的影响,因此在他输出的英语中或许会出现扩展不足的 SV（O）句式。一方面,依据语言强势理论,澳齐的英语中可能会出现更多的零主语,如果这种现象出现在孩子语句发展的任何阶段,也许可以推断这名双语儿童的处于支配地位的强势语言（汉语）向他的弱势语言（英语）产生了迁移。另一方面,根据分立发展假说的预测，虽然存在强势语言的影响，但每种语言的发展都会呈现类似单语者的语言发展特点，汉语表现为零主语，而英语中出现主语。

4.4. 结论

4.4.1. 汉语的句法发展

澳齐早期的双词组合的特征（1;7—2;0）

双词组合的最初出现一般被认为是在 1;6 左右，这些早期的组合特征通常持续到 2;0。随后，一般出现的是与其他方面的言语发展并行的三词组合（Dore, Franklin, Miller, & Ramer, 1976；Ingram, 1989）。澳齐的语言发展与这种普遍的习得过程并无差异，最初的汉语双词组合出现在 1;7，而英语双词组合最早出现在 2;3;26，英语中其他成分的出现是在他将近 3;0 的时候。大体上，用于辨识双词话语与"连续独词话语"的标准有两个。其一，单一语调的出现；其二，两个意义相关的要素之间不存在可察觉的停顿（参见 Bloom, 1973 : 41；Peters, 1986 : 316）。

澳齐早期双词组合没有触发语句的迅速增长，有一段时间，多词话语增速较慢，澳齐非常缓慢地学习以新的组合方式使用词语，而大部分单语儿童似乎也经历了同样的语句发展速度（Ingram, 1989）。在加泰罗尼亚语-英语双语者安德鲁（Andreu）的早期语句发展中，胡安-加劳和佩雷斯-维达尔（Juan-Garau & Pérez-Vidal, 2000 : 179）观察到了同样的现象。

在澳齐 1;7-2;0 的语料库中，独词话语多于双词话语。在这段时间的英语习得上，澳齐只输出独词话语，对这一现象下文会加以解释。双词话语仅出现在汉语中，表 4.2 提供了澳齐最初使用的汉语双词组合。每一种组合都依照出现的先后排序，类符和形符附有详细说明，并以澳齐的话语作为例证。

澳齐最初使用的汉语双词组合主要为名词词组、亲属称谓名词、普通名词或代词（8个形符），与这些词组合的成分包括一个动词、一个介词短语或一个普通名词。这些词语包括第一个指示代词 *zhe4*/"这"（1;7），与动词 *ba1*/"贴"组合，组合的意义为目标+行为/"这贴"。随后出现的组合为互动词语，组合形式为[IW][Adj]/[V]（3个形符），或[IW][Neg][V]（2个形符）和[IW][Neg]（仅出现1个形符），但是其余的组合均为动词+小品词[V][Vp]（3个形符）。利芬、派因和巴恩斯给互动词语下的定义是，"在成人语言中很少有或没有指示意义，其意义产生自互动情境，如相互问候或会话策略等"（Lieven, Pine, & Barnes, 1992: 295）——例如，*au*/"哦"（1;7）；*no*/"不"（1;7）；*en*/"是"（1;9）。针对早期语法的几份研究报告都曾讨论这种模式（例如，Bloom, 1970）。在早期习得中，澳齐输出最多的双词组合为一个名词词组加一个动词或介词词组（17个形符中有7个类符）；其次为一个互动词语和一个形容词性动词、一个动词或一个否定词（17个形符中有6个类符）。这两类组合在词序上与成年人的汉语规则相符：零主语和零宾语的SV（O）和V。然而，依照布朗的第Ⅰ阶段模式，孩子输出的汉语成分可能是由若干限定模式以线性方式组合在一起的。

第四章 汉英早期句法发展

表 4.2. 澳齐的汉语双词及三词组合的类符和形符数（1;7—2;0；N=17）

话语类型 *	录音编号	语例	注解
[IW][Adj]/[V] (3)	1	ao.hao3	噢，好
[IW][Neg][V] (2)	1	no. bi4 yao4. bi4 yao4.	不，不要，不要
[Nk][Prep][Nc] (3)	2	ba4ba. zai4 jia1.	爸爸在家
[Nk][V] (2)	4	tai4tai da4-men. da4-men2.	太太打门
[Dp][V] (2)	5	zhe4 ba1.ba1	这粑粑
[V][Vp] (3)	5	ba1 qi3-lai2.	粑起来
[IW][Neg] (1)	6	en. mei2-you3.	嗯，没有
[Nk][Nc] (1)	6	ma1ma. yao4. yao4.	妈妈，药，药

注 * "话语类型" 栏目下的圆括号中的数字表示每一种话语类型的形符数。IW= 互动词；Adj= 形容词；V= 动词；Neg= 否定词；Nk= 亲属名词；Prep= 介词；Nc= 普通名词；Dp= 指示代词；Vp= 动词小品词。

在这个阶段的词语组合中，澳齐仅使用了四个不同的动词。他自 1;7 开始使用不及物动词 *ba1*/ "粑"，并与指示代词 *zhe4*/ "这" 连用。在 2;0;1 的时候，出现了另外一个不及物动词 *duo3*/ "躲"，它与一个做动词补语的小品词组合：*duo3.duo3 de*/ "躲躲地"。动词 *da3-men2*/ "打（门）" 在 1;10 时出现，亲属名词与其连用并做主语。例如，*tai4-tai4da3-men2*/ "老太太打门"，这句话是澳齐在听故事的时候指着图画书说的。澳齐在 1;9 时将存在动词 *you3*/ "有" 与作为话题标记的互动词语搭配使用，以确认在前面的话轮中提到的实体。澳齐初次输出否定词 + 动词 *bu2yao4*/ "不要" 时的年龄为 1;8，这是继英语否定词 "no" 之后他习得的另一种表达拒绝的方式。这个阶段的语料中没有出现助动词、情态动词或体标记，孩子使用的动词是祈使动词、陈述动词或原型动词。

多词组合（2;0—2;6;02）

在 2 岁左右，澳齐进入了汉语习得的多词阶段，包含两个以上要素的话语组合开始出现。在 2;0 时，澳齐的话语平均长度（MLUw）为 2.25，这表明他处于第 II 阶段早期。在接下来的四个月内，他的话语平均长度提高到了 2.88，即第 III 阶段。自 2;4 开始，澳齐的汉语话语平均长度一直没有低于 2.5。在这个阶段，双词话语在英语中才刚刚出现。值得注意的是，孩子的汉语句型与词汇突增同时发生。胡安-加劳（Juan-Garau, 1996：165）在一名加泰罗尼亚语-英语双语儿童的习得中发现了类似的现象。澳齐的话语平均长度测量数据与布卢姆、莱特鲍恩和胡德（Bloom, Lightbown, & Hood, 1975）的两名研究对象埃里克（Eric）和彼得（Peter）的数据一致，这两名儿童的句型突增的起始时间大约在话语平均长度值达到 1.5 的节点。英格拉姆将句型突增定义为"（句型突增）出现时，儿童的话语平均长度值为 1.5 或已经使用了 100 种句法类型"（Ingram, 1989：235）。

表 4.3. 澳齐的汉语多词组合的类符和形符，2;0—2;6（N=237）*

话语类型	形符	录音编号	语例	注解
[Adj]/[Nk][Nc][Adv][Adj]	8	19	da4 la1ji1tong3. hao3 qiu4	大垃圾桶 好臭
[Adv][Adj]	5	12	tai4 gao1	太高
[Nc][Neg][Adj]/[V]	15	12	chou4chou4 mei2you3.	臭臭没有
		13	wai4mian4 bi4 leng3.	外面不冷
		15	tang1tang bi4 hao3.	棒棒糖不好
[Nc][Nk]/[Nself][V]	2	10	da4 yang2.ma1ma mai3	大羊，妈妈买
		10	main4bao er2er yao4	面包，儿儿要

（下页续）

第四章 汉英早期句法发展

（续表）

话语类型	形符	录音编号	语例	注解
[Nc][Adj][PM]	5	12	du1du1 huai4 le	车坏了
[Nc][V]	12	19	urm. urm. you2piao4 mai3	是。邮票买
		12	ma3. qi2 ma3	马。骑马
		12	yue4liang4 you3	月亮有
[Neg][Adj]/[N]/[V]/[FinM]	14	13	bi4 leng3	不冷
		12	mei2you3 chou4chou4	没有臭臭
		8	bi4yao4	不要
		9	bu4 bao4 di..	不饱
[Neg][Vx]/[V][Nc]	5	12	bi1 yao4 dou4dou	不要豆豆
		13	bi4 yao4 tu4	不想吐
[Nk][Adj]/[Nc]	3	12	po2 hao3 kan4.	外婆好看
[Nk][Adv][V]/[Vp]	3	20	ba4ba you3 qi3 lai2	爸爸已经起床了
[Nk][IW]	5	18	lao3 ye2ye. ni3 hao3	老爷爷。你好
[Nself]/[Nk][Nc]	11	9	ma1ma dudu	妈妈磁带
		9	er2er wo1wo.	儿儿音乐
[Nk][Nc]/[Adv][Adj]/[V]	10	20	ma1ma wowo tai4 da4	妈妈音乐（的声音）太大
		20	ba4ba yan3 hong2	爸爸的眼睛红
[Nk]/[Nc][Neg]	8	16	ma1ma bao1 bi4 yao4	妈妈的包不需要
		12	nian3 bu4yao4	脸不想要
		12	yang2 wa2wa2 mei2you3	洋娃娃没有
[Nk][Neg][V]/[Nc]	6	20	ba4ba bi4 yao4 dian4deng1	爸爸（我）不要电灯
[Nk][Neg][Vx][V][Nc]	5	17	ba4ba bi4 yao4 gan1 xu1	爸爸不要看书
[Nk][V]	16	7	ma1ma tu4.	妈妈吐

（下页续）

87

（续表）

话语类型	形符	录音编号	语例	注解
[Nk][V][Nc]/[Nself]	10	15	ma1ma kan4 shu1	妈妈看书
[Nk][V][Nself]	14		ba4ba tui1 Auchee	爸爸推澳齐
[Nk][V][Nk]/[Nc][Neg][V]	2	16	ma1ma da3. po2po bi4 da3	妈妈打。外婆不打
[Nk][V][PM]	6	15	ba4ba tu4 le.	爸爸吐了
[Nself][V][EM][PM]	20		Auchee he1 guo4 le.	澳齐喝过了
[Nself][V][Nom][FinM]	13		Auchee na2 de de	澳齐拿的
[V][Nc]/[FinM]	13		mai3 dang2dang de	买棒棒糖
[Nk][V][V][Nc]	2	17	ba4ba lai3 ji1 fang4	爸爸来吃饭
[Nk][V][Vp]/[V]	3	15	po2po lai2 yi1 xia4.	婆婆来一下
		16	po2 qu4 qu4 wan2.	婆婆出去玩
[Nq][Class][Nc]	5	13	ni1 li1 tang1tang	一块棒棒糖
[Nsef][V]/[Nc]/[Nk]	19	13	er2er yao4 di1	儿儿要灯
		13	Auchee tui1 tui1 mei4mei	澳齐推妹妹
		16	po2. Auchee you3 qian2	外婆。澳齐有钱
[Nself][Neg][V]/[Nc]	3	15	er2er bu2 yao4 tang1tang.	儿儿不要棒棒糖
[Nself][V][Prep][Nc]	2	14	Auchee zuo4 zai4 che1 li3	澳齐坐在这里
[Nself][Vx]/[V]/[Nc]	10	17	er2er yao4 gan1 xu1	儿儿要看书
[Pself][V]/[Nc]		9	ji1ji zou2.	自己走
		17	er2er ji1ji jiu3	儿儿自己吃
		19	er2er da3 zhe zheng	儿儿打这针
[Ques]	10	20	shen2me nan2hai2?	什么男孩？
		14	ern? yi?	疑问标记
[V][Adj][Nc]/[Nk]/[Nself]	22	9	ting1 wo1wo	听音乐
		12	yao3 mei4mei.	咬妹妹

（下页续）

（续表）

话语类型	形符	录音编号	语例	注解
		17	huan4 da4 jiao1 bu4	换创可贴
		18	pei2 er2er	陪儿儿
		13	you3 dang2dang de	有棒棒糖
[V]/[Nk][Nc][Neg]	2	12	ting1 ma1ma wowo mei2you3	听妈妈音乐停
		12	weewee mei2you3	尿尿没有
[V][Vp]/[V]	3	16	qu4 qu4 wan2	出去玩

注＊括号中的数字表示每一种话语类型的形符数。[Adv]＝副词；[Nself]＝名词自我指称；[PM]＝完成体标记／小品词；[FinM]＝话语终止标记／小品词；[Vx]＝辅助动词；[Nom]＝名词标记；[Nq]＝名量词；[Class]＝分类词；[Pself]＝代词自我指称；[EM]＝体验词标记。

表4.3罗列了澳齐的语料库中所有三词和多词组合类型，其中的七类组合只出现过一次，因此，在分析的时候它们已经被忽略。每一例中的形符均标注在括号中。必须引起注意的是，在2;0—2;6;02期间，名词组合仍然很常见，占全部双词或多词组合话语数量的80%。名词性自我指称"儿儿"和"澳齐"出现，并且开始与名词、动词和介词短语组合。与亲属称谓搭配的组合有所扩展，包含更多的范畴，如形容词、普通名词、副词、否定词以及动词。此外，除了否定式，澳齐的汉语组合模式等同于成人汉语的标准。反映成人汉语标准的组合包括[Nk][Nc]，即亲属称谓与普通名词组合（处于组合的中间位置、表达所属概念的强制性所有格小品词"的"被省略），这种组合在2;0—2;6;02期间更频繁地出现。此种模式与澳齐在同一时期相应的英语输出类似，然而，这未必是一种迁移现象，布卢姆（Bloom，1991）的单语研究对象也用诸如"Mommy sock"（妈妈袜子）之类的组合来表达所属概念。在2;0—2;6;02期间，动词与不同成分的

组合更频繁地出现，占这一时期所有组合的75%。几乎所有的[Adv][V]/[Adj]组合（形容词用作静态动词）都符合成人语标准。

澳齐的三词和多词组合有一个值得关注的特点：它们大都是在他的早期双词组合中添加了一个要素。例如，通过在两个名词之间添加一个要素（如一个动词）可以加长名词＋名词（如[Nk][Nc]）的双词组合，如 *Ma1ma shu1*/"妈妈书"可以被扩展为 *Ma1ma（kan4）shu1*/"妈妈看书"。这种方法同样适用于更长的输出语，比如，偏离成人语标准的变异组合（动词＋名词＋动词），基于"名词＋动词"和"动词＋名词"两种结构而输出的"名词＋动词＋动词（同一个动词）＋名词"组合。在2;0—2;6;02期间，澳齐输出的不同动词的数量由4个增加到了76个，动词小品词和语法小品词也开始出现——例如，*guo4 lai2*/"（过）来"；*he1 guo4 le*/"吃＋过程标记＋终结标记"；助动词 *yao4*/"要"也开始出现——例如，*ba4ba bi4 yao4 gan1（kan4）xu1（shu1）*/"爸爸不要看书"用来表达"爸爸不读书"。依照赵元任对成人语法的解释（参见 Chao，1973：736），最后这个例子中的 *yao4*/"要"被归类为助动词。

总而言之，澳齐的汉语语句之间的差别可参见表4.3中所列的话语结构类型，这些结构类型的语例列于表4.4中。

在以下的论述中，我将分析孩子的多词陈述话语的句法模式，语例取自表4.4。对于含零主语和零宾语的汉语话语，依照惯例，在相应的英语注解中，做主语或宾语的代词或名词被置于括号中。

第四章　汉英早期句法发展

表 4.4. 澳齐的汉语多词话语中句法模式的类符和形符，2;0—2;6（N=189）*　　94-98

句法模式	形符数	录音编号	语例	注解
OSV	5	10	da4 yang2.er2er yao4.	大羊，儿儿要
ONeg/V	6	12	#yang2 wa2wa2 mei2you3	洋娃娃没有/"洋娃娃消失了"
		12	#nian3 bu4yao4	脸不要/"我不想洗脸"
OV	11	12	#yue4liang4 you3	月亮有/"有一个月亮"
		12	#xie2 duo1.	鞋脱
		12	ma3– qi2-ma3	马——骑马
Qm/Qw	3	14	ern?	
		14	yi?	
		20	shen2me nan2hai2?	什么样的男孩？/"你们说的是什么样的男孩"
SAV	6	12	en. po2po ming2 dai4 ..	是，外婆下次带/"是，外婆明天带我去那儿"
		19	da4 la1ji1tong3. hao3 qiu4	大垃圾桶好臭
		19	er2er da4 bao3	儿儿大饱/"我很饱"
SNegV	9	13	mei4mei bi4 wan1.	妹妹不玩
		13	wai4mian4 bi4 leng3	外面不冷
		16	#ma1ma bao1 bi4 yao4	妈妈包不要/"把妈妈的包拿走"
		17	ma1ma bi4 yao4 ban1	妈妈不要工作
SNegVx/VO	9	15	er2er bu2 yao4 tang1tang.	儿儿不要棒棒糖
		17	ma1ma bi4 gao3 ba1	妈妈不要碰伤疤
		20	ba4ba bi4 yao4 dian4deng1	爸爸不要电灯/"爸爸（我）不要电灯"
SO	2	11	po1.bi1tai1. bi1tai1. po1. bi1tai1	外婆，饼干/"外婆，给我一块饼干"
		20	ma1ma Ruying	妈妈（名叫）汝莹
SV	43	7	ma1ma tu4.	妈妈吐
		12	du1du1 huai4 le	公交车坏了/"公交车停了"
		16	po2 qu4 qu4 wan2.	外婆（带我）出去玩

（下页续）

91

（续表）

句法模式	形符数	录音编号	语例	注解
		18	Auchee yao4 kou1	儿儿要一点儿
#		15	#ba4ba yao4	爸爸要 / "要给爸爸吃"
#		15	#ba4ba he1 tang1	爸爸喝汤 / "要给爸爸喝汤"
		20	ba4ba yan3 hong2	爸爸眼红
SVA/C	4	14	Auchee zuo4 zai4 che1 li3	澳齐坐在这里
		15	po2po lai2 yi1 xia4.	外婆来一下
SV/SVO-X	5	16	shu1 huai4 le. yao4 bu3	书坏了，需要补一下
		15	en. po2po mei2you3. townhall	外婆不。市政厅。"外婆不在，一定是去市政厅了"
		19	ma1ma mai3 ju1shui3 bi4 hao3	妈妈买橙汁不好
		15	ma1ma yao4 dian3. huo1chi2-zhan4	妈妈要钱。火车站 / "妈妈，我要钱去火车站"
		16	ma1ma da3. po2po bi4 da3	妈妈打。外婆不打
SVO	23	13	Auchee na2 de de	澳齐拿一个（棒棒糖）的
(S=kin/self)		16	po2. Auchee you3 qian2	外婆，澳齐有钱
#		16	#po2 mai3 cai4	（陪）外婆买菜
		17	po2po la1 dou3	外婆拉兜
		17	er2er yao4 gan1 xu1	儿儿想读书
		20	ba4ba jiao4 yun	爸爸名叫云
		19	er2er yao4 hui2 jia1	儿儿想回家
SV-VO	4	13	er2er yao4. yao4 da4mo2	儿儿要，要大馍
		14	Auchee tui1. tui1 mei4mei	澳齐推，推妹妹
{S}AVO	1	17	hai2 you3 po2	还有外婆
{S}V{O}	10	7	mei2you4	（我）没有（这个）
		9	bu4 bao4 di..	（你）不要抱（我）
		12	wuwo	（我）爬上（篱笆）
		13	you3	（你）有（钱）

（下页续）

92

第四章 汉英早期句法发展

（续表）

句法模式	形符数	录音编号	语例	注解
{S}AV	1	12	hao3 tang4	（它）太烫
{S}V	5	16	yao4 tu4	（我）要吐
		18	zuo4 cao1	（妈妈）做操
		19	guai3 wan1.	（小车）拐弯
		16	qu4 qu4 wan2	（我）想去玩
{S}NegV	5	13	bi4 leng3	（天气）不冷
		15	mei2you3 duo1	（它）不多
		16	bi4 yi1yang4	（它）不一样
		12	weewee mei2you3	#（我）尿尿没有
		12	mei2you3 weewee.	（我）没有尿尿
{S}NegV{O}	6	10	bu4 yao4	（我）不要（这个）
		15	mei2you3 wo1.	（我）不要递（碗）
		18	zao3 bi4 dao3	（我）找不到（这个/那个）
{S}NegVO	6	12	bi1 yao4 dou4dou	（我）不要豆豆
		15	mei2you3 wo1 ji3	（我）没有拉（屎）
#{S}VONeg	1	12	#ting1 ma1ma wowo mei2you3	（我）听妈妈音乐 没有 / "我正在听妈妈的音乐，（它）停下来了。"
{S}VO	25	9	ting1 wo1wo	（我）听音乐
		11	zuo1 huo1qi1	（我）坐火车
		17	huan4 da4 jiao1bu4	（妈妈）换大号创可贴
		18	pei2 er2er	（外婆）陪儿儿

注：*圆括号中的数字表示每一种话语类型的形符数，#表示偏离成人语规范的话语。OSV=宾语+主语+动词；ONeg/V=宾语+否定词+（动词）；OV=宾语+动词；Qm/Qw=疑问小品词（疑问词）；SAV=主语+副词+动词；SNegV=主语+否定词+动词；SNegVx/VO=主语+否定词+（助动词）+动词+宾语；SO=主语+宾语；SV=主语+动词；SVA/C=主语+动词+副词（补语）；SV/SVO-X=主语+动词+同一个动词+宾语；{S}AVO=零主语+副词+动词+宾语；{S}V{O}=零主语+动词+零宾语；{S}AV=零主语+副词+动词；{S}V=零主语+动词；{S}NegV=零主语+否定词+动词；{S}NegV{O}=零主语+否定词+动词+零宾语；{S}NegVO=零主语+否定词+动词+宾语；{S}VONeg=零主语+动词+宾语+否定词；{S}VO=零主语+动词+宾语。

4.4.2. 小句类型

依据弗莱彻的语法体系，在本研究中，小句被定义为"包含一个限定动词的话语"（Fletcher，1985：74），此定义适用于英语。汉语的主句在本研究中被归类为相似的句法单位（参考 Chao，1973；Li & Thompson，1981）。表4.5 概括了表4.4 中的句法模式。

表 4.5. 澳齐的汉语多词话语中常用的小句模式的类符和形符总结，2;0—2;6

小句类型	涉及的小句	形符
*{S}V(O)		60
SV	SV, SNegV, SV–X	55
SVO	SVO, SV–VO, SNegVx/VO, SVO–X	38
OV	ONeg/V, OV	17
{S}V{O}	{S}V{O}, {S}{NegV{O}	11
SAV		6
OSV		5
SVA/C		4

注：*统计数据未包括祈使句。

从表4.5 可以看出，零主语的 -V（O）致谢模式出现的频率很高（60次，形符总数为196），占全部语句模式的30%。如前所述，假如信息可以从语境中获取，这种无显性主语的语句在用法上类似目的语。依重要性排序，第二种模式是 SV（55次，形符总数为196），占全部语句模式的29%。常见模式排在第三位的是 SVO（38次，形符总数为196）。显然，最常见的语句模式是 -V（O）和 SV，两类合计出现115 次，占全部语句模式的55%。依出现频率排序，其他常见模式包括 SVO、OV、{S}V{O}、SAV 和 SVA/C。总体上可以说，派生自基本句式 SVO/C（例如，SVO、SV、VO、SAV、SVA/C、{S}V{O}、{S}VO 和 SO）的词序类型显然超过了语料库中的其他词序类型。唯一例外的句式为 OV，应该注意的是，所有 OV 话语均以 # 标注，表示偏离

第四章　汉英早期句法发展

成人语标准。如前所述，成人汉语是一种主题凸显语言，因此，出现在主题化语句中的 O（S）V 模式容易被接受（参见 Li & Thompson，1981：15—27，85—102）。然而，澳齐在 2;0—2;6 期间的用法不符合语法：他输出的词语组合是一种不规范的 OV 模式，SV（O）模式出现的频率可能更高，但是，我决定分析的是 OV 型话语（例如，*yue4liang4 you3*/"月亮有"，*ma3, qi2-ma3*/"马——骑马"）。乍看，这些形式为 SV 和 SVO，*yue4liang4* /"月亮"和 *ma3* /"马"做主语，然而，谈话语境清楚地显示，在澳齐回答成人的问题时，"月亮"和"马"为宾语。有一个成人问孩子：*Ni3 kan4jian4 yue4liang4 le ma?* /"你看见月亮了吗?"，恰当的回答形式或者是 -V-，如 *kan4jian4 le*/"看见了"，或者是含 *you3*/"有"的陈述/存在句 SVO——具体的语例有 *Tian1 shang4 you3 yue4liang4* /"天上有月亮"。在孩子的话语中，存在动词 *you3*/"有"出现在主题宾语 *yue4 liang4* /"月亮"之后，其语义清晰，但句子结构不符合语法规范。以 *you3* /"有"为主要动词的主题化语句占全部 17 个 OV 模式中的 7 个形符。而前一段录音中的 *ma3* /"马"在一个成人的问句中做宾语：*kan4, kuai4.kan4 ma3! Kan4 jian4 le ma?* /"看，快，看马！看见了吗？"。诸如 -V-（例如，*kan4jian4 le*/"看见了"或者 OSV：*ma3. wo3. yao4 qi2* /"马，我要骑"）之类的回答都接近目的语。孩子的回答 *ma3. qi2-ma3* /"马，骑马"能够被谈话伙伴（父母）理解，但从成人的角度看不符合语法。需要注意的是，此处的"骑"和"马"（*qi2-ma3*）之间有连字符，原因是，在孩子语言发展的这个阶段，无法明确"骑"是否被当作动词而与宾语"马"分开。如果在任何记录中都没有发现"骑"被作为自由动词与其他成分组合的情况，那么将"骑"和"马"视为一个未经解析的独立动词是合理的。用在 OV 模式中的其他动词有 *tuo1*/"脱"、否定词 *mei2you3* /"没有"和 *bi4yao4* /"不要"。巧合的是，孩子的所有 OV 话语都偏离了成人语标准，但是他的所有 OSV 话语都类似目的语（例如，在第 10 段录音中的第 8 个话轮：*da4yang2. er2er yao4* /"大羊，儿儿要"）。澳齐还没有习得关于这些模式的全部知识，他对 O（S）V 结构的习得似乎处于早期阶段。例如，孩子的动词语义知识还不完整，而且对主题化宾语后位成分的限定规则的进一步学习可能是一个非常缓慢的过程。因此，他对 OV 模式的尝试都不符合语法也就不足为怪。

澳齐的输出话语中最常见的语句类型是 -V（O），其次是 SV 和 SVO。尽管他的 -V（O）或 SV 语句多于 SVO 语句，但是将 SV 和 SVO 进行组合表明，他的句法发展偏重 SVO 词序。澳齐的词序多样性——比如在早期汉语多词组合中的 OV 和 OSV——反映了成人汉语词序的灵活性，这一点在 4.3.1 中已有论述。这种现象似乎可以证明，无论输入过程是否由特定的先天语法机制支配，（语言）输入的特征总是会影响孩子的习得模式。研究者在一名加泰罗尼亚语-西班牙语双语儿童的习得中观察到了同样的、与成人语言相匹配的词序变化。

4.4.3. 与汉语单语儿童的比较

在有关汉语儿童的文献中，对词序习得的关注很少。厄尔博（Erbaugh，1992：403）认为，当多词话语频繁出现时，就会出现偏重 SVO 的词序，话语平均长度（MLU）在 1.8 和 2.5 之间波动（Erbaugh，1982：81—87；Li，1981：45）。在这个发展阶段，儿童使用很多语句，或为 SV，或为 VO，但很少用 SVO。在厄尔博的数据中，没有出现将一个 VO 短语重新排序并使其主题化为 OV 的现象。

第四章 汉英早期句法发展

厄尔博（Erbaugh，1982，1983）的主要结论之一是，汉语儿童的早期语法表现为僵化的词序。从 1;10 开始，行为动词就建立了行为者-动词-承受者的词序，如 *wo chi yu* /"我吃鱼"；状态/过程动词的词序为承受者-动词，如 *yu haochi* /"鱼好吃"。[1] 孩子们固执地使用这种词序模式，而事实上，通过主题化之类的程序，目的语允许使用 SOV 和 OSV 词序。厄尔博认为，不同的词序只在发展的后期出现。

然而，程（Cheng，1986）的研究表明，发展过程中的词序不一定如厄尔博（Erbaugh，1982）所认为的那么僵化。程注意到，在早期语法中，涉及行为动词的"承受者-动词"话语模式与"行为者-动词"词序并不少见。在有些话语中，动词前的题元为承受者，如 *wawaxiu*/"娃娃修"（2;1）和 *di4di ma4* /"弟弟骂"（2;0），后者是对如下问题的回应："阿三骂谁了？"

澳齐更喜欢用 VO 和 SV 句式，而不是 SVO，差异在于 SVO 的使用频率。在澳齐的语料中，SVO 的使用频率排在第三位。在厄尔博（Erbaugh，1982）的数据中，SVO 的使用只出现了几例。澳齐的数据显示，OV 前置结构表达的是针对承受者所做的明确的并已完成的动作，在包含行为动词的句子中这种结构呈现的是主题主语（例如，*xie2tuo*/"鞋脱"）。这些现象与程（Cheng，1986）的数据中的 OV 型词序相似。在澳齐的数据中，包含行为者-动词、经历者-动词以及承受者-动词组合的 OV 结构在使用频率上排在第四位。在主题化方面，澳齐使用 OSV 结构（2;3;16，MLU2.3）的时间远早于汉语单语同龄人习得相同结构的时间，而且几乎不出错。根据文献，SOV 结构是单语儿童（参见 Erbaugh，1992：419；Lee，1986：306—310）最后习得的一种结构。澳齐也有同样的情况，在发展的这个阶段，SOV 句式还未出现。

比对结果显示,澳齐与他的汉语单语同龄人在汉语词序的使用上没有本质的差异。与他的单语同龄人相比,澳齐似乎尝试使用了更多样的目标语词序。他的话语词序像成人语一样灵活,这表明,他对潜在结构的表层线索有较早的感知。

4.4.4. 英语的句法发展

澳齐的早期双词组合的特点(2;0—3;0)

与澳齐的汉语发展相对照,他的英语发展经历了一个只输出独词的阶段,此时间段为 1;7—2;2;26(第 9 段录音)。与本研究的其他语料相同,这里只分析有完整转写的话语。在 2;0—3;0 期间,澳齐喜欢吟唱英语歌谣,独自玩游戏,因此,他输出很多英语短语。因为这些话语属于纯粹的模仿,所以未加以分析。(然而,在澳齐的话语中,带有各类发展变化的公式化结构被保留下来,用于后期的句法分析。)澳齐最初的英语录音出现在第 5 段,年龄为 1;11;03。在这段时间(1;11;03—2;0),他的英语输出包括 40 个类符、60 个形符。其中有三个名词性词组:*father*、*woolworths*、*Town Hall*;4 个关系词:*OK*、*sorry*、*good* 和 *yarm*(*yummy*);其余为象声词和日常用语(33 个类符,53 个形符)。他学英语的进程比习得汉语的进程缓慢,然而有趣的是,澳齐学会使用的第一个英语单词是 *gu:t* / "*good*",这是一个用于表述经历的关系词[①]。当输出的词汇量达到 50 个时,一般的名词性表达(包括普通名词和代词)仅与行为词和关系词搭配。与金特纳(Gentner,1982)的结论相反的是,没有证据显示名词性表达比动词发展更快。这些早期的英语话语很清楚地显示了英语不同于汉语的词语习

[①] 关系词,原文为"relational term(s)"。——译者

第四章 汉英早期句法发展

得路径。在英语中,澳齐最初习得的是语境制约性词语和社会语用词语,而金特纳假设的普遍的名词优势只出现在他早期的汉语习得中。

在 2;3;26 时出现了英语双词组合,但在 3;6;01(录音第 49 段)前这种组合很少。正如他的汉语发展一样,澳齐最初的英语双词组合没有加速语句的增长。表 4.6 罗列的是澳齐最初的所有英语双词组合。按照出现的先后顺序,每一种组合都被标注了话语类型并附以输出的例句以及输出次数、话轮和录音语段编号等信息。

表 4.6. 澳齐的英语双词组合的类符和形符,2;0—3;0(N=24)*

话语类型	形符数	录音编号	话轮	语例	注解
[IW][Nc]	5	9	21	Ye. Woolworth (2;3;26)	是,商场
					任何商场或类似的建筑物
		9	21	Ye.Town Hall	是,城市 / 任何城市或城镇
[Adj][Adj]	2	13	20	one-more one-more (2;4)	不止一个
[IW][Nk]	2	13	24	bye bye. po2	再见,外婆
[Nc][Adj]	2	16	3	Town Hall OK (2;4;25)	
[Nk][Adj]	4	12	55	ba1ba naughty (2;3;28)	爸爸坏
		16	32	po2po naughty	外婆坏
[Adj]#[NomM]	2	18	13	#one-more de (2;5;17)	还要一些
[Adj][IW]	1	18	17	yarm baduba	呀呣(自创情感语)
[V][V]	2	18	65	cuddle. bi-cuddle.	
[Adj][Adj]	2	22	7	one-more more (2;6;25)	
[Nk][V]	2	13	40	ba4ba weewee	爸爸小便

注:* 括号中的数字表示每一种话语类型的形符。
IW= 互动词;Nc= 普通名词;Adj= 形容词;Nk= 亲属名词;#NomM= 名词性标记(变异小品词);V= 动词。

105　　在双词阶段的 2;0—3;0 期间，最常见的是关系词的组合——尤其是与另一要素相组合的形容词（13 个形符中有 6 个类符）。关于这些语例，需要强调的一点是，我在两个表（表 4.6 和 4.7）中用到的术语"形容词"具有多义性。此处的"形容词"或为传统语法所指的单一要素，或指以多种形式呈现的固定词组。这种对形容词的功能性定义考量的是儿童话语的语境意义，以便选取恰当的视角描述语言的发展。

例如：

> 包含一个要素的呈现方式：
> yarm
> OK
> naughty
> cool
> white
> 固定词组式的呈现方式：
> one-more

以 one-more 为例，在澳齐的录音中首次出现 one-more one-more 时，妈妈给他看一包棒棒糖，并让他选一个；他反复说着 "one-more one-more"（2;4），然后从塑料袋中又拿了几个糖。根据语境，澳齐把 one-more 当作一个固定的词语，意思是还要"几个"而不是"额外一个"。一个月后（2;5;17），澳齐将词组扩展为双词组合。在一个汉语语境中，他要求外婆多给他一些面包，当他不耐烦地提出要求时，突然将语码转换为英语中的 one-more，并将其与汉语名词指示小品词"的"

第四章　汉英早期句法发展

混合。他说道："Er2er yao4 mian4bao1.Er2er yao4 yao4 mian4bao1. one-more de. one-more de" / "儿儿要面包。儿儿要要面包。再来一点,再来一点。"妈妈以为"one-more de"的意思是"不止一块面包",就给了他两块,随后他发出"yarm"以表示满意。在表4.3中所列的同一个年龄段的汉语表达中,可以看到类似的对"de"的过度标记现象(例如,Auchee na2 de de(2;4)/"澳齐拿那个"),第一个 de / "的"是一个名词化标记。在随后一个月内出现的类似情境中,澳齐想要更多花生的时候,嘴里说着"one-more more",看到妈妈给他四粒花生,他不高兴,并重复同样的话。显然,"one-more more"对他来说意味着"许多/很多"。这次,妈妈摊开双手,对他说:"no more"(没有了)。显然,澳齐并不是以成人的视角表达"one-more",而是将它当作形容词与其他要素相结合。

使用频率排在第二位的是互动词语加名词性表达(7个形符,2个类符)。其他类型为名词词组加形容词(6个形符,2个类符)、名词词组加动词(1个形符)以及动词加动词(2个形符,1个类符)。在所有的名词性组合中,澳齐仅仅用到四种名词性表达。其中,两个专有名词 Woolworths 和 Town Hall 是英语名词,它们恰巧都出现在互动词语加名词词组的组合中,在所有的名词性组合中出现的频率最高。另外两种名词词组是汉语亲属称谓:po2po2/"外婆"和 ba4ba /"爸爸"。

澳齐的英语和汉语的早期双词组合有差异。在英语的双词组合中,关系词语、互动词语以及公式化用语多于名词性词组;而在汉语中,他的双词组合绝大多数为名词性词组:亲属名词、普通名词、与动词组合的代词、介词短语或普通名词(参见表4.3)。

澳齐在 2;4 时说的一段话可以说明这个问题：

日期：13-04-96

情境：母亲 R 带孩子去拜访一名讲英语的朋友凯斯（Kath）。K 拿棒棒糖给 A（James），他的中文名字是澳齐（Auchee）。

K：James, do you like lolly？

A：Ye.

K：Would you like some?

A：OK...oh, no.

R：You can try one.

A：One more.（他还想要几个。）

R：No.

A：One more. One more.

A：Oops-oh-daisy.（他的棒棒糖掉到了地上。）

K：Another one？（凯斯又拿了一个棒棒糖给澳齐。）

A：No more. Thank you.

K：Good boy.

A：Cuddle. Cuddle. Bi-cuddle.

这个例子说明，借助于成人在语境中的解释，孩子可以在不使用名词词组的情况下进行信息交流。另外，这段会话表明，此时澳齐的语言发展停留在双词阶段：他输出的关系词语和公式化短语似乎多于名词性词语。尽管他能够理解的英语名词词组的数量多于他的输出量——例如，他能听懂他的英文名字"James"，但是在那段时间，他从未说过自己的英文名字。

澳齐的双词和三词组合的特征（3;0—3;6）

表4.7罗列了澳齐输出的所有英语双词和三词组合。每一种组合的排列都以出现的先后顺序为准，句法类型被标注，并附以一至两个输出的语例；形符、话轮和录音数据也包括在内。

同澳齐的汉语一样，独词话语仍然是他在这个阶段的英语输出中最常见的类型。在58例被解析的话语样本中，独词表达占46%。但是，样本中的43%是双词话语，0.5%是三词话语。从这个阶段开始，在澳齐的独词话语中——除了"ye, no"以及一些诗、歌谣和游戏中的公式化语块（formulaic chunks）（这些话语的使用频率仍然很高，如果计算在内，约占全部语料的25%）——在3;0—3;3期间，他使用的动词和形容词多于名词。

表4.7. 澳齐的英语双词及三词组合的类符和形符，3;0—3;6（N=31）*

话语类型	形符数	录音编号	话轮	语例	注解
[Adj][Nc]	1	44	2	oh. cool. monkey (3;3;19)	
[Dp][Nc]	1	44	7	this way	
[Nk][Neg]	2	44	30	Joy. no. no.	
[Neg][Nk]	2	44	33	no. Joy. no	
[Pron][Np]	1	46	38	hello. I'm Ben (3;4;22)	
[Pron][Cop][V]	2	46	39	we are moving	
[Nk][V][Vp]	2	47	23	Joy. Joy come on (3;5;05)	
[V][Vp]	5	47	25	go away	
[V][V]	8	40	17	push push (3;2;15)	
		48	30	cuse-me cuse-me (3;5;20)	对不起
		48	38	kiss cuddle	亲亲，抱抱

（下页续）

（续表）

话语类型	形符数	录音编号	话轮	语例	注解
[Adj][Nc]	1	48	40	white dog	
[Pron][V][Nc]	2	49	23	I want toilet (3;6;01)	
[Qes][Dp]	2	49	39	what this?	
[Neg][V]	2	49	43	no stop	

注：*括号中的数字表示形符的总数。Nc = 普通名词；Adj = 形容词；Nk = 亲属名词；#NomM = 名词性标记（变异小品词）；V = 动词；Dp = 指示代词；Neg = 否定词；Np = 专有名词；Cop = 系动词；Vp = 动词小品词/修饰词；Pron = 代词；Qw = 疑问词。

除了专有名词，澳齐还会用另外九个名词指称面部表情、交通和动物，这些词包括 eyes、nose、mouth、bus、car、train、chicken、bird 和 cup。此时，新出现的词语只有一个动词（push）和一个形容词（yark）。在这三个月期间，澳齐开始关注英语名词。这个现象值得仔细探究，但未在本研究范围。习得这些名词后，澳齐在 3;3;19—3;6;01 期间习得英语代词，包括指示代词 this（3;3;19）、I'm（3;4;22）、we（3;4;22）和 I（3;6;01）。在这个阶段，孩子的词汇增长还有一个有趣的特点，即名词和动词的输出均有所增加，而他在 2;0—3;0 期间（见表 4.8）常用的形容词有所减少，仅见于两种情形（表 4.7）。

在他的双词与三词组合中，最常见的模式是动词组合（21 个形符）：动词+动词/动词小品词（13 个形符）、名词/代词+动词（4 个形符）、代词+动词+名词（2 个形符）、否定词+动词（2 个形符）。第二种最常见的模式是名词组合：名词+其他要素或其他要素+名词（12 个形符，共 7 个类符）。另外的唯一模式就是疑问词+指示词。在词的左右两侧，澳齐都会用到表示拒绝的否定词（例如，no Joy、Joy no 和 no stop）。只有一种情况可以说明澳齐在这个阶段的疑问句发展：

what this? 值得关注的是，在澳齐初次使用英语疑问形式的时候，虽然他漏掉了句法要求的系动词，但是他用的是英语词序，疑问词 *what* 在词组首位。孩子没有迁移汉语疑问句的词序（因为他的汉语发展更快，疑问句在他的话语中已经出现）模式："this what？"虽然系动词的使用较少，但是它的缩略（1 个形符，1 个类符）和非缩略形式（2 个形符，1 个类符）均已出现。类似目标语的组合仅有一例：主语 + 系动词 + 动词 +ing，出现的语境是澳齐假装在和朋友打电话，告诉对方他将开车去他的住处。这种表达和语境很相称，因此，它可能是孩子英语体标记知识的先兆。然而，我还没有充足的数据支持这样的假说。在这个阶段，澳齐的动词使用的其他特征包括以两个要素构成的动词：动词 + 动词小品词 / 副词（例如，*come on*、*go away*）。

对比表 4.7 和 4.8 中的双词和三词组合可以看出，在与表 4.7 中其他要素的组合中，互动词语有所减少，汉语名词（早期曾经出现过）缺席；相反，英语名词在澳齐的话语中涌现，并开始与各种要素组合。表 4.7 中的语料显示，包括系动词在内的动词类型丰富多样。此外，动词串接近目标语的词序。

表 4.8. 澳齐的英语句型的类符和形符：3;6;01—4;0（N=221）*

第 I 阶段（0.9—1.6）：独词话语
陈述
名词 + 拟声词 (6)："dog woofwoof"，"monkey yikyik"
互动词 (9)："oh, dear"，"ye"，"umbrella, yes"
名词 (28)："crocodile"，"turnip"
形容词 (8)："OK"，"blue"，"yark"，"yummy"
祈使

（下页续）

（续表）

第Ⅰ阶段（0.9—1.6）：独词话语

"Look"（1）

"Stop"（2）

"Push"（4）

否定

"No"（9）

疑问

"pink?"（1）

"this?"（1）

"Mummy?"（3）

"Thomas?"（1）

第Ⅱ阶段（1.6—2.0）：双词话语

陈述

形容词 + 名词 (3)："yellow book"，"little baby"

形容词 + 形容词 (1)："little big"

SV (1)："baby sleep"

指示代词 + 名词 (1)："this dog"

副词 (2)："in the bachi"，"of be wu"

祈使

VX (5)："go away"，"sit down"，"come on"，"put hand"，"catch you"

专有名词 + V (3)："Joy push"，"Joy stop"

数词 + X (2)："a more"，"one more"

否定

No + X (6)："no stop"，"no water"，"no lolly"，"no more"

疑问

QX (26)："what this?"（24），"what that?"，"how much?"

NN (8)："this one?"，"two dollar?"，"number seven?"

（下页续）

第四章　汉英早期句法发展

（续表）

第Ⅲ阶段（2.0—2.6）：三词话语

陈述

SVO (13)："I want toilet","Everyone *you3* a yellow book"
"Dog eat bone","You get that","I get seven"

SVC (7)："My name is Joy","It's mine","This is the book","That's all right"

SO (4)："Everyone a big book","This your finger one","Another book Mickey Mouse"

SVA (1)："A pencil's there"

SA (2)："Flower in the box"

ASV (1)："Here you go"

XYN (2)："Baby two ball","Blue and white"

祈使

VA (8)："Put in here","Put on your hat","Put in the pencil",
"Daddy,look at this","Work on the table"
"Put in the bag","Put on the tissue"

VO(4)："Open the door","Eat your lolly"

VOA (1)："Put hand here"

否定

SNegV (2)："I don't know"

NegVO (1)："Don't touch me"

疑问

QXY (9)："What's your name?","What's baby name?"
"What's colour?","What's the matter?"
"What-cha the ball?"

QX (1)："How much that?"

AuxXY (5)："Do you try this?","Do you try book?","Do you try lolly pop?"

SVO (2)："You got this?","You got that?"

XYN (3)："Mummy, big one?","Mummy, jingle bell?","More jingle bell?"

（下页续）

（续表）

第Ⅳ阶段（2.6—3.0）：三词与四词话语

陈述

SVOA (1)： "You find the lolly here."

祈使

SVO(3)： "You brush your teeth"，"You wash your face"

VOA (3)： "Put book on your hat"，"Put that in this"

疑问

SVO (4)： "You get some this?"，"You get some ball?"
"You get some blue?"，"No, you get some that?"

QXY (1)： "What colour in the table?"

第Ⅴ阶段（3.0—3.6）：多词话语

XYZ (1)： "Yes or no maybe true"

并列 (6)

NegXY： "no coffee. Tea"，"Not this book. This book"

XconjY： "One jingle bell or two jingle?"

VAconjNegVO： "Ye. Put in it then don't touch it."

VASVO： "stay there. I go to the toilet."

SVONegX： "you get this jingle bell. not this one."

主题化 (6)

OSVO (2)： "Orange, I want some orange"

SX (1)： "Carrots, it's broken"

OSV (1)： "This book, I found"

SCO (1)： "Winnie the Pooh, big this book"

CS (1)： "Ye ... yark ... this book."

注：* 圆括号中的数字表示每一种话语类型的形符数。
SV= 主语 + 动词；VX= 动词 + 另一成分；QX= 疑问词 + 另一成分；NN= 名词 + 名词；SVO= 主语 + 动词 + 宾语；SVC= 主语 + 动词 + 补语；SO= 主语 + 宾语；SVA= 主语 + 动词 + 副词；SA= 主语 + 副词；ASV= 副词 + 主语 + 动词；XYN= 另一成分 + 另一成分 + 名词；VA= 动词 + 副词；VO= 动词 + 宾语；VOA= 动词 + 宾语 + 副词；SNegV= 主语 + 否定词 + 动词；NegVO= 否定词 + 动词 + 宾语；AuxXY= 助动词 + 另一成分 + 另一成分；SVOA= 主

语+动词+宾语+副词；QXY=疑问词+另一成分+另一成分；XYZ=另一成分+另一成分+另一成分；NegXY=否定词+另一成分+另一成分；XconjY=另一成分+连词+另一成分；VAconjNegVO=动词+副词+连词+否定词+动词+宾语；VASVO=动词+副词+主语+动词+宾语；SVONegX=主语+动词+宾语+否定词+另一成分；OSVO=宾语+主语+动词+宾语；SX=主语+另一成分；OSV=宾语+主语+动词；SCO=主语+补语+宾语。

三词与多词组合

如表1所示，澳齐在1996年12月12日开始上英语托儿所，年龄为2;8;30。根据日记的记录，虽然他能适应托儿所的玩耍和日常生活，但是他沉默了六个多月。日记表明，他似乎在模仿托儿所的一切活动，包括英语诗歌、歌曲、游戏、故事和口语，但是根据老师和看护者的观察，他从来没有讲过一个英语单词。然而，当他回到家后，他会用英语模仿并复述在托儿所听到的一些内容。因此，他在这段时间的很多英语录音都无法理解，夹杂着公式化语块。这些数据大多数都无法辨识，在我的研究中不予考虑。在澳齐进入英语托儿所并经历了一段沉默期后，他的英语输出的突破点发生在3;6;01，此时，出现了多于两个要素的组合。那时，澳齐的英语话语平均长度（MLUw）为2.0，处于布朗的第Ⅱ阶段；在接下来的一个月里，他的话语平均长度（MLUw）升到了2.89（3;7;01），处于第Ⅲ阶段；在随后的三个月内（3;10;22），他的话语平均长度（MLUw）达到了3.31，进入第Ⅳ阶段；到4;0时，他的话语平均长度（MLUw）为3.99，升至布朗的第Ⅴ阶段。这种快速的发展节奏与他汉语的缓慢发展形成较大差异。

在下文中，我将分析澳齐在3;6;01—4;0期间输出的三词和多词话语的句法模式。表4.8罗列了第49—65号录音样本中的各类句法结构。每一个组合的所属类型都给以标注，并从澳齐的话语中取例予以说明。括号中的数字指的是某个特定模式的实际形符。

114　　句法简介改编自弗莱彻使用的"语言评估矫正与筛查程序"（LARSP）(Fletcher, 1985: 47—48)，关于程序的完整描述可以参阅克里斯特尔（Crystal, 1981）以及克里斯特尔、弗莱彻和加曼（Crystal, Fletcher, & Garman, 1989）的著作。此简介中被改编的每种结构类型的完整语例在弗莱彻（Fletcher, 1985: 52）的表2.1中可以找到。

在此期间（3;6;01—4;0），名词短语的结构变得更丰富且更长（例如，*yellow book*, *a big book*, *your finger one*）。澳齐输出的介词短语大部分用以表达方位关系：*here*, *in it*, *on your hat*, *in the table*。SVO模式出现的频率高（在242段话语中有25个形符）。在陈述句中，经常出现SVO结构（在105段话语中有46个句法模式，15个形符）；使用频率排在第二位的模式为SVC型系表结构（46个模式中的8个形符）；排在第三位的是主题化结构（6个形符）；第四位是SO（4个形符）；第五位是SV型不及物结构（3个形符）。依据使用频率，在祈使句中，最常用的模式是VA（占全部54个样本中的12个形符）；居第二位的是NegX（7个形符）；排第三位的是VO、VOA和NegX。在疑问句中，最显著的模式是QX（占全部67个样本中的24个形符），"what this?"出现了22次。这是澳齐第一次使用带疑问词的公式化表达，这种句式可能是他使用"空缺-框架"模式策略的一种模型，表明他达到了英语的多词结构阶段。

在他的英语多词话语发展中，澳齐倾向于通过发现未经解析的词组中的"空缺"而习得模式。依据使用频率，QXY模式（12个形符）排在第二位，基于"what this"出现了扩展的模式"what's X"；位列第三的是SVO语句模式（6个形符），以句尾升调表达疑问；排在第四

第四章 汉英早期句法发展

位的结构是一般疑问句，即 AuxXY 结构（5个形符），在本样例中都呈现为 "*Do you try X?*"[2] 形式。它们似乎与布朗（Brown，1973）和他的同事发现的模式相吻合，这些结构因其公式化、不具生成性而被忽略。然而，这种模式表明，澳齐开始对从输入中提取的单位类型的差异变得敏感。在英语环境中，将输入语中的固定短语进行分割是澳齐学习英语句法结构的另一种方法。

通过观察澳齐的英语否定式的发展，可以发现，他使用了与习得疑问句形式相同的策略。在这个多词阶段，他把 *don't*+Verb 和 *no*+Noun 当作最初的否定结构的框架。随后，他会在这个框架的开头或末尾加上另外一个要素以加长语词序列。表 4.9 提供了具体的语料，包括录音片段和每一片段中的话轮编号、结构框架、句法模式以及语例，编码符号与以上所有表中采用的体例一致。从表 4.7 和表 4.9 可以看出，澳齐的否定结构表达不存在的状态、拒绝和否认。根据单语文献（参阅 Klima & Bellugi，1966），这个领域中常见的发展轨迹表现为，在助动词出现之前，否定词先出现在分句外部（*not mummy go*），然后才出现在分句内部（*mummy not go*），而且缩略形式（*can't*，*won't*）很常见。数据中的否定结构表明，虽然澳齐的否定表达还不完整，并限于小范围的动词和位置模式，但是同习得疑问结构一样，他仍然用"空缺－框架"模式处理否定式。

将澳齐的（双语）发展与单语儿童的发展进行对比后发现，他与单语儿童的习得轨迹似乎一致而习得速度不同。澳齐的发展轨迹与单语儿童相同的方面包括词序、名词词组中的限定词以及介词短语（或状语补足成分；Fletcher，1985）的实现。下一部分将澳齐的陈述句与单语和双语同龄人的陈述句进行对比分析。

表 4.9. 澳齐的英语多词组合表达否定意思的总集：3;6;01—4;0（N=221）

录音编号	话轮	话语结构	语例	句法模式
53	3	don't + V	don't touch	NegV
53	5	don't + V	don't touch	NegV
63	26	don't + V	don't know	NegV
51	36	don't + V + Pron	don't touch me	NegVO
49	43	no. V.	no. stop.	NegX
52	4	no + N	no.no. stop.	NegX
52	16	no + N	no water	NegX
53	1	no + N	no lolly	NegX
63	58	no + N	no. a more	NegX
63	62	no. V	no. stop.	NegX
63	68	no + N	no more	NegX
62	24	no + N	no coffee. Tea	NegX.Y
63	10	not + NP	not this book. this book..	NegX.Y
57	50	Pron + don't + V	I don't know	SNegV
57	52	Pron + don't + V	ye. I don't know	SNegV
65	21	not + NP	you get this jingle bell. not this one.	SVONegX
65	17	don't + V + Pron	ye. put in it then don't touch it	VAconjNegVO

主语实现

为分析主语实现，我在澳齐的语料库中搜索了包含限定动词的陈述语，排除了明显的祈使语。孩子能够理解或输出某个特定的话语并不能说明他已掌握了相应的语法知识（Fletcher, 1985：208），因此，对主语实现的分析不包括孩子模仿成人的话语而使用的陈述句。同样地，公式化而非生成性的话语以及语义不明的话语也不予以分析。被孩子当作词语单位且未经解析的语块均予以分析，原因是它们中的要素先前都没有单独出现过。表4.10罗列了澳齐在3;6;01—4;1期间使用的英语陈述、祈使和疑问模式的类符和形符。

表4.10. 澳齐的英语陈述句、祈使句、疑问句句型的类符和形符总结,3;06;01—4;0*

陈述句	形符数 (N = 105)*	祈使句	形符数 (N = 54)*	疑问句	形符数 (N = 67)*
显性主语:	100%				
SVO	15	VA	12	QX	24
SVC	8	NegX	7	QXY	12
主题化	6	VO	4	SVO	6
SO	4	VOA	4	AuxXY	5
SV	3	NegV	4	QS	2
SA	2	SVO	3	XconjY	1
SNegV	2	SV	1		
SVONegX	1	VAconjVO	1		
SVOA	1	VASVO	1		
ASV	1	NegVO	1		
SCO	1				
SX	1				
SVA	1				
其他:		其他:		其他:	
N(X)	44	Neg	8	N(N)	11
Adj	9	V	7	Adj (N)	3
肯定	4	肯定	1	Dp (N)	2
XY	2				

注:* 圆括号中的数字表示每一种话语类型的形符数。

形符数指的是某个特定模式出现的次数。如表所示,有显性主语的英语陈述句的比例是100%。甚至在主题化的五种类型中——SX、CS、OSV、SCO和XSVO——主语总是得以实现。以百分率显示零星话

118

语结构的做法可能会引起质疑，但是这种方法使我的研究结果具有可复制性（De Houwer，1998）。

表 4.11. 澳齐常用的汉语多词句句型的类符和形符总结，2;0—2;6（N=196）*

小句类型	相关小句	形符数
零主语：45%		
{S}V(O)		60
OV	ONeg/V, OV	17
{S}V{O}	{S}V{O}, {S}{NegV{O}	11
显性主语：55%		
SV	SV, SNegV, SV-X	55
SVO	SVO, SV-VO, SNegVx/VO, SVO-X	38
SAV		6
OSV		5
SVA/C		4

注：* 祈使句未包括在内。圆括号中的数字表示每一种话语类型的形符数。

综览澳齐在 2;0—2;6 期间（表 4.5）所使用的汉语陈述句句法模式，汉语主语实现的数据在表 4.11 中可见一斑，澳齐似乎已经习得了汉语的基本语句结构。

在汉语主语实现方面，最明显的现象是显性主语（55%）与隐性主语（45%）的比例。如表 4.11 所示，作为一种主语省略语，汉语零主语的比例远高于英语（100%；参见表 4.10）。很显然，澳齐更喜欢使用汉语中的 -V（O）(30%) 结构，其次是 SV（28%）和 SVO（19%）。

概言之，在本研究的全过程中，澳齐的汉语表达中最常见的语句结构是 -V（O），动词带有体的标记，没有显性主语。在他的英语表达中，他偏好 SVO 和 SVC 两种结构，实义动词几乎没有明显的屈折变化。数据中没有发现他将有关汉语的主语省略知识迁移至英语的迹象；在澳齐的英语中，主语实现是确定无疑的。显然，在句法的这些方面，澳齐的发展遵循了两种语言各自的规则。

单语儿童与双语儿童的对比

本部分对澳齐的英语陈述句的 SVO/SVC 词序和 100% 的主语实现比率与英语单语儿童以及其他双语儿童的词序和主语实现进行对比。在澳齐的话语中，以主语开头的约占 85%；其余话语的结构或为一个主题化要素之后跟随一个主语，或为一个状语之后跟随一个主语。鉴于这种模式，澳齐的英语数据和德·胡文研究的双语儿童凯特（Kate）或单语儿童的英语数据之间没有明显差异。德·胡文（De Houwer，1990：264，274）曾经提到，除了韦尔斯（Wells，1985）的研究，在其他单语文献中，有关孩子达到多词阶段的英语主句词序的资料非常罕见。在他的英国英语儿童横向数据大规模语料库中，韦尔斯（Wells，1985）做了一项针对全部语句模式的重要调查。根据他的结论，在 2.9—3.3 年龄段的英国儿童的话语中，几乎所有陈述句的句首都是主语，少数几个例外用法包括状语的前置，或伴随主语-限定动词的倒装。德·胡文（De Houwer，1990：246）注意到，韦尔斯的结论与德·胡文的荷兰语-英语双语儿童凯特的数据相似。澳齐的数据对比没有显示他在英语词序的使用上与英国的英语单语同龄人和双语儿童凯特之间存在明显的质的差异。

然而，值得关注的是，在某些方面的发展上，澳齐的习得速度与单语儿童不同。澳齐在限定动词的使用形式上变化较少，助动词和情态动词数量少，疑问和否定模式的使用范围有限。他的发展没有以同样的速度或者逐项递增的方式进行，这种情况也许应该归因于语际或语外因素。杰尼斯（Genesee, 1989:165—166）强调，双语研究需要考虑在不同语境下的儿童语言的使用。蓝泽（Lanza, 1992）也强调有必要考察语言支配和语境的作用。事实上，在 1;7—2;8;30 期间，澳齐接触英语的时间仅为接触汉语时间的三分之一。自 2;9 起，孩子在英语托儿所入半托，但是，这些在英语语境中的生活对他的英语发展没有产生立竿见影的效果。他积极参与英语语境中的各种活动，但是在交流和"使用语言进行社会交往"（引用 Lanza, 1997:7）方面有些被动。在六个多月的时间里，他一直保持沉默。沉默期后，澳齐的英语句法发展有了重大突破。鉴于两种语言接触的不均等状况和孩子的个性，澳齐的两种语言发展的不同步现象也就不足为怪，尤其是在本研究的起始阶段。事实上，他的汉语发展从两岁开始，但是直到三岁以后，他的英语才开始迅速发展。有待探讨的问题是，他的英语为何以不同的路径发展，尤其是在疑问和否定表达方面。

根据 4.4.2 部分的讨论，澳齐的早期英语词汇仅限于互动和关系词语，很少有名词性表达。后来，他不得不使用有限的英语词汇表达需求。当他没有独立的语块时——找不到指称实体或事件的词语——他诉诸不同的方法表达自己。他充分利用环境中的资源，开始使用英语中的固定短语和公式化语块，这种趋势即使在他早期的英语词汇中都显而易见。几乎所有最初出现在未经解析的语言单位中的特殊词语或短语都可以追溯到澳齐在英语语境中参与的日常活动或语言游戏：托儿所、英语图书阅读或看电视时间以及每天的外出英语活动。一个原型范例即澳齐使用过的 *"What's your name? My name is X"* 模式。最初，他把这个模式当作一个未经解析的短语用于一个游戏中进行自我介绍和相互问候，但是后来，将它变成了一个灵活的标记模式。被记录下来的此类零散语例不少于5个，这样的语例可能反映了孩子对语境输入的关注。一个短语刚开始输入时被当作一个单位，然而，随着输入的增加，孩子从其他类似的词语或短语中感知到了规律，就会对这个短语进行重新解析，以此推导出一个灵活的、由词汇意义界定的公式，并扩展使用到其他类似的情境中。类似的现象也出现在派因和利芬的英语研究对象的习得中。

德·胡文（De Houwer，1998：258）重申，对双语儿童的词形句法发展的研究表明，儿童对两种语言的使用可能在形式上有较大差异，但没有明显地表现出两种语言的发展水平的高下之分（De Houwer，1990；Schlyter，1990b）。因此，对不同形式的使用不一定表明知识的多寡（或能力、或技能、或发展水平的高低）。

澳齐的早期汉英句法组合的比较

派因和利芬认为

> 研究者应该重新审视他们对较大语言单位的习得所采取的态度，更严肃地对待多词话语的"分析路径"。比如，可以探讨"空缺－框架"模式如何为儿童提供建构范畴的关键分布信息。这种方法不仅是为发现一般的隐性认知特征，而是对实际听到的语言的具体特征保持敏感。（Pine & Lieven，1993：570—571）

澳齐的早期汉语双词组合似乎是建立在先前的独词词汇基础上

的，而他的多词组合似乎是将双词组合复杂化。有趣的是，在这个阶段，澳齐的英语输出特点表现为，大多数双词和三词组合没有借助于他已经掌握的独词词汇；相反，他更乐意通过发现早期未经解析的短语中的空缺项而获取表达模式。

如果要厘清指称性表达和名词-代词之间的联系，可以考虑以下两个方面的关系：其一，澳齐由未经解析的短语而发展各种生成性表达模式；其二，为达此目的而使用的早期独词词汇中未经解析的短语类型。后者反映了孩子的语言输入单位的类型差异，或许他认为所有单位都同等重要。显然孩子的语言学习系统以不同的方式运行，并取决于孩子对其加工的输入数据的敏感度。

4.5. 结语

分析表明，澳齐的汉语句法发展偏重 SVO 词序，并符合目标语的基本句法规则。他的词序变化（例如，早期汉语多词组合的 OV 和 OSV 结构）非常灵活，符合成人汉语的使用习惯。这种现象似乎能够证实，学习语境中输入的特点和时机会影响习得的模式。有些研究报告称，汉语单语儿童在早期的词语组合中严格遵循 SVO 词序，不同的词序只出现在发展的后期（Erbaugh，1982）。在这一方面，澳齐的数据没有明显的质的差异。与单语同龄人相比，澳齐更乐意尝试使用更多样的目标语词序。他对词序的灵活使用遵循成人语言的规范，这表明他很早就能透过表层结构感知深层结构。

澳齐在 3;6;01 时开始使用英语多词组合，处于布朗的第 II 阶段。在某些领域，澳齐与单语儿童的习得路径类似，但发展速度不同。在语言习得的质量上，澳齐与弗莱彻的研究对象索菲（Sophie）在陈述句、

第四章 汉英早期句法发展

否定式和早期问句形成中的词序习得路径相吻合。在早期名词词组限定词、介词短语以及状语补足语的习得方面，澳齐与单语同龄人的发展没有实质的差异（参见 Fletcher，1985）。在澳齐的语句发展的其他方面，我注意到了几个零宾语的表达，它们与话轮中的宾语并存。他使用了同一个行为动词，如 *put hand here*；*put ø in the bag* 中的"put"。这种现象值得进一步探究，但不属于本研究的范围。

在主语实现方面，此处只讨论陈述句，祈使句和疑问句的特征暂时不考虑。澳齐使用最频繁的汉语语句结构是 -V（O），没有显性主语，动词有体的标记。然而，在英语中，他更喜欢用 SVO 和 SVC 结构，实义动词很少有屈折变化；没有证据显示有关汉语的主语省略知识被迁移到英语中。在澳齐的英语中，主语实现有类别之分。显然，澳齐的两种语言在句法方面表现为各自独立发展的模式。鉴于澳齐偏重省略结构，并且早期发展的语言为一种主语省略语（汉语），他可能会把汉语的 -V（O）模式过度概括化，并用于英语的表达中，伴随的现象可能是英语的 SV（O）模式扩展不足。然而，这种现象在他的双语发展的任何阶段都没有出现过。事实上，数据模式没有显示一种语言影响另一种语言的迹象。换言之，汉语和英语具有不同的词序模式，但是澳齐能够习得各自的独特模式。在这些方面，他的两种语言的句法发展路径是分开的。

将澳齐、汉语单语儿童、英语单语儿童以及荷兰语-英语双语儿童的主语使用情况相比较，可以发现，澳齐的主语使用比例与每种语言的同龄儿童所使用的主语比例相当。在句法的总体发展方面，澳齐也表现出非常相似的模式。在他的不均衡双语发展中，他以互补方式处理多词组合。他的英语发展显示的是"空缺-框架/自上而下"的方法，而汉语发展显示为"逐项/自下而上"的方法。这表明，双语与单语儿童的习得不存在质的差异。研究报告显示，与澳齐同龄的汉语单语儿童使用逐项法习得多词组合（Erbaugh，1982），而英语单语儿童采取这两种方法习得多词组合（Pine & Lieven，1993）。不同之处在于，这名双语儿童没有在一种语言中采用两种方法，而是以互补的方式将两种方法用在两种语言的习得上。另一个差异在于他的英语语句的发展速度：与同龄的单语儿童相比，澳齐的发展速度较慢，原因或许是他在 2;9 前与英语的接触较少。

尾　注

1. 在语言学中，语法意义上的受事者——也被称为目标或经历者——是指某个情境中一个行为指向的参与者。例如，在"杰克吃奶酪"（Jack ate the cheese.）中，奶酪是受事者。语法意义上的受事者常与直接宾语相混淆，然而，二者有显著差异。显然，前者基于其与动词的关系，而后者主要是基于其与主语的关系。例如，在"狗咬这个人"（The dog bites the man.）中，这个人既是受事者，也是直接宾语。在"这个人被狗咬了"（The man is bitten by the dog.）中，这个人仍然是受事者，但充当主语，而狗仅是施事者。术语主题常用于描述与受事者同样的关系。
2. 斯图亚特·凯姆贝尔指出，"Do you try X?"是一个相当特别的模式，不可能是公式化的（表达），因为它很少在输入中出现（Stuart Campbell，个人交流，2004 年 8 月 20 日）。

第五章　汉英双语儿童早期语言中从人称名词到人称代词的发展

5.1. 引言

本章初步探讨一名汉英双语第一语言学习者（1;7—4;0）从人称名词到人称代词的发展路径。本项研究关注的是输出而非理解，有三个目的。

首先，通过观察双语儿童两种语言早期词汇学习中的名词词组（NP）系统，探讨人称代词的特征和发展路径。

其次，探讨儿童在学习两种语言的人称表达时"弱势语言"（Schlyter，1993：289）的角色和儿童所采取的策略。本研究有助于了解儿童强势语言的代词形式与功能在向弱势语言映射时是否存在相互依赖或互动的现象。双语第一语言习得研究关注的问题包括语言相互依赖所产生的影响，比如干扰或迁移、加速或延缓。如果一名儿童已经习得强势语言的某些语言形式，在习得弱势语言时，有可能会受强势语言的影响而将其形式迁移至弱势语言。

最后，本章还探讨双语儿童人称代词系统早期语言区分的特点和程度。关于双语第一语言的习得，当前的研究观点似乎已经摒弃了单一语言系统假说（Volterra & Taeschner, 1978），支持关于词形句法发展的分立发展假说（De Houwer, 1990, 2009；Genesee, 1989, 1995；Lanza, 1997；Meisel, 1989, 2001）。德·胡文（De Houwer, 2005）指出，分立发展假说的提出最初是为了研究"一人一语"家庭语言环境中的儿童。本研究的创新之处在于所聚焦的双语儿童发展了两种类型迥异的语言的代词系统。这名儿童所处的语言环境与以往的双语研究背景存在差异，即依据不同的语境使用不同的语言。

5.2. 人称指示：议题与问题

根据多伊奇、瓦格纳、伯查特、舒尔茨和纳卡斯的定义，身份识别是社会情感依赖和有意义的人类社会生活的前提条件，并且"早在语言出现之前就已存在"（Deutsch, Wagner, Burchardt, Shulz, & Nakath, 2001：284）。在习得过程中，指示词的重要性在于，它是用以表达讲话人和受话人共同关注的对象的一种语言机制，这种机制意味着向命名的扩展（Wales, 1986：426），但是，关于这种扩展发生的原因还知之甚少。另外，人称指示语（代词的使用）的习得过程似乎存在一些难以避免的困难。人称指示语系统的习得难关（在第一语言习得中已被确认）之一是，在常见的欧洲语言和汉语中，专有名称被第一人称和第二人称代词替代；然而，在这些人称方面，儿童经常使用名字，而不是代词（Clark, 1978；Clark & Sengul, 1979；Xu & Min, 1992）。正在习得人称代词的儿童遇到的其他困难还有代词的话语角色的指示转移，例如，第一人称/第二人称的反转（Chiat, 1986；Clark, 1978；Oshima-Takane, Takane, & Shultz, 1999）。英语人称代词的使用还有一个小禁忌，即不使用人称代词指称在谈话现场的父母（Stuart Campbell，个人交流，2004年8月24日）。因此，与使用名字指称人物的场景相比，英语儿童模仿和使用人称代词的机会较少。

5.3. 汉语与英语中的人称指示

汉语代词和英语代词系统的差异多见于词法、句法以及语义/语用功能方面。汉语人称代词的形式更简单：没有性别、生命度或格的对照；另外，汉语的每种人称代词的形式与其核心语音一致，复数和所有格的信息由一个附着在词干上的共同词素（分别是"们"和"的"）编码。与汉语相对照，英语的代词词形更复杂。例如，英语代词几乎不存在共同的语音核心（Rispoli，1994：160）。在句法结构方面，英语的陈述句有强制性主语，并使用共指代词；而汉语是一种零主语（主语省略）语言，偏重零照应（Li & Thompson，1981）。受语用因素的制约，汉语中名词或省略的使用多于代词的使用。在儿童语言中，汉语儿童多使用名字指称自己。名字的这种自我指称法是汉语家庭有别于英语家庭的几种用法之一，即在发展过程中允许早期的说话方式延续更长时间。

与英语相比，汉语的代词使用频率较低，原因在于汉语与印欧语言在人称指示的文化习惯上有较大差异。在汉语家庭中，代词输入的机会较少。例如，在家庭内部，父母和兄弟姐妹之间使用的是亲属称谓："爸爸"、"妈妈"、"哥哥"、"弟弟"、"姐姐"以及"妹妹"；而且，家庭成员在家庭内部也经常使用这些亲属称谓指称自己。儿童和兄弟姐妹之间的称呼和指代常使用昵称前缀"小"与昵称的组合。在汉语家庭内部，名词和亲属称谓常常替代人称代词。因此，儿童所接触的每种语言的代词输入差异很大。表5.1提供了与本研究相关的汉语和英语的第一人称代词。

表 5.1. 汉语第一人称代词系统总览

代词	汉语	英语
第一人称单数		
主格	我	I
宾格	我	me
所有格（名词性）	我的	my/mine
第一人称复数		
主格	我们	we
宾格	我们	us
所有格（名词性）	我们的	our/ours

在双语第一语言习得中，儿童学习同时应对两种语言系统的差别。因此，在学习人称指示方面，探究双语学习者遇到的语言困难是否多于单语学习者很有意义。与单语同龄人相比，在习得早期，双语儿童与每一种语言接触的机会更少，这一点合乎情理。双语儿童可能对环境语言的某些形式和功能的映射模式不够敏感，原因在于他们观察的机会少。另外，可以合理推测，虽然双语语境中的儿童能够区分两种语言，但是他们对两种语言共同的语义和语用功能会更敏感——比如，本案例中的第一人称代词。对两种语言系统的同步学习或许会促使双语儿童向人称代词的转换。因此，本研究可能出现两种结果，一种情况是双语儿童的语言发展速度延缓，另一种情况是双语儿童的语言发展速度加快。再者，如前所述，在很多情况下，双语儿童的两种语言的发展似乎有些不平衡。本案例中的双语儿童也不例外：在 1;07—4;0 期间，他的汉语比英语强。依据方法论部分的阐述，澳齐双语发展的类型和程度取决于他的双语输入条件、学习语境和话语吸收的约束条件。

第五章　汉英双语儿童早期语言中从人称名词到人称代词的发展

可能会出现以下情况：强势语言与弱势语言相互作用；在词汇的早期内容和人名及代词发展的过渡方面，两种语言的发展路径存在差异。然而，尚不清楚的一点是这类双语儿童的两种语言的早期词语发展与单语儿童的状况是否一致。

鉴于儿童在双语环境中接触两种相异的词汇，年幼的双语儿童对词语与意义的早期习得显然是一个非常复杂的过程。约束此过程的因素可能包括双语儿童当下的认知表征、儿童分析、修正和推敲内部表征的能力、儿童驾驭和协调两种语言的能力、语言的输入和学习的语境。有待探讨的问题包括：双语儿童是否以与单语同龄人一样的路径使用两种语言的早期词语？弱势语言如何进入代词指称阶段？在早期的词汇学习和语言区分过程中，双语儿童会采用什么样的语言加工策略处理两种不平衡的语言？

本研究探讨五个问题：

1. 在两种语言的早期词汇学习过程中，双语儿童名词系统的发展和人称代词的出现之间呈现什么样的关系？
2. 双语儿童怎样实现从单纯使用自我指称的名词形式向代词的转换？
3. 在每种语言的系统内实现从人称代词的形式到功能映射的过程中，双语第一语言习得者是否在每种语言中采用同样的路径和策略？
4. 在第一人称代词习得过程中，儿童的弱势语言发挥什么样的作用？在这一领域，是否会有相互依赖发展的效应？
5. 如果在不同的语境下接触两种语言系统，儿童以何种方式以及在什么阶段能够区分两种代词系统？

5.4. 结论

在从名词向代词的转换过程中，这名双语儿童语言中的人称指示的出现经历了三个发展阶段。

第一阶段：亲属称谓和自我指称的空缺（1;7—2;0）

澳齐的第一段录音的制作时间是在他 1;7 的时候。在 1;7—2;2 期间，他的汉语话语平均长度（MLUw）在 1.54—1.65 区间，而他的英语话语平均长度（MLUw）在 1.0—1.54 区间。两种语言都处于独词阶段，与布朗的第Ⅰ阶段（1973：56）相符。表 5.2 汇总了澳齐在此阶段的词汇系统，此处的分类法在金特纳和伯格迪特斯基（Gentner & Boroditsky, 2001：240）的版本上稍做修改。因此，名词是指称具体物品和实体的词语，包括专有名称和有生命的实体；关系词指空间、时间、数量关系（如 down、later、more）或因果事件（如 break）；其余的词语包括修饰词（如 pretty、big）、拟声词（如 yik-yik）、社交措辞以及日常生活用语（如 bye-bye、thank-you）。澳齐第一阶段的词汇发展表明，在汉语或英语中，他都没有使用指称自我的词语。在此期间，他的两种语言各自的词汇类型和分布有显著差异。

在 1;7—2;0 期间，澳齐的全部生成性词汇包括 96 种可辨识的目标词，其中，汉语占 60.4%（58 项），英语占 29.6%（38 项）。无法分辨的或不确定的话语不计算在内。仔细观察孩子早期双语词汇的特征可以看出，汉语名词占 50%（17 个类符，29 个形符），而英语名词占 2.6%（1 个类符，2 个形符）。在这个阶段，代词还没有出现在早期词汇中——每一种语言中最初的 60 个词语（参见表 5.2）。

第五章 汉英双语儿童早期语言中从人称名词到人称代词的发展

表5.2. 澳齐的汉英早期词汇的类符（1;7—2;0）

	汉语	英语
名词性词语		
亲属关系	10（18）	1（2）
专有	0	0
生命体	4（4）	0
集合	1（1）	0
物体	2（6）	0
指示	1（2）	0
关系词	10（40）	4（6）
修饰语	2（4）	0
其他	4（4）	0
代词	0	0
发音/固化表达	24（65）	33（53）
词语总计	58（144）	38（60）
名词总计	汉语：17（29）30%	英语：1（2）2.6%

注：数字表示词语的类符数，括号中的数字表示词语的形符数。

第一语言发展研究中经常被提到的早期名词优势（Gentner & Boroditsky, 2001）仅在这名双语儿童的汉语词语习得中得到了验证。虽然有假说认为，英语为名词优势型（noun friendly）语言，而汉语是动词优势型（verb friendly）语言，但是在这个阶段，澳齐的英语词汇的类型和分布比例都有差异。有趣的是，这名双语儿童的早期名词优势与两种语言自身的动词优势或名词优势特征都不相关。表5.3提供了澳齐的汉语名词与英语名词及关系词的对比语料。

在汉语中，具体名词——尤其是表达亲属关系的名称——大约占全部名词的59%。孩子使用亲属称谓指称其他人，比如，"妈妈，好"，但是他还没有习得指称自己的名字或昵称的必要词汇。在他的两种语言的任何语境中，都没有出现自我指称的用法。汉语中的亲属称谓似乎是习得指称语的必经之路。与汉语相对照，在澳齐的英语词汇系统中，最初习得的 50 个词中仅有 2.6% 为名词，其余 97.3% 为表达关系的词语、拟声词和日常用语。事实上，英语中只出现一个亲属称谓词：fa[ther]（2 个形符）；然而，这个词语被用来指书中的一个人，发音为"fa"。此外，未见任何其他指称生命体和物体的词语。如前所述，虽然关系词和公式化短语在澳齐的早期英语中占很高的比例，但是录音中没有出现任何其他人称指示的表达。在澳齐最初的录音中没有发现沃尔泰拉和泰施纳的第 I 阶段（Volterra & Taeschner，1978）中所记录的翻译对等语。似乎从很早开始，澳齐的英语指称系统的发展就与汉语系统的发展有差异。

表 5.3. 汉语儿语名词与英语儿语名词及儿语关系词的对比（1;7—2;0）

汉语	词汇	注解
名词-亲属		
	ba4ba 1	爸爸
	di4di	弟弟
	ma1ma 1	妈妈
	mei4mei	妹妹
	nai3nai	奶奶
	wai4	外婆
	tai4	保姆
	shu1shu	叔叔
	ye2ye	爷爷
	yi2	姨

（下页续）

第五章 汉英双语儿童早期语言中从人称名词到人称代词的发展

（续表）

汉语	词汇	注解
名词-生命体		
	niu3	牛
	wo1wo 4	狗
	ma3	马
	yang1	羊
名词-集合		
	jia1	家/家庭
名词-目标/对象		
	PP	视频
	men2	门
英语	词汇	
名词-亲属		
	Fa[ther]	
关系词		
	Good	
	Sorry	
	OK	
	No	

第二阶段：自我和他人的名词性指称（2;0—3;0;07）

英语

在 2;0—3;0;07 时，澳齐的汉语话语平均长度（MLUw）在 1.8—3.2 之间，对应布朗的第 Ⅱ 阶段和第 Ⅲ 阶段。在同一时期，他的英语话语平均长度（MLUw）在 1.4—1.5 之间，即布朗的第 Ⅰ 阶段。在第二阶段，澳齐的全部词汇扩增至 347 个单词，其中的 41 个属于英语。虽然他的生成性英语词汇较少，但是这并不妨碍他独自或与其他讲英语的朋友练习英语。澳齐喜欢唱英语歌、吟诵和独自玩英语语言游戏。表 5.4 提供了他在这段时间的英语词汇，来自歌曲、吟诵诗和游戏的公式化语块不包括在内。

与第一阶段相比，第二阶段的英语名词性表达从 1 种增加到了 12 种，其中，有两个是指称人的专有名词。在 2;07 的时候，澳齐用雪莹（Joy）称呼妹妹，用托马斯（Thomas）指朋友，亲属称谓还未出现。虽然孩子知道自己的英语名字是澳齐，但是此名字没有被用于自我指称：在家庭外的语境中，当别人这样称呼他的时候，他会有应答。代词还没有出现。甚至在第三年，澳齐掌握的英语名词还没有占到其词汇的 30%。然而，这个时期的关系词语（relational terms）和公式化短语（formulaic phrases）的总数在他的英语词汇中的占比超过了 50%。

表 5.4. 第二阶段的英语词汇（2;0—3;0;07）

话语类型	类符（形符）数	词汇
名词类		
N- 地点：	1（1）	Park
N- 目标/对象：	6（12）	Horse
		Pig
		Sheep
		Dog
		Mins
		Toy
N- 专有	5（11）	Joy, Thomas
		MacDonald['s]

（下页续）

第五章　汉英双语儿童早期语言中从人称名词到人称代词的发展

（续表）

话语类型	类符（形符）数	词汇
		Town Hall
		Woolworth[s]
关系类		
R-数量	2（7）	More
		One
关系	12 (25)	Naughty
		Pooh
		Yarm
		Yark
		bi-kiss
		Bye
		ye
		No
		Yes
		Cuddle
		bi-cuddle
		Weewee
固化发音：	5 (8)	
其他：	10 (17)	
词汇总计：	41 (81)	
名词总计：	12 (24) 29%	
关系词总计：	14 (32) 34%	

注：N=名词；R=关系词。方括号中的符号表示未发出的音。

总体上，在第二阶段，澳齐开始使用英语专有名词指称一名不讲英语的人，但是还没有用英语指称自我。

汉语

在第二阶段的人称指示发展方面，澳齐的汉语与英语有所不同。汉语词汇从58个单词增加到了306个，自我指称形式也出现在他的名词性表达中。外婆称呼他时所使用的昵称 er2er /"儿儿"在他 2;2 的时候出现。当他说 er2er yao4 /"儿儿要"的时候，表示他想要一个棒棒糖。"儿儿"主要与他在某个特定的语境中的愿望或需求相关（占形符的52%）。在 2;4 的时候，澳齐开始用他的汉语学名"澳齐"指称自己，同时，仍然使用昵称"儿儿"。然而，使用"澳齐"时，只有8%的情形与动词 yao/"要"相关。"澳齐"与不同的动词组合，甚至在早期的用法中处于语句的三个位置——主语、宾语和所有格。"澳齐"似乎与更大范围的活动相关，用于表示请求、对状态的描述、对所有权的声明和自我身份的识别；而"儿儿"更多地用于表示亲密的态度以及个人欲望和需求。这一点在澳齐满 2;02 时出现"儿儿"的录音中可以得到验证：

Er2er ji1ji2 zhou3/ 儿儿自己走（2;2;26）
Er2er wo1wo/ 儿儿的音乐磁带（2;2;27）
Er2er shui4jiao4/ 儿儿睡觉（2;3;16）
Er2er yao4 deng1/ 儿儿要灯（2;3;23）
Da4 yang4,Er2er yao4,ma1ma mai3/ 大羊，儿儿要，妈妈买（2;3;16）

两个月后，根据澳齐在 2;04 时的录音，Auchee/"澳齐"主要出现在两种情境中：

第五章 汉英双语儿童早期语言中从人称名词到人称代词的发展

1. 澳齐（James）使用 *Auchee*/"澳齐"回答成人的问题，这些问语中的 *Auchee*/"澳齐"指称的是澳齐（James）。下例摘自采用"儿童语言数据交换系统"转写法记录的一段话（CHILDES；Mac Whinney，1995）：

@ 参与者：JMS，澳齐，孩子；YIN Ying，外婆
@ 日期：1996 年 4 月 16 日
@ 情境：澳齐和爸爸散步之后
@ 语言：汉语
　*YIN：*Auchee gang4 shen1me qu4 le?*
　（澳齐干什么去了？）
　*JMS：*Auchee bu4bu.*
　（澳齐步步。）

（"步步"是在双音节词"散步"的基础上复制的一个新造的不及物动词；标准的回答是"散步"+完成小品词"了"。）
　*YIN：*Auchee ji4ji2 zou3 de?*
　（澳齐是自己走的吗？）
　*JMS：*Auchee zuo4 zai4 che1 li3，ba4ba tui1 Auchee.*
　（澳齐坐在车里，爸爸推澳齐。）

（成人语的回答应该是"*Wo3 zuo4 zai4 che1 li3，shi4 ba4ba tui1 wo3 de*"/"我坐在婴儿车里，是爸爸推我的"。）

另外一个语例出现在 2;6;13 的时候，当澳齐的妈妈问他"*Auchee*，

ji3 dian3 le？"/"澳齐，几点了？"澳齐回答："Auchee mei2 dai4 zhong1 / 澳齐没戴钟。"成人语的回答应该是"Wo3 mei2 dai4 biao3"/ "我没戴表。"虽然澳齐将zhong1 / "钟"误当作biao3/ "表"用，但是他在回答开放式问题的时候能够提供更多的信息，从而超越了布朗所描述的单纯用"是"或"不是"回答的第Ⅲ阶段，然而，他的代词系统还没有出现。

在这个年龄段，使用Auchee / "澳齐"的部分原因似乎是成年人提起或提醒澳齐这个专有名称的存在。但是在下面的语例中，可以见到另外一种情况。

2. 在自发的对话场景中，专有名称澳齐的使用与不良的行为或经历、要求或请求、对状态的描述、对所有权的声明、自尊、澳齐的个人能力以及自我身份的识别相关。与之相对照，在这个时期，使用er2er / "儿儿"的场景仍然比较多，但是仅限于主观情境中——表达他的情绪、感伤和亲密需求，例如：

Auchee lin1 / 澳齐可以拎［篮子］（2;5;18）
Auchee zi4ji zou3 / 澳齐可以自己走（2;6;15）
Auchee zi4ji chi1 / 澳齐可以自己吃（2;6;15）
Auchee zi4ji e1shi3 / 澳齐可以自己拉屎（2;6;15）
Auchee zi4ji weewee / 澳齐可以自己尿尿（2;6;15）
Auchee zi4ji mai3 nappy / 澳齐可以自己买尿布（2;6;15）
Auchee he1 bu2 dao4 shui3 / 澳齐喝不到水［因为瓶子被盖住了］（2;7;02）

第五章　汉英双语儿童早期语言中从人称名词到人称代词的发展

Auchee hai2 yao4 ping2guo3 / 澳齐还想要苹果［吃过一些之后］
（2;7;02）

以下对话[仍然使用儿童语言数据交换系统（CHILDES）符号记录]可以作为主观性弱而客观性强的语境范例，澳齐用*Auchee* / "澳齐"指称自己：

@ 参与者：JMS，澳齐，孩子；DAD Yun，父亲；MOM Ruying，母亲
@ 日期：1996年7月1日
@ 情境：澳齐被爸爸打了一下
@ 语言：汉语

* DAD：*Auchee*, *jin1 wan3 ba1ba gan4 ma2 da3* **ni3**?
　（—澳齐，今晚爸爸干嘛打你？）

* MOM：　***Er2er***, *jin1 wan3 ba1ba gan4 ma2 da3* **ni3**?
　（—儿儿，今晚爸爸干嘛打你？）

* JMS：***Auchee** nao4.* ***Auchee** bu4 teng1 hua4*,
　Ba4ba ba3 **Auchee** guan1
　zai4 hei2 wo1zi li3 le. Mei2you3 deng1.
　（—澳齐闹。[因为]澳齐不听话，
　　爸爸把澳齐关在黑屋子里。[屋子里]没有灯。）

从以上对话的应答可以看出，澳齐在成年人称呼他的两个专有名称"澳齐"和"儿儿"中选择了"澳齐"。他本来可以模仿他的妈妈对他的昵称"儿儿"，但是他选择了"澳齐"，用以叙述他的不良行

为和糟糕的经历。这种现象可能意味着孩子已经开始分辨他作为"澳齐"的社会角色和作为"儿儿"的家庭角色。

此时,澳齐对"儿儿"的使用主要与情绪、好恶和个人需求相关。例如,在 2;6;01 的时候,澳齐拍着自己的肚子说,"Er2er da4 bao3" / "儿儿大饱",标准的成人语应该是"wo3 hen3 bao3 le" / "我很饱了",这句话表示他对自己有个又大又圆的肚子感到自豪。澳齐在这段时间使用"儿儿"的另外一个场景是,他指着医疗中心说道:"Er2er da3 zheng1" / "儿儿打针"。很显然,以成人汉语表达他的意图应该是:"Er2er da3 zheng1 de di4fang1" / "儿儿打针的地方"。尽管澳齐用身体语言(用手)指向这个地方,但是他在话语中省略了这个中心名词词组。他的关注点是注射时亲历的痛感,因此,他选择使用表达情绪的自我指称 Er2er / "儿儿",并以陈述式表达关系从句:"Sonson have injection" / "儿儿打针。"当他想表达帮助和喜爱的时候,他选择使用 Er2er/ "儿儿"。例如,在 2;06;25 时,澳齐看见妈妈在倒水,知道妈妈要泡茶,于是说道:"Ma1ma he1 cha2ye4, er2er na4." / "妈妈[想]喝茶,儿儿拿[出茶叶]。"

专有名称"澳齐"和"儿儿"在使用上的区分表明,孩子通过对自我指称的选择而表达自己的态度或情绪的能力增强。总体上,作为自我指称的"澳齐"和"儿儿"都可以用于表达个人情感或情绪。对澳齐来说,Er2er / "儿儿"暗含着个人的亲密感,用于表达正面态度和情绪,意味着态度或情感的亲密;与之相对照,"澳齐"用于表达非私人的亲密感,暗示某种程度上的态度和情绪的距离感。这种现象很有趣,值得进一步探讨,因为据我所知,在儿童语言文献中还没有关于两个自我指称的名词功能细分的类似报告。

第五章 汉英双语儿童早期语言中从人称名词到人称代词的发展

在其他的人称指示表达中，澳齐在受话人和非参与人的语境中主要使用汉语亲属称谓指称他人。澳齐在第二阶段经常使用的亲属称谓包括 Ma1ma（妈妈）、Ba4ba（爸爸）、Mei4mei（妹妹）、Di4di（弟弟）、Po2（婆）、Wai4gong（外公）、Yi2（姨）和 Titi（朋友）。在他的人称代词发展方面，汉语代词形式 wo3（我）、ni3（你）和 ta1（他/她/它）在第二阶段只是零星出现。例如，以模仿的形式用于一般的问候语中。

表5.5. 自我称谓"儿儿"（er2er）和"澳齐"（Auchee）的形式和功能映射概况（2;0—3;0;01）

称谓	年龄	指示对象	功能	语例/注解
Er2er（儿儿）[23]	2;2—2;11;17	作为讲话人的自我 [21] 作为所有人的自我 [2]	意愿（需求/欲望）	yao4/"要" [12] 52%
Auchee（中文名字）[47]	2;4—3;0;01	作为讲话人的自我 [44] 所有人 [2] 呼格应答语 [2]	状态声明 自我识别	yao4/"要" [4] 8%

注：方括号中的数字表示形符数。

总而言之，第二阶段代表了澳齐自我指称发展的一个重要时期。他开始使用专有名称——他的昵称"儿儿"和他的汉语名字"澳齐"——指称自己；他用亲属称谓指称其他人；后来，他才使用名字之外的语言形式指称自己。

第三阶段：第一人称代词指称及其他自我指称表达的出现（3;0;07—3;2;09—4;0）

本部分描述在澳齐的汉语和英语多词阶段两种语言中的第一人称

代词的出现。在这个阶段，澳齐的汉语语句组合稳步增长（与英语形成对照）。在 3;0;07 的时候，澳齐的汉语话语平均长度（MLUw）为 3.20，表明他达到了布朗的第Ⅳ阶段；三个月后，即在 3;3 时，他的话语平均长度升到了 4.5，达到了布朗的第Ⅴ阶段；在 4;0 时，他的话语平均长度达到了 5.5，超越了第Ⅴ阶段。澳齐在第三阶段的多词组合有一个显著的特征：它们大部分是在先前的双词类型基础之上合并一个附加要素而形成。例如，在第三阶段，双词组合"名词+修饰词"因添加了一个额外要素而被加长。

然而，在英语习得过程中，澳齐经历了一个只会使用单个词语或公式化表达时期，持续时间为 1;7—3;7;01。在 3;0;07 时，澳齐的英语话语平均长度为 1;4，表明他在布朗的第Ⅰ阶段早期。在接下来的三个月中，他的话语平均长度保持不变。但三个月后，在 3;07;01 时，他的话语平均长度升到了 3.0，表明他已经达到了布朗的第Ⅱ阶段。之后，澳齐的英语话语平均长度没有低于 2;0 的情况。在接下来的三个月中，他的话语平均长度升到了 3.5，达到了布朗的第Ⅲ阶段。在 4;0 时，他的话语平均长度为 4.0，处在布朗的第Ⅴ阶段。在第二阶段的英语句法发展中，澳齐输出的是他最初学到的未被解析的多词组合，而不是更多的关系词和公式语。在第三阶段，他的名词性词库进一步扩展，在第二阶段的基础上增加了三个专有名称和更多的亲属称谓。他的名词类生成性表达涵盖类似于汉语的一些亲属称谓，包括 *Mummy*（妈妈）、*Daddy*（爸爸）、*Grandma*（外婆）、*baby*（宝宝）和 *Joy*（人名）。澳齐在第一阶段习得的汉语亲属称谓在第三阶段的英语中几乎都能找到一个对应的词。然而，他的多词组合似乎不是基于独词词库中已有的个体项目而建构的。这一点可以从他的英语人称代词中看出来，下文

第五章 汉英双语儿童早期语言中从人称名词到人称代词的发展

将予以解释（参见英语发展，表 5.7）。

汉语

根据图 5.1，在 2;2—3;0;07 期间，澳齐在会话中使用自我指称的名词形式，如昵称和专有名称。在 3;0;07 时，他开始使用第一人称代词 wo3／"我"，进入了自我指称的代词表达阶段，当时他急需换尿布，突然说道："wo3chou4"／"我臭"。有趣的是，他的第一个代词的出现也许是出于紧急情况。从第一人称代词 wo3／"我"的出现开始，澳齐在一系列的语句结构中将它与各种各样的动词自由组合。表 5.6 提供了第三阶段 wo3／"我"的形式与功能的映射。

图 5.1. 自称以及"我"（wo3）的出现和使用（1;07;0—4;0;0）

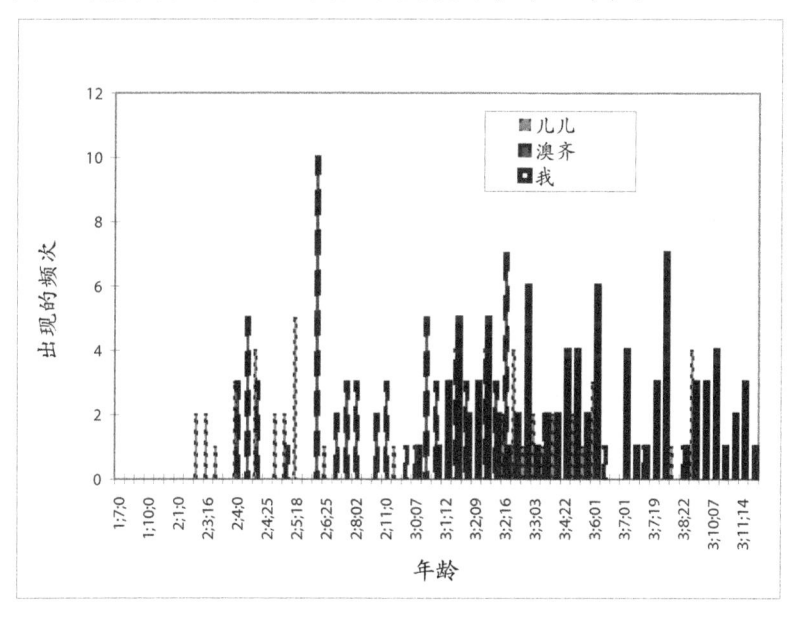

即使在 *wo3* /"我"出现之后，自我指称"儿儿"和"澳齐"的名词形式也没有立即被取代。在 3;0;07—3;8;22 期间，三种形式同时存在，然而，其使用频率有一些波动。例如，"儿儿"在三个月（2;11;17—3;2;16）期间没有被使用；同时，"澳齐"却频繁出现。在澳齐的话语中，"澳齐"（3;8;22）的消失比"儿儿"（3;9;08）早一个月。自 3;9;08 以后，*wo3* /"我"作为自我指称的唯一形式最终得以稳固。表 5.6 提供了 *wo3* /"我"被用于指称讲话人的一些话语。

表 5.6. 汉语代词"我"的出现

年龄	语例	注解	功能
3;0;07	Wo3 chou4	我臭	讲话人
3;1;01	R：Shi4 Auchee ma?	是澳齐吗？	讲话人
	A：Wo3 shi4	我是	
3;1;11	Wo3 wan2 yi1 xia4	我玩一下	讲话人
3;1;16	Wo3 bu2 hui4 chuan1	我不会穿	讲话人

英语

表 5.7 提供了英语第一人称代词形式的使用语例。几乎每一种形式都经历了公式化使用的阶段，所有形式都源自未经解析的短语。这种现象似乎证实了派因和利芬（Pine & Lieven, 1993：567）的结论，即未经解析的短语在从独词到多词话语的过渡中起到了促进作用。例如，在第四章中论述过，*my* 的初次出现是在"My name is X"（见表 5.7 中的例子）的模式中。这种现象反映了一种过程，即一个短语最初被视为一个单位，随后，当孩子在其他类似的单词或短语中学会了各种规则之后，这个短语被重新解析，因此就产生了一个灵活的、以词语特征界定的并且可以被扩展到类似情景中的公式。

第五章　汉英双语儿童早期语言中从人称名词到人称代词的发展

澳齐使用英语亲属称谓和专有名词指代他人——例如，Mummy、Daddy、Grandma、baby 和 Joy，这一点与他的汉语自我指称的方式完全不同。

总而言之，澳齐的汉语自我指称表达以名词形式开始，随后才出现汉语的第一人称代词；而他的英语习得方法差异很大：他的英语自我指称直接以代词开始。两种语言发展中的另外一个显著差异是，从 2;0 开始，虽然澳齐能听懂他的英语名字，但他从来没有用这个名字指称自我。

表 5.7. 英语代词 mine、I、me 和 my 的出现

第一人称代词（单数）	年龄	语例
Mine（我的）	3;0;14	Y: don't play
		A: *mine. mine*
	3;7;03	A: it's-*mine.* lolly
		it's-*mine.* don't touch
	4;0;15	A: this is not *mine. mine* in garage
I（我）	3;4;22	A: how-*I*-wanna what-you-are...
		A: *I*'m a-li-teapot...
	3;6;01	A: *I* want toilet
Me（我）	3;5;20	A: cuse-*me.* cuse-*me*
	3;6;25	A: *mine*, don't touch-*me* (the lolly)
		R: you should say "don't touch *it*"
		A: don't touch
My（我的）	3;6;09	A: what's your name? *my* name is James
		Z: what's *mei4mei*'s name?
		A: *my* name is Joy

（下页续）

（续表）

第一人称代词（单数）	年龄	语例
		Z: what's daddy's name?
		A: *my* name is Zhang Yun
		Z: what's mum's name?
		A: *my* name is mummy
	4;3;08	A: look, *my* book. *my* book fall down

注：A=澳齐，*Mei4mei*=妹妹，雪莹（Joy），Z=父亲，R=母亲。

5.5. 讨论

这名双语儿童早期词汇系统发展的轨迹表明，早期名词优势现象（Gentner & Boroditsky，2001）在讲双语的澳齐身上确实存在，但仅限于汉语。他的英语词汇的发展在词语类别、分布比例以及习得速度上均有显著差异。

英语单语儿童语言习得研究表明，物品和个体人物名称在早期占有绝对优势，关系词的比例在后期显著增加（Woodward & Markman，1989）。名词也在儿童早期的理解和输出中居优势地位（例如，Macnamara，1972，1982；Nelson，1973）。根据金特纳和伯格迪特斯基（Gentner & Boroditsky，2001）最近的一项关于强势分配连续体的研究，早期名词优势的论断适用于各种语言。他们的文献综述表明，即使像汉语（参见 Tardif，Shatz，& Naigles，1997）这样以动词优势为输入特征的语言也存在早期名词优势现象。我自己的研究结果表明，澳齐的汉语早期词汇发展支持金特纳和伯格迪特斯基的假说，但是同一假说无法解释澳齐的英语早期词汇发展。因此，这种早期名词优势与其说和语言的类型相关，不如说与习得情境有更密切的

第五章　汉英双语儿童早期语言中从人称名词到人称代词的发展

关系。

我的研究表明，澳齐的强势语言——汉语——的发展与正常的单语儿童第一语言发展情况是一样的，具有早期名词优势的特征。具体名词，尤其是亲属称谓，占早期词汇的30%，这类亲属称谓似乎是习得指示词的入门词语。然而，正如上文所述，这种名词优势现象在澳齐的弱势语言——英语——中不存在：这一点支持了不同路径假说理论。

在澳齐的英语早期词汇系统中，最初输出的50个词语中仅有2.6%为名词性表达。甚至在3岁的时候，英语的名词性表达都没有达到30%。然而，如果将关系词和公式语归为一类，它们在他的英语词库中的占比超过了50%。两种语言系统中的这种"分工"表明澳齐的早期词汇发展存在两条主要的路径：一个是指称性词语（汉语）；另一个是语境制约和社会-语用词语（英语）。这种现象说明，儿童在习得两种语言的词时，早期可能使用两种不同的内部表征，它们可以被归类为"原型"和"事件表征"（依据Barrett，1995），分别与"分析法"和"综合法"相关联。

澳齐两种语言的话语平均长度和每种语言的词汇内容表明，在1;7—3;7期间，英语是他的弱势语言，这个阶段与每种语言的人称代词发展的关键期重合。那么，澳齐的弱势语言是如何进入代词指称阶段的？在这一领域，两种语言之间存在相互依赖的关系吗？

在2;2的时候，澳齐开始用汉语的昵称指称自我，而用亲属称谓指称他人。然而，在此阶段，孩子的英语表达中没有专有名词或亲属名词作为习得人称指示的资源。孩子是如何用英语开始指称他人的？他采用了哪一种方法或策略？

根据单语习得研究文献，讲汉语的儿童在 2;0 之前开始使用第一人称单数代词，在 2;8—2;10 期间，学会恰当使用这些代词（Erbaugh, 1992；Xu & Min, 1992）。英语第一语言儿童开始使用相应的代词形式的时间大约是在 1;6—2;0 期间（Brown, 1973），到 2;10（Oshina-Takane, 1992）时达到熟练水平。汉语和英语（作为单语）第一语言的人称代词习得过程有非常显著的相似之处：出现的时间和顺序，甚至人称代词习得的路径都很相像。很显然，在形式上相对简单的汉语代词系统似乎并没有加快或延缓代词的出现。

然而，澳齐的两种语言的代词发展似乎经历了明显不同的路径。在汉语中，他首先使用自己的昵称和名字指称自我，然后，同时使用这两个名字与第一人称单数代词 *wo3* / "我"。研究表明，与单语儿童的习得相比，在双语第一语言习得中，第一人称和第二人称代词的出现时间会滞后（大约晚 1 年）。此外，针对习得欧洲语言（Budwig, 1989；Chiat, 1986；Deutsch, Wagner, Burchardt, Shulz, & Nakath, 2001；Tanz, 1980）、汉语（Tseng, 1987；Xu & Min, 1992）、甚至挪威语-英语双语儿童的大量研究文献表明（Lanza, 1997），在早期自我指称上，儿童倾向于使用自己的名字或昵称。然而，在我的数据中，名字用于自我指称的现象出现在汉语中，而不是在英语中。在自我指称上，两种名字共存并发挥不同功能的现象在单语或双语文献中都不曾有记载。还有一点值得注意的是，在讲英语的时候，澳齐似乎跳过了使用名词性话语指称自我和他人的阶段，这是英语单语者的早期言语（Radford, 1986：20）特征之一。在自我指称出现的时候，澳齐正确无误地直接使用英语人称代词（*mine*、*me*、*I*、*my*），分类清晰明了。以代词的格的使用为例，在澳齐的英语数据中，没有出现将宾格代词

第五章　汉英双语儿童早期语言中从人称名词到人称代词的发展

不恰当地用作句子主语的现象；而对于 I、me 和 mine 的格标记，澳齐能够像成年人一样辨识其差异。

因此，可以说，这名汉英双语儿童对每种语言中的人称指称系统采用了不同的习得方法或策略：在汉语中用的是分析法（自下而上），而在英语中用的是综合法（自上而下）。

5.6. 结语

对代词和专有名词在语境使用中的发展路径和变化的系统分析表明，儿童终将克服人称代词习得早期的困难，并熟练掌握其正确用法。这种分析有助于在理论上深入了解儿童的人称代词习得机制，也有助于了解双语儿童的弱势语言的角色。例如，为了使弱势语言达到类似目标语的输出，双语儿童可能会尝试以不同的策略利用有限的资源，而不需要迁移强势语言的形式和功能——迁移可能会导致语言的混用。

汉语代词形式简单，这似乎不能够加快其代词的出现，而更复杂的英语代词形式也并不妨碍英语代词的习得。此外，两种语言在发展过程中不存在显著的相互依赖或相互影响的迹象。英语代词形式的发展没有出现错误用法——例如，代词 mine、me、my 和 I 的格的区分始终正确——这种现象似乎验证了迈泽尔的假说（Meisel, 1990：18），即双语者更关注语言的形式，因此，在某些语法结构上，双语者比单语者的习得速度更快，所犯错误也更少。此外，对某些语言现象的习得会出现个体差异。在特别关注形式和精确度的儿童的输出语中，形式上的错误更少。

本研究的数据分析也表明，这名儿童首先习得自我指称，然后，从早期输出开始（2;0），他以语言独立发展的方式习得代词系统。很显然，他在汉语中遵循的是分析路径（自下而上），在英语中遵循的是综合路径（自上而下）。此外，孩子用汉语专有名词指称人的偏好表明了输入模式对其语言使用的潜在影响：毕竟，汉语和英语在指称儿童和其他家庭成员方面遵循的是不同的社会习惯。

如前所述，在早期词汇、自我指称和第一人称指称方面，双语儿童澳齐以每种语言特有的方式习得两种语言。然而，以下问题不容回避：虽然孩子的两种语言有区分，但各自仍然显现出另一种语言的影响。值得注意的是，如果以年龄的增长为衡量标准，在发展的某些领域，澳齐的习得速度与单语儿童有差别，他的双语习得进展不同步，澳齐的英语发展比同龄的单语习得者滞后一年。与两种语言的单语同龄人相比，他的英语和汉语第一人称代词的发展都滞后（大约一年）。

针对从人称名词到人称代词的转换过程的深入研究，有助于进一步了解双语语境中儿童的两种语言的区分及互动。

本研究对儿童建构两种语言系统的表征方式提出了一定的见解，并且以具体案例证明了在双语语境中成长的儿童的双语形式和功能映射在早期发展中的复杂性。

尾 注

1. "ji1ji" / "自己"是澳齐自己的发音；成人的发音应该是 zi4ji3。

第六章　人称代词的习得（汉语－英语）

6.1. 引言

本章探讨双语语境对儿童人称代词习得的影响。讨论的内容包括澳齐的每一种语言中的自我、受话人和非参与者的代词指称，并与针对汉语和英语单语儿童的相关研究进行对比。对代词使用的语用和语义因素进行探究，旨在了解代词习得中双语儿童的语言系统早期分立和互动的特点及程度。

人称代词是语言的句法、语义和语用的交汇点，人称代词的习得涉及对语用、语义、句法和形态等一系列要素（Chiat，1986）的驾驭；人称代词也是指示语（Wales，1986：401）的一种形式，被讲话人用来指称（实际上也可以指向）当下言语情景（参见 Kroeger，2005：136—137）中的某对象。在习得人称代词时，儿童必须区分每一个代词的形式，确定在恰当的条件下根据言语角色识别个体（讲话人、受话人以及非参与者），并且将每一个单独的代词形式与其所指定的具体言语角色相匹配。此外，虽然对代词形式的选择在很多语言中是普遍现象（取决于话语角色），但是本族语者对指称的处理方式却具有语言的个性特征。例如，英语的词汇代词通常发挥指称功能，而其零代词的使用场景高度受限；汉语中的名词、名称或省略比代词更常见（详见 6.5）。当讲话人不使用人称代词而是用非代词形式指称讲话人、受话人和非参与者的时候，其话语情境受限于语用约束条件（举例参见 6.1.3）。儿童所接触的是在特定语境和非语言环境下的个体使用的话语，从这些现象中，他/她们必须辨识指称形式的句法分布，包括分布的类型和特征，比如英语中的性、格和数；同时必须辨识的还有句法分布涉及的其他语义特征。此外，成功的代词使用不仅要考虑代词形式的选择，还要考虑话语和语用语境。因此，只有经过充分的学习，才能达到对代词的辨识并掌握代词在互动语境中的恰当用法。

成功的双语儿童必须具备对语言表达形式做出快速判断的知识和能力。在两种语言系统中，这些表达指示当下话语中的实体。然而，有待进一步探讨的还有如下问题：儿童对人际情境的认知程度；儿童对他/她自身的话语角色的理解方式；在两种语言各自的系统中，儿童如何在代词的形式与功能之间建立联系；与以上三个方面相关的问题是，在儿童的代词习得中是否会出现代词反转的错误；另外，儿童在完成这项习得任务的过程中发挥了什么样的才智。

汉语和英语是两种类型迥异的语言。其差异是学习这两种语言的双语儿童需要跨越的特殊障碍——儿童在习得这两种语言的代词系统时，必须同时区分两种代词系统各自特有的用法。本研究针对一名双语儿童的代词发展进行系统的对比分析，其意义体现在两个方面：(a) 从语言个性化特征的角度辨识发展机制；(b) 厘清汉语或英语单语儿童的代词发展和汉英双语代词发展的差异。此外，如第三章所述，澳齐的两种语言各自输入的数量、时长和语境都不同。这名双语儿童的

第六章　人称代词的习得（汉语-英语）

两种语言发展不均衡：在 1;7—4;0 期间，他的英语比汉语弱（另参见 Qi，2005，2010；Qi，Di Biase，& Campbell，2006）。在双语第一语言习得中，儿童的两种语言的不均衡发展和输入条件的差异会使目标语代词的习得过程更复杂并且更具挑战性。在习得速度和路径方面，关于双语儿童的弱势语言和强势语言差异化发展的假说是合理的。双语儿童的代词发展在输出中所面临的挑战和发展的过程还有待进一步研究。本研究探讨在这名儿童的双语发展中人称代词的习得速度、习得路径以及习得策略。本章讨论如下问题：

1. 汉英代词形式的出现和生成性使用呈现什么样的发展模式？
2. 双语儿童的形式和功能映射过程与每种语言的单语儿童的形式和功能映射过程是否相同？
3. 在两个代词系统的发展过程中是否存在系统性错误？
4. 双语儿童的代词发展模式能否验证第一语言习得中人称代词的三个主要假说的有效性？
5. 在代词领域，弱势语言是否与第一语言的发展模式相同？双语儿童是否会采取某些具体策略使弱势语言与强势语言的人称代词的使用达到与目标语相同的水平？
6. 在接触汉英代词系统的过程中，双语儿童何时能在语境中区分两种代词系统？以什么方式区分？在这名双语儿童的习得过程中，两种语言是否有任何互动的表现？

6.1.1. 代词的语义特征

布雷斯南（Bresnan，2001：4）认为，代词的普遍特征是其指示角色和功能，而不是其短语结构类型。代词属于指示语，而指示语是语言中的特殊表达：它们的指示与讲话人的视角相关；与其相对照的是，大部分指示性表达的指示对象与讲话人无关。德维利尔斯夫妇（de Villiers & de Villiers，1974）发现，与要求从受话人的视角转向讲话人的视角（包括"我的－你的"、"这个－那个"以及"这儿－那儿"）的指示语相比，只需要受话人视角的指示语更容易被理解（"在前面－在后面"）。儿童必须理解代词和言语角色的关系才能正确使用代词。了解代词的指示属性有助于理解代词习得——代词所蕴含的话语角色的语义概念以及使用过程中的指示转移。

6.1.2. 代词及其指示属性

"指示词"（deixis）源自古希腊语，意思是"指向"或"指出"，作为一个语言学术语，它通常泛指"连接话语与话语行为的空间-时间关联对象"的各种语法成分（Lyons，1977：636），即只有考虑空间或时间语境才能充分理解话语所传递的各类信息。指示语将受话人的注意力吸引至话语的空间或时间语境，这是恰当解读话语的关键所在（Wales，1986：401）。换句话说，为了解读代词和其他指示成分，解读者不仅需要独立于语境之外的语义信息，还需要真实的（或被推测的）语境信息。情境或言语事件中的关键信息通常关乎讲话人。此类信息必须能够使讲话人确认与话语相关的人和地点。这些表达被语言学家归类为指示语，它们具有明确的主观指向，并且提醒人们关注这样的事实：语言的习得和使用发生在真实的情境中（Wales，1986：401）。

指示功能可以通过几种方式得以实现：时态、格标记、指示上文中的话语或者指示讲话人和受话人共享的知识。赫胥黎（Huxley，

第六章 人称代词的习得（汉语–英语）

1970：143）指出，代词表达的是人称概念，属于指示概念的一部分。由名词或代词表征的人称必须具有与话语相关的指示或定位特征。因此，从纯语法的角度看，"我"、"你"和"他"是人称代词，它们属于封闭性词语。然而，除了代词在话语中的适当位置，对某个代词的恰当选择有赖于讲话人对信息的评估。讲话人必须在众多的现象中判断恰当的言语角色，以便选择正确的形式——例如："我"，讲话人；"你"，受话人；"他"，被谈及的人。成年人的代词系统知识是隐性的，因此，他们对代词的认识可能会相当简单且笼统。儿童不具备这样的知识，他们能够接触到的只有在特定的语言和非语言环境下人称代词的个别用法。从这些话语中，他们必须推断非自我指称及其分布类型和特征的复杂性（如英语中的性、格以及数）。因此，很难想象儿童以何种方式从这些用法中寻找线索以发现指称的使用条件，并对这种知识进行编码。虽然大部分指示词很"小"，但是，正如对语言中的其他成分进行恰当分析一样，儿童对指示词的用法也需要进行宽泛而细微的分析。本研究调查澳齐在汉英人称代词发展中所掌握的人称代词，包括指称讲话人、受话人和非参与者的代词（例如，*I/me*、*you*、*he/she*）、形容性物主代词（例如，*my/your/his* 等 + 名词）和名词性物主代词（例如，*mine/yours/his*），目的是观察孩子在会话语境中如何找到代词的使用条件。

在会话语境中，代词用来指定言语角色。讲话人、受话人和非参与者（既非讲话人，也非受话人）是代词的核心概念。讲话人的角色——在汉语中以第一人称代词形式被编码为"我"和"我的"，在英语中为 *I*、*me*、*my* 和 *mine*——有别于受话人的角色，后者在汉语中以第二人称的形式被编码为"你"、"你的"和"你们的"，在英语中为

you、your 和 yours。第三人称的形式有别于前两类，在汉语中呈现为"他/她/它"、"他的/她的/它的"、"他们/她们/它们"和"他们的/她们的/它们的"；在英语中呈现为 he、him、his、she、her、hers、it、its、they、their 和 theirs。第三人称代词用于辨识非参与者的身份，有性别或生命度的区分。

复数代词对这些言语角色的组合予以编码。在汉语中，"们"是通用后缀，附着在任意单数代词后面构成复数形式。第一人称复数形式"我们"、"我们的"和 we、us、our、ours 用以识别包括讲话人在内的任意个体的组合；第三人称复数形式"他们/她们/它们"、"他们的/她们的/它们的"和 they、them、their、theirs 用以识别仅仅包括非参与者在内的任意组合——也就是说，不包括讲话人和受话人。赫胥黎（Huxley, 1970: 146）认为，三个复数人称代词（we, you, they）的意义模式也比很多语言中同类词的语义表达更复杂。we 不是 I 和 I 的简单相加，而是在 I 上附加了某个成分，这个附加成分可以是作为名词词组的 you 或 he、she 和 it 三者之一，或 they，这样就可以得到 we 的两种可能的类型：囊括类 [+you] 和排除类 [+he、she、it、they]。无论何种情形，因为 I 是不变因素，指称话语的发起人，所以它也是主导因素。you 的复数同样复杂，复数 you 可能指"在场的你 + 也在场的你（you 为单数或复数）"，或者"在场的你 +（其他）不在场的某人或一些人"。they 是唯一一个仅用于表达单数人称代词 he、she 或 it 的数量增加的复数人称代词。研究者从语义特征的角度对这些英语代词的差别进行了各种分析（例如：Ingram, 1971; Li & Thompson, 1976; Postal, 1966）；还有一些发展研究也对英语进行了同样的分析（例如：Deutsch & Pechmann, 1978;

Huxley，1970；Waryas，1973）。

6.1.3. 汉英代词使用的语用约束条件

恰特（Chiat，1986：340）认为，根据语用约束条件，讲话人所使用的每一个指称的言语行为角色应具体而明确。如果指示对象为讲话人或受话人，或包括其中之一，指称通常为代词形式。在一些受限语境中，讲话人能够使用非代词形式指称自我或受话人，即讲话人能够正确使用专有名称或其他名词性表达，例如："约翰或正在讲话的那个人。"在英语中，母亲可能会这样问她的孩子："Mommy do?/妈妈做吗？"这句话的意思是"我做它吗？"或"你想让我做它吗？"汉语也有类似的表达。对自我或受话人的名词性指称也可以产生某些语用效果，例如，以非讲话人的视角进行阐述。在某些成年人的代词使用中，第二人称或第三人称视角被赋以言语角色。以下几例这样的指称用法摘自恰特（Chiat，1986：354）：

"你是个白痴"　　　　　（以第二人称视角指称自己）
"我不应该责备你自己"　（第二人称反身代词前面出现的是第一人称代词，话语效果是讲话人转为受话人的视角）
"她说，简而言之，惨败"　（以第三人称视角指称自己）

与以上相对照的是，对非参与人的指称不必为代词。根据语言内部或外部的情境，它们的形式可以是指定具体内容的名词词组（NP；例如：约翰，在角落的那些男孩）或者指代此名词词组的一个代词

（例如：他，他们）。因此，第三人称指称总是被标记为非讲话人和非受话人，但是这种情况并不取决于其代词身份（Bruner，1975）。更复杂的情形是，汉语会话中的零代词也被视作指称表达，这一点在第五章中讨论过。因此，要确定哪些词语为代词需要经过充分的学习。

里昂斯认为，对语言中指示结构的存在所能"提供的解释只能基于这样的假想：它们用于面对面的互动交流"（Lyons，1977：637）。然而，有些因素会影响儿童对会话中言语角色的相互作用的理解——意识到自己能与会话中的其他人互换言语角色。本维尼斯特从心理学的角度对指称的发展提出了有趣的解释：对话语中角色互换的领会是使用人称、地点和时间指示语的先决条件（Benveniste，1971：217—218）。儿童的意识发展和语言发展的相互关系使我们不禁思考，儿童在两岁期间习得人称指示的过程中是否到达了认知发展的这个里程碑。研究表明，儿童对角色反转的理解——相互概念的理解——在行为中的表现远早于在语言形式上的表达（Argyle & Ingham，1972；Bruner，1975），这表明儿童并不是简单地将人的认知概念映射到他们的语言概念上（同类文献中，参见 Cromer，1974；Slobin，1973）。在儿童的认知发展中，如果相互概念的建立先于人称的识别和人称代词的习得，那么，就言语角色而言，儿童在习得指示自己和他人的语言方式时会遇到什么样的困难？

6.2. 代词习得的挑战

儿童在人称代词习得上的难点是这类词的指示特征。根据单语文献，导致儿童的人称代词习得困难有两个主要的因素。首先，由代词编码的言语角色的语义概念难以把握，而且代词使用中的指称对象会发

第六章 人称代词的习得（汉语-英语）

生变化。在使用代词时，孩子必须变换他/她的每一个言语角色的指称，也就是说，对于孩子的每一个言语角色，词形和指称对象的配对都不同。在确认一个代词的指称对象（在理解过程中）或选择恰当的代词（在表达过程中）时，需要根据讲话人转换指称对象和代词的关系。克拉克（Clark，1978：89）认为，儿童必须根据讲话人的身份把握关系的变换，但是儿童的认知以自我为中心，他/她很可能无法做到这样的转换（Loveland，1984）。在包含单个讲话人的单次话轮过程中，讲话人的每一次转换都会使讲话人变为"我"，但是"你"可以用于辨识不同的受话人。换句话说，"你"比"我"可能涉及更多的指称转换。其他代词（如，"他""她"和"他们"）用于辨识非参与者，并且在谈话中可能比代词"你"的变换更频繁。所以在逻辑上这些代词的习得难度更大。根据语义复杂度假说（Huxley，1970），如果变换指称是习得顺序的主要决定因素，"我"应该首先被习得，其次为"你"，然后是"他""她""它"和"他们"。

其次，输入因素导致代词意义混淆而难以分辨，这些代词的正确使用模式并没有直接出现在与儿童交流的言语中（Oshima-Takane，1985，1988，1992；Oshima-Takane，Takane，& Shultz，1999）。也就是说，当母亲在使用代词与孩子交流时，她用 I 或 me 指称自己，而用 you 指称孩子。但是，当孩子讲话的时候，他/她必须使用反转代词。只有当话语不是直接讲给孩子听而是被孩子无意中听到时，他/她才能知道第二人称代词还可以指称除自己之外的其他人；而且，第一人称代词和第二人称代词是互换关系，转换的指称取决于讲话人。大岛-高根（Oshima-Takane，1992：112）认为，指向其他人的言语对儿童寻找代词和言语角色之间的关系尤为重要。仅靠观察指示语——如会话中指称儿童的代词——可能无法获取充足的数据使习得顺利进行。

输入因素也可以用于解释自闭症儿童的代词反转模式（Ricks & Wing, 1975: 207）和经常被提及的第二人称代词反转错误多于第一人称形式的模式。因为儿童的每个会话对象都使用第一人称代词指代自我，所以儿童经常接触第一人称形式的指称变换。与之相对照的是，除非儿童听到或关注其他人的话语，否则第二人称代词似乎总是指称儿童，所以指称变换的情况很少见。E. 克拉克（Clark, 1978）和查尼（Charney, 1980）指出，这就是为什么儿童可能假设"你"是自己的另外一个名字。此外，在指示话语中，发生指示转换的词语属于特例，在包括汉语和英语在内的一些语言中没有显性标记。因此，必须通过大量的学习才能确定含指示意义的词语（Bellugi & Klima, 1982）。尽管正常发展的大部分儿童能够在几乎不出错的情况下熟练掌握第一人称、第二人称和第三人称代词的正确用法，但在有些儿童的习得过程中确实会出现代词反转的语义混淆情况。对语义混淆的解释主要是基于习得能力：代词反转的原因是儿童对支配代词用法的语法和语义规则的误解。但是，儿童持续反转代词的情况很少见：大岛-高根（Oshima-Takane, 1992）的研究对象是特例，在其理解和表达过程中，反转代词现象持续了数月。更典型的代词误用模式表现为间断性和低频性特征，这表明行为因素也在起作用。

对正常发展的儿童来说，代词的正确使用率通常大于反转率。戴尔和克雷恩-托雷松（Dale & Crain-Thoreson, 1993）提出了加工复杂度假说，因为指示变换是会话过程中必有的语义或语用层面的操作，某些会话语境可能会提高儿童犯反转错误的风险，所以很多代词反转错误出现的原因可能是行为的局限，而不是错误的语义假设。依据加工复杂度假说，在语言或认知高度复杂的条件下输出语句时，指示转换可以因行为而非能力的原因而被省略。针对导致代词错误的语境因素的研究还寥寥无几，然而，加工复杂度假说的形成是基于对发生反转的功能、语义和句法语境的研究。

在概念层面，导致代词反转的原因或许是多方面的。自闭症儿童的反转原因似乎是频繁的重复，这种现象反映了互动交流能力的缺失（Bettelheim，1967；Fay，1979）。与其形成对照的是，引发盲童反转代词的主要因素可能是认知上的而非语义上的：因为失明会成为自我感知发展的障碍，这种障碍会妨碍盲人对指示语的理解（Fraiberg，1977）。与此类似，正常儿童代词反转的原因可能是在不同发展阶段对代词的认知加工有所不同。

6.3. 关于习得顺序和代词反转的文献综述

针对单语儿童人称代词习得的研究已经跨越九十多年，学者包括库利（Cooley，1908）、赫胥黎（Huxley，1970）、大岛-高根、高根和舒尔茨（Oshima-Takane, Takane, & Shultz, 1999）。本章不关注代词系统在词形-句法层面上的问题，比如格、性和所有格的区分（Chiat，1981；Huxley，1970）或照应（C. Chomsky，1969；Hyams & Sigurjonsdottir，1990；Maratsos，1973；McDaniel, Cairns, & Hsu，1990；Lust，1981；Lust, Loveland, & Kornet，1980；Reinhart，1986；Rispoli，1994；Tyler，1983）。本章讨论的范围限于儿童代词发展过程中的某些方面——人称代词出现和习得的顺序，儿童在理解和输出代词过程中所犯的系统性错误（比如代词反转），以及在单语第一语言发展过程中，儿童辨识人称代词的言语角色类型的习得路径。此处综述的研究包括英语和汉语作为第一语言的发展，在可能的情况下，也包括双语第一语言发展。

6.3.1. 单语第一语言发展：英语与其他语言
6.3.1.1. 习得顺序

通过观察代词在儿童的话语中出现的顺序，一些研究者探讨了儿童的代词习得规律。基于对代词及其指称转换的语义分析，研究者提出以下预测：儿童的人称代词习得会呈现为第一人称、第二人称和第三人称的先后顺序（E. Clark，1978；Deutsch & Pechmann，1978）。但是，第一语言人称代词研究中的自然数据不完全支持此观点。一些日记数据表明，讲英语的儿童使用第一人称代词 I/me 的时间一般早于使用其他代词的时间（Huxley，1970；Clark，1978），紧随其后的是第二人称代词；其余人称代词出现的顺序不十分确定：he、she、we 和 they 出现的先后顺序不明了。布朗（Brown，1973）发现，处于第 I 阶段（话语平均长度为 1.75，年龄约为 1;6—2;0）的三名哈佛儿童使用的代词是 I、you、it 和 my。布朗还指出，这些代词常常出现在与儿童语言中相关名词词组的分布相匹配的具体语境中。例如：it 与无生命宾语名词词组经常出现在相同的位置。安焦利洛和戈尔丁-梅多（Angiolillo & Goldin-Meadow，1982）认为，it 经常出现在动词后。这些研究结果与恰特对八名英语儿童的代词发展的纵向研究结果很接近。恰特研究的儿童年龄处于 2;0—3;0 之间，在自由玩耍的情境中这些儿童每周至少被观察一次。恰特观察的年龄段从 7 个月至 2 岁不等，这是儿童习得代词的阶段。除一例之外，首先被大量使用的是第一人称单数（I，my，mine）和无生命第三人称代词（it）；随后被习得的是其他第三人称代词，它们出现的间隔时间差距很大：有时候，第二人称和第三人称代词几乎同时出现；有时候，间隔时间为 6 个月（研究综述及其他结果参见表 6.8）。

6.3.1.2. 代词反转

在儿童早期语言中，显著的系统性错误包括代词反转。当儿童使用第一人称代词指称受话人或使用第二人称代词指称自我时，就是发生代词反转的情况；儿童在使用其他指示语和位格词语时也会犯同样的错，如 my/your 和 here/there。这种现象早在 1908 年的文献中就有记载（Cooley，1908；引述自 Clark，1978）。代词反转不仅出现在口语习得中，也见于美国手语的习得中，学习者可能以为后者的代词表达方式简单易行，指示清晰（Bettelheim，1967；Fay，1979）。有报告称先天性失明儿童也有代词反转现象（Andersen，Dunlea，& Kekelis，1983；Fay & Shuler，1980；Fraiberg，1977）。

一些案例研究报告显示，正常发展的儿童在习得过程中也会出现代词使用错误（Bain，1936；Chiat，1982；E. Clark，1978；R. Clark，1974；Cooley，1908；Schiff-Myers，1983）。除恰特和希夫-迈尔斯的案例研究之外，此文献报告中的大部分数据均来自日记语料。恰特（Chiat，1982）分析了一名在 2;4 时混淆代词的正常发展儿童（话语平均长度为 5.03）的语言理解和输出数据。然而，恰特的数据只涵盖了熟练使用代词的一小段时间（间隔时间为 17 天的两次探访），早期的数据不足。希夫-迈尔斯（Schiff-Myers，1983）的研究时间跨度较长（五个月内探访了三次），观察对象是一名正常发展的儿童，其代词习得经历了从反转至正确使用的过程。恰特（Chiat，1978）和希夫-迈尔斯（Schiff-Myers，1983）的案例研究很重要，因为他们开展的是除记事性总结之外唯一提供代词反转数据的研究。然而，对于正常发展儿童的较大样本的系统研究表明，只有一小部分儿童会犯此类错误，代词错误在正常儿童中并不是一种常见现象（Charney，1980a，1980b；Chiat，1981；Oshima-Takane，1985；Sharpless，1974；Strayer，1977）。

6.3.2. 关于代词习得的三种假说

针对代词习得的模式，在儿童对人称代词意义的早期推断方面，研究者提出了三种假说：言语角色假说（the speech-role hypothesis）、名称假说（the name hypothesis）和言语角色中的人称假说（the person-in-speech-role hypothesis）。言语角色假说认为，大部分儿童最初就熟练掌握了代词的正确意义，原因是代词和言语角色之间的关系是最显著的。因此，研究者预测，不同人称代词的意义和代词反转（例如：第一人称代词替代第二人称代词，反之亦然）之间的混淆在代词习得的初始阶段很罕见。一些学者提供的论据支持言语角色假说（Chiat，1981；Clark，1978；Sharpless，1974）。恰特（Chiat，1981）提出了视角转换说，认为代词的反转表明儿童在转换思维视角。其依据表现在三个方面：一、儿童个体之间存在不一致性；二、所有研究中反转错误出现的频率较低；三、儿童普遍表现出高度准确的理解。她认为，大部分儿童能够像成年人一样理解代词的指示性，但是他们也可以像成年人那样通过违反系统规则而转换视角，在指称自我时，他们会以"你们现在做了什么？"来表达。

第六章 人称代词的习得（汉语-英语）

依据名称假说（Clark，1978），很多儿童的主要困难在于意识到谈话中讲话人的每一次变化都会引起代词指称对象的变换。克拉克在案例研究中注意到，有些儿童在早期可能忽视了代词指称的变换而将它们视为专有名词，因此导致了高度系统化的代词反转模式（例如：第一人称＝某个特定的人，如母亲；第二人称＝孩子）。

在同时探讨理解和输出的研究中（Charney，1980；Chiat，1982；Legerstee & Feider，1986；Loveland，1984；Oshima-Takane，1985，1992；Oshima-Takane & Oram，1991；Sharpless，1974；Strayer，1977），只有一项研究（Oshima-Takane，1992）提供了支持名称假说的证据。在这个案例研究中，研究对象始终认为并使用 you（你）指称自己，把 I（我）都用于指称他的母亲。这种现象表明，他将 you 当作自己的名字，而将 I 当作他母亲的名字。同样，佩蒂托（Petitto，1987）针对学习美国手语的儿童的研究表明，you/me（你/我）的交替使用也可以作为支持名称假说的证据。吉鲁阿尔、里卡德和迪卡里（Girouard, Ricard, & Décarie, 1997）开展了一项关于第一人称、第二人称和第三人称代词习得的纵向研究，间隔期为两个月，研究对象为讲法语和讲英语的儿童各 12 名，研究对象的年龄从 1;6 开始，直至孩子习得所有代词。研究结果部分地支持名称假说。案例研究表明，如果只考虑输出数据，第一人称和第二人称代词的反转使用存在一致性（Schiff-Myers，1983；Van Der Geest，1977）和不一致性（Bain，1936；Chiat，1982；Cooley，1908；Schiff-Myers，1983）两种现象。但是，对更大范围的儿童样本的系统调查表明，在正常发展儿童的英语、德语、西班牙语和法语中，代词反转是一种罕见现象（Charney，1980；Chiat，1981，1986；Loveland，1984；

Shipley & Shipley，1969）。

170　　第三种假说（言语角色中的人称假说）的提出者是查尼（Charney，1980）。他认为，当儿童参与到对话中时，他们首先学会用代词指称自己，然后才指称他人。这个假说预测，在每一个言语角色中，指称儿童的代词将首先被熟练掌握。因此，（儿童使用的）代词是"言语角色指称中的人称"，与其相对照的是成人语言中的"言语角色指称"代词，后者指任何充当恰当的言语角色的个人。关于第一人称和第二人称代词作为言语角色指称中的人称的发展阶段有两个方面的论据。第一，查尼发现，根据儿童的言语角色，第一人称和第二人称代词的习得顺序有差异：在每一个角色中，儿童首先学会指称自己的代词——例如，在 your（你的）之前先输出 my（指自我），但是在 my（我的）之前先理解的是 your（指自我）。第二，对一些特定代词的使用有时不一致：第一人称代词有时是儿童在懵懂的状态下输出的。查尼认为，这种现象会导致"反直觉概念"，即嵌入无形式区分的第一人称代词的正确表达会领先于对它们的理解；当儿童为受话人时，第二人称代词总是能够被理解，这种现象早于儿童作为非受话人时对这些代词的理解或使用。查尼的论据表明，儿童发展的是言语角色指称中的人称代词，代词被当作交际场景中他们的自我角色标签。

查尼（Charney, 1980）与其他研究者（Legerstee & Feider, 1986；Loveland, 1984；Macnamara, 1982；Strayer, 1977）提供了一些支持人称角色假说的证据。总体上，关于理解力的研究结果显示，对第二人称的认知先于第一人称，或两者同步。洛夫兰（Loveland, 1984）注意到，第一人称在没有得到正确理解的情况下常常以未经解析的形式被使用（另参见 E. Clark, 1978；R. Clark, 1974；Sharpless,

第六章 人称代词的习得（汉语-英语）

1974）；而第二人称形式在被输出之前很早就能够被理解。利哲斯狄和法伊德（Legerstee & Feider, 1986）从一名讲法语的儿童案例中找到了人称角色假说的论据。以上所有研究表明，在儿童的言语中，第一人称总是先于第二人称出现。

尽管第一人称和第二人称代词的理解和输出数据确实支持人称角色假说，但其他研究结果却削弱了其合理性，尤其是关于儿童作为非受话人对第三人称代词的理解的相关研究。

杰尼斯（Genesee, 2000）和其他一些研究者认为，针对儿童的双语习得研究能够丰富语言习得的普通理论。本章的首要目的是，通过追踪汉英双语第一语言习得中人称代词的发展，验证在单语人称代词习得研究领域提出的三种主要假说的有效性。我的研究包括了通常被忽略的第三人称，目的是对此争论提供更多启示。言语角色假说预测，代词混淆的情况会很罕见；与此相对照，名称假说则预测代词反转会呈现系统化模式；而言语角色中的人称假说认为，当儿童为讲话人时，第一人称代词会成为最早被习得的代词；当儿童为指定的受话人时，第二人称代词的形式会最先被习得；而当儿童为非特定的受话人时，第三人称会最早出现。

在探讨这三种假说之前，我先回顾汉语单语第一语言和双语研究所发现的代词发展模式。

6.3.3. 单语第一语言发展：汉语

大部分有关代词习得的研究是关注讲欧洲语言的儿童（Charney, 1980；Chiat, 1981；E. Clark, 1978；Cooley, 1908；Deutsch et al., 2001；Deutch & Pechmann, 1978；Huxley, 1970；Oshima-

Takane et al., 1999；Rispoli, 1994；D. Stern & W. Stern, 1900—1918；Tanz, 1980）。针对汉语儿童人称代词习得的研究仅有寥寥几例。汉语的自然数据显示，习得顺序和错误存在普遍模式。根据许洪坤（Hsu, 1987）的研究报告，第一人称单数代词"我"在1;10前后出现，第二人称单数代词"你"在2;0前后出现，接下来出现的是第三人称单数代词"他/她"（2;1）。郑秋豫（Tseng, 1987）提供了关于出现顺序的更多信息，第一人称代词先于第二人称代词出现或同时出现，第二人称代词先于第三人称代词出现或同时出现。许洪坤（Hsu, 1987）提供的是关于复数人称代词出现的数据：第一人称复数代词"我们"出现在2;4前后；第二人称复数代词"你们"出现在2;8前后；第三人称复数代词"他们/她们"大约出现在3;0时。

许郑媛和闵瑞芳（Xu & Min, 1992）以类似的方式描述了代词的出现顺序或生成性用法。"我"（第一人称单数）在1;7和2;0时出现，"你"（第二人称单数）出现的时间为1;9和2;2，而"他/她/它"（第三人称单数）被输出的时间为2;0和3;3（另参见Li, 1995）。大约在2;6时，汉语儿童偶尔会混淆代词的使用——反转使用代词，他们可能会说"我抱（你）"，而不是"（你）抱我"（Chao, 1973：25；Erbaugh, 1982：406-409；Zhu, Chen et al., 1986：124）。

总体上，研究者对汉语儿童代词习得的研究方法的阐述不够充分，对代词的出现和习得的标准缺乏明确的定义，所以得出的结论很不一致，见表6.8（另参见6.6.1.3的论述）。

6.3.4. 双语第一语言发展

双语第一语言习得文献表明，代词发展还没有得到系统的研究。据我所知，针对双语儿童人称代词习得的寥寥几部专著探讨了一些局部问题（De Houwer，1990；Lanza，1997；Meisel，1990，1994）。德·胡文（De Houwer，1990）详尽研究了一名荷兰语-英语双语儿童对荷兰语和英语的纷杂的性别指称系统的习得过程；蓝泽（Lanza，1997）研究了一名挪威语-英语双语儿童的混合语的代词指称特征。迈泽尔（Meisel，1990）和凯泽（Kaiser，1994）采用生成语法的视角探讨了法语附着代词的习得。

6.4. 对先前研究的总结

关于（代词）出现顺序的数据是了解儿童对代词复杂性的认知的基本资料，依据假设，较早被习得的代词的的复杂度较低。这些数据应该已经提供了有关普通代词发展的较为详尽的描述性信息。但是，现存的自然数据似乎表明，语义复杂度对习得的影响并没有超过其他因素，依据对代词的语义分析，习得顺序与复杂度或关系模式不存在对应关系（Chiat，1986）。另外一个有待讨论的问题是，在人称代词的理解和输出上，是否存在习得的一般顺序。

儿童在代词的理解和输出中所犯的系统性错误有启示意义，它们可以揭示儿童对代词概念的建构，或有助于了解支配代词系统发展的各种因素。因此，针对代词错误的分析超越了描述性数据的价值，有助于解释代词概念出现的原由。但是，当下的多数研究局限于讲欧洲语言的儿童：英语、德语和法语的单语习得，以及英语分别与法语、荷兰语、德语和挪威语结合的双语习得。

尚未厘清的问题是，大多数研究者已经研究过的代词习得顺序和错误模式是否是唯一重要的领域；还有，这些习得顺序和错误模式在双语环境中是否扮演同样的角色。单语代词研究所涉及的语言——法语、西班牙语、德语和英语——在历时和共时性方面都很相似。研究者只有对多种语言的代词发展进行探讨，才会更全面地了解这一领域。在音韵和语法结构方面（例如：词语声调的使用、词素的单音节性和曲折构词法的缺失），属于汉藏语言的汉语与印欧语言有很大的差异。因此，欧洲单语儿童的习得语序和错误模式不一定出现在汉英双语儿童的语言中。更详尽的对不同语言的纵向研究需要探讨的问题包括：(a) 代词习得的一般发展过程；(b) 儿童在习得过程中所犯的错误的类型。大岛-高根认为：

> 然而，为了充分了解导致代词使用错误的原因，今后的研究应该分析儿童在学习人称代词时接受和加工的语言输入类型以及习得过程中所犯的错误的类型。此外，通过系统分析儿童在各类语境中对代词和专有名称的正确和错误使用的发展变化，可以了解混淆人称代词的儿童最终熟练掌握其正确用法的原因。这类研究在理解儿童的人称代词习得机制方面将会有重大的理论贡献，同时也有助于深入了解自闭症儿童持续误用代词的问题。(Oshima-Takane, 1992：129)

6.5. 汉语代词和英语代词系统综述

本书在 5.2 中描述了汉语和英语的第一人称指示系统。在本章，我进一步阐述汉语人称代词系统。现代汉语中的成人语人称指示有两个

第六章 人称代词的习得（汉语-英语）

显著的语言特征值得关注。首先，与英语及其他欧洲语言中的人称代词相比，从纯语言系统的角度观察，汉语的人称代词显得相当简单。例如：第一人称单数代词"我"在表示主格、宾格和与格的情境下都只有一种形式；第二人称单数代词"你"和第三人称单数代词"他/她/它"均与"我"具有同样的句法功能。人称代词唯一标记性的格是属格，属格或所有格的标记是"的"，紧随代词。换句话说，汉语人称代词中全部格的形式都是中性的，每种人称代词也可用类似的方式附加复数标记"们"。因为汉语没有格的区分，所以汉英双语儿童的汉语表达中就不会出现格的错误用法，而英语单语儿童却会犯格的用法错误，例如：把 my、his、me 和 him 放在主语的位置（参见 Huxley，1970）。

汉语的另一个显著特征是，零主语为现代汉语成人语的规范之一。因此，汉语语法认可零自我指称。另外，零代词不仅出现在主语位置，而且也常见于宾语和所有格位置。

表 6.1 为汉英人称代词系统的概览，包括第五章 5.2 中表 5.1 呈现的材料。

简言之，汉语代词系统相对简单，不存在生命度或性的区分，格标记比英语少。汉语更喜欢用名词、名称或省略，而不是代词，因此，汉语代词的使用频率低于英语代词的使用频率。

此外，汉语在第三人称代词的使用上有限制条件："他/她/它"为单数，而"他们/她们/它们"为复数。总体来说，汉语在代词系统上比英语简单：没有阴阳性的区分，格标记更少，没有敬称，也没有表示"亲密-礼貌"关系的各种变体。*wo3 xi3huan1 ta1* 可以被注解为"我喜欢他/她/它"；而 *ta1 xi3huan1 wo3* 可以被注解为"他/她/它喜欢我"。然而，第三人称代词"他/她/它"即使在指称动物的时候听起来都不符合表达习惯，所以就出现了隐性的复杂情况。李纳和汤普森（Li & Thompson, 1981:134）强调，汉语中的代词主要指称人，第三人称代词很少被用于指称动物，指称无生命实体的情况更少（即使有这样的用法，也可能是受英语的影响）。在第一次提到某物时，把汉语代词"它"当作指称无生命的事物的英语对等词 *it* 而置于主语位置的用法不符合语法规则（Li & Thompson, 1981:134）。用 *"它很甜"描述一个木瓜不符合汉语表达习惯（目标是"很甜"）。复数词缀"们"与人联系更紧密（李纳和汤普森 1981：40），因此，如果用 *它们很甜 / "they [are] really sweet"之类的表达就会更不自然。在非正式话语中，"它"可以作为虚指代词出现在宾语的位置。

表 6.1. 汉英代词系统总览

代词	汉语	英语
第一人称单数		
主格词 / 主格	我	I/me
宾格 / 受格	我	my
所有格 / 属格	我的	
第一人称复数		
主格词 / 主格	我们	we us
宾格 / 受格	我们	our/ours
所有格 / 属格	我们的	（修饰性的 / 独立的）
第二人称单数		
主格词 / 主格	你	you
宾格 / 受格	你	you
所有格 / 属格	你的	your/yours
		阴性 / 阳性

（下页续）

第六章 人称代词的习得（汉语-英语）

（续表）

代词	汉语	英语
第二人称复数		
主格词 / 主格	你们	you
宾格 / 受格	你们	you
所有格 / 属格	你们的	your/yours （修饰性的 / 独立的）
指称生命体的第三人称单数		
主格词 / 主格	她 / 他	she he
宾格 / 受格	她 / 他	her him
所有格 / 属格	她的 / 她的 他的 / 他的	her/hers his/his （修饰性的 / 独立的）
指称非生命体的第三人称单数		
主格词 / 主格	它	it it
宾格 / 受格	它	it it
所有格 / 属格	它的	its its
第三人称复数		
主词格 / 主格	她们 / 他们 / 它们	they they
宾格 / 受格	她们 / 他们 / 它们	them them
所有格 / 属格	她们 / 他们 / 它们的	their/theirs their/theirs （修饰性的 / 独立的）

此外，"它"的使用很大程度上取决于动词的用法。静态动词与无生命主语的搭配听起来不协调，但是动态动词会更不自然。虽然在日常谈话中"它"可以作为虚指代词出现在主语位置，但是即使相应的英语表述为一个填充句（例如：*"它下雨了"/ "*it is raining*"不符合汉语的表达习惯），汉语仍然首选零主语。无生命主语不应该是代词，而是一个名词或指示词加量词，如这个 / "这类：泛指"，那个 / "那类：

泛指"。主语省略的现象很普遍。

6.6. 结论

本章的目的是描述双语儿童澳齐的汉英两种语言的代词习得过程，通过观察孩子以讲话人、受话人和非参与人的身份所输出的话语，对其第一人称、第二人称和第三人称代词的知识进行评估。需要特别指出的是，我对第三人称代词的分析的第一个关注点是其指示功能而非回指功能——例如：与指示功能相关的言语事件；另一个关注点，是第三人称代词作为上文中某个名词的替代词或互指代词。莱昂斯（Lyons，1977）明确地辨识了第三人称代词的这两个功能。

代词数据取自澳齐在 3;0—4;0 期间输出的 1646 个可理解的话语片段（录音片段编号为 31—65）；另有 552 个可理解的话语片段取自 4;0—4;4;01 时的语料（录音片段编号为 66—80），目的是对英语中的第三人称阳性和阴性代词的出现做简要分析。经过研究者和一名双语研究助手对 3;0—4;0 期间的 35 个录音片段的重复检验，结果发现，代词辨识的一致性为 98%，而相邻语境的一致性为 97%。

结论基于两种证据：（a）取决于言语角色的第一人称、第二人称和第三人称代词出现和使用的相应顺序；（b）第一人称、第二人称和第三人称代词的表现模式，它们可以表明某个代词的形式和功能映射的发展过程以及两种语言中各自可能出现的错误。在适当的时候，我将这些数据与单语儿童的语言输出进行对比分析。

6.6.1. 代词及其生成性使用出现的顺序

在有关代词习得的单语研究中，包含代词的歌曲和日常用语在数

第六章 人称代词的习得（汉语-英语）

据分析中通常被放弃（Charney，1980；Chiat，1981）。本研究包含了澳齐的自发言语输出中的这类数据，主要原因是话语可理解，语块和单位可辨识。在第五章的分析中，我排除了歌曲和诗，原因是它们的语段难以划分并且语义难以理解。但是在第四章和第五章中，我发现，澳齐在学习汉语和英语的词语和句法结构时采取了不同的策略。因此，对这类数据的观察不仅为追踪该儿童的代词发展打开了一个视角，还有助于探讨在习得这两种语言的代词系统时他使用的策略是否相似——尤其是在他的英语处于弱势的发展阶段。

鉴于本研究的目的，出现被定义为在澳齐的录音中初次出现代词形式的自发表达。模仿性话语只有在不作为对成年人问候语的单纯回应时才被考虑在内。

在界定生成性使用方面，我采纳了查尼（Charney，1980：518）的标准，以确定在孩子的言语中第一人称、第二人称和第三人称代词被持续正确使用的顺序。代词形式得以持续正确使用的界定条件包括：（a）只存在被正确使用的情形；或（b）正确和错误的使用都存在，但是正确的使用通过了某种"独立标准"的鉴定，而错误的使用没有通过。这些独立标准表明，代词作为独立的语言单位发挥作用，而不仅仅是固定短语中的一个成分：代词形式必须在至少两个不同的句子语境中出现过，其中，至少有一个还与其他词语结合使用过，这个词语或者为名词/代词，或者为动词/形容词。对一个代词形式的这种生成性使用也可以被标记为代词形式的习得。

6.6.2. 汉语

表6.2显示了澳齐持续正确使用的汉语代词出现的顺序、孩子的

年龄和布朗划分的习得阶段,并提供了语例和注解。

出现的顺序如下:(a)第三人称单数"他";(b)第一人称单数"我"和(c)第二人称单数"你"的间隔时间为两个月;(d)第一人称复数"我们"出现的时间比第二人称单数晚一个月。这些代词形式在布朗的第Ⅲ阶段和第Ⅴ阶段之间出现。需要关注的是,所有格形式"我的""你的"和"我们的"出现的时间均晚于其相应的主格和宾格,后者在汉语中为纯词干。

澳齐在2;0—3;0期间曾经零星使用第一人称、第二人称和第三人称代词单数形式,他用自己的昵称和名字指代自我(参见第五章)。这些话语包括1个第一人称单数形符、12个第二人称单数形符和3个第三人称单数形符。然而,包含三个人称代词"我""你"和"他/她/它"的所有16段话语均以模仿的方式出现在问候语中,澳齐只是在重复成人的话语。句法结构"代词+好"被用于问候任意谈话人。表6.3提供了2;0—3;0期间三个人称代词的形式和功能映射。

表6.2. 汉语代词出现的顺序*

序号	代词	年龄/阶段	语例	注解
1	他 第三人称单数	2;10;07 第Ⅲ阶段	G: *ta1 zen3me le?* A: *ta1 wan2. ta1*	G: "他怎么了?" A: "他玩,他" (*ta1*指一个洋娃娃)
2	我 第一人称单数	3;0;07 第Ⅲ阶段	A: *wo3 chou4*	A: "我臭"

(下页续)

第六章 人称代词的习得（汉语-英语）

（续表）

序号	代词	年龄/阶段	语例	注解
3	你 第二人称单数	3;2;09 第Ⅲ—Ⅳ阶段	A：*gei3 ni3*	A："给你"
4	我的 第一人称单数/ 所有格	3;2;12 第Ⅲ—Ⅳ阶段	A：*zhe4 wo3-de*	A："这我的 （my/mine）"
5	你的 第二人称/所有格	3;2;16 第Ⅲ—Ⅳ阶段	G：*zhe4 shi4 wo3-de.* A：*zhe4 bu2 shi4 ni3-de*	G："这是我的 （my/mine）" A："这不是你的（yours）"
6	我们 第一人称复数	3;3;18 第Ⅳ阶段	A：*zhe4 feijil wo3men yilyang4*	A："这架飞机我们一样。"
7	我们 第一人称复数	3;7;19 第Ⅴ阶段	R：*ni3 zai4 jial kan4 shul ao* A：*wo3men zou3 wo3men-de*	R："你在家看书噢" A："我们走我们的"

注：A=澳齐，G=外婆，R=母亲。

表6.3显示，对三个代词（第一人称、第二人称和第三人称单数）的模仿大约发生在同一时期（2;3;16—2;5;17）。然而，五个月之后，这三个人称代词形式出现的速度有差异。值得一提的是，根据单语数据，最早出现的是第一人称单数，然后是第二人称单数，最后是指代无生命的物体的第三人称单数。与之相反，澳齐的数据表明，他显然经由不同的路径实现了由人称名词向人称代词的转换。

表 6.3. 人称代词的形式和功能映射（2;3—3;0）

形式	年龄	指称对象	功能	语例（注解）
我	2;5;17		问候	Wo3 hao3
（第一人称单数）[1]*		无		（我好）
你	2;3;16		问候	Ni3 hao3
（第二人称单数）[2]	2;5;17	无		（你好）
他	2;3;24		模仿	Ta1 hao3
（第三人称单数）[3]	2;5;17	洋娃娃		（他好）

注：方括号中的数字表示形符数。

表 6.4. "他"/"她"（ta1）的出现

语例	注解
38. A: ta1 wan2. ta1. bu4 hui4 le.	他/她［洋娃娃］玩，他/她。不能做［它］。
38. A: ta1 ku1 le.	他/她［小猫］哭了。

注：数字表示录音编号。

　　澳齐初次使用的人称代词是第三人称单数形式。他输出的第一个人称代词不是基于先前五个月使用过的公式化框架："代词＋好"。表 6.4 列举了词语使用的变化：代词与早先习得的各类动词或静态动词组合（例如：ku1/"哭"，chou4/"臭"，gei3/"给"）。"他/她/它"初次出现在一个受限的语域中，具体指的是游戏过程中的一个玩具娃娃。例如，根据澳齐在 2;10;07 时的录音片段（编号为 38），"他/她/它"出现了四次。两次是在讲故事时指称一个玩具娃娃；另外两次指的是一个非人类生命体：一只小猫，它出现在澳齐和他外婆一起观看的一段视频中。

　　关于澳齐的代词输出模式，在随后的讨论中我会详述他对"他/

174

第六章 人称代词的习得（汉语-英语）

她/它"的扩展用法。在第38号录音片段的两个月之后，澳齐开始使用汉语第一人称代词"我"：*wo3 chou4*/"我臭"（3;0;07）。"他/她/它"和"我"最初出现在主语/主格的位置，这反映了成人对"他/她/它"的输入频率和使用规范：根据第37号录音片段，在持续5分钟的讲故事过程中，成人语的30%为"他/她/它"（33段话语中有11个）。两个月之后，第二人称单数"你"出现在宾语/宾格的位置——*gei3 ni3*/"给你"（3;2;09），这种现象同样反映了成人语的输入规范和频率。汉语是一种主语省略语，主语/主格位置的*ni3*/"你"在面对面的交流中常被省略，原因是其指代的信息内容可还原。一个半月之后，在3;3;18时，澳齐首次使用第一人称复数"我们"。当时他看见一架正在飞行的飞机，并与他在家里的玩具飞机做比较，他说道：*zhe4 feiji1 wo3men yi1yang4*/"这飞机我们一样"。这句话省略了比较连词"跟"和名词化标记"的"[成人的表达为"这飞机（跟）我们（的）一样"]，"我们"在澳齐的表达中含囊括之意。四个月之后（3;7;19），在名词词组的语境中，他使用了第一人称复数的所有格形式"我们的"。数据表明，无论是在包含语境还是排除语境中，澳齐已经完全掌握了第一人称复数，关于这一点可参见表6.2中的第7条（同时参见表6.5）。这段谈话发生时，澳齐的母亲（R）告诉他的父亲，她打算带澳齐（A）外出以便让他的父亲有时间读书。

其余的复数人称代词形式——"你们，他们/她们/它们"——在本研究的录音中没有被捕捉到。

总而言之，澳齐汉语人称代词的出现顺序如下：（a）单数形式领先于复数形式；（b）在单数形式中，第三人称"他/她/它"最先出现；其次是（c）第一人称"我"和第二人称"你"，间隔时间为两个月。

183 此外，如果采纳迈泽尔（Meisel, 1990：258）的标准，即生成性用法指一个具体动词或静态动词（类型）有多种形态变化，那么，澳齐的汉语代词出现的顺序符合布朗习得阶段划分的第Ⅲ阶段和第Ⅴ阶段的情况。

表6.5. "我们"（wo3men）的使用（3;7;19）

语例	注解
R： *ni3 zai4 jia1 kan4 shu1 ao*	你在家看书噢
A： *wo3men zou3 wo3mende*	我们走我们的

注： A=澳齐（James），R=母亲。

6.6.3. 英语

澳齐说出第一个英语人称代词mine时的年龄（3;0;14）和他讲出汉语的对应词"我"（3;0;07）时的年龄非常接近，尽管当时他的英语话语平均长度只处在布朗划分的第Ⅰ阶段（他的汉语已经在第Ⅲ阶段）。表6.6提供了在3;0—4;0期间英语代词形式出现的顺序。澳齐的年龄段和布朗的阶段都附有语例和注解，后者对语境或后期输出语加以解释。如果只考虑代词的形式，而忽略它们的语境和话语角色功能，英语代词的出现顺序为：mine, your（单数），I, me, my, it和you（单数）。至于复数形式，录音（3;4;22）中只发现使用we的一个语例。当时，澳齐假装给一个朋友打电话："喂，我是本（Ben），我们正在搬家。"因为没有其他数据用以验证，所以无法确定这个语例是公式化表达还是生成性用法。在全部语料中，我没有发现反转I和you或混淆代词转换的错误。此外，在3;0—4;0期间，没有关于第三人称代词使用的录音资料，这可能是因为数据采样的局限。但是，如果仔细

第六章 人称代词的习得（汉语-英语）

研究录音语境，可以看出，即使是在非参与者语境中，澳齐仍然更喜欢用名词短语指示第三人称生命体。对词语的这种选择在成人英语第一人称和第二人称指称中是不存在的。

至此，我们可以开始讨论英语中第三人称单数阳性/阴性代词的使用，因为这与双语儿童的性别区分能力有关系（尽管对第三人称代词的研究不在当前数据分析的范围内，即聚焦的年龄段为 1;7—4;0）。在随后的录音片段中，即 4;0—4;5 期间，澳齐曾经 13 次用到了英语第三人称单数阳性/阴性代词。she 和 he 出现在 4;2;03 时（第 V 阶段）的第 73 个录音片段中，在一个谈及第三方的会话语境中，she 两次被用到，指的是雪莹（澳齐的妹妹），he 指的是澳齐的朋友（一个小男孩）。这种情况见于澳齐的母亲（R）和澳齐（A）的以下对话中。

R：do you want water? 你要水吗？
A：*she* want 她（指雪莹）要
R：Joy. You want water? 雪莹，你要水吗？
A：*she* want 她要
R：does he want water? 他（指澳齐的朋友）要水吗？
A：*he* want 他要

英语第三人称代词的非参与者言语角色功能似乎从使用的初期就固定下来了，澳齐只是零星地使用 he。在第 74 号（4;2;15）、第 79 号（4;3;22）和第 80 号（4;4;01）录音片段中，she 出现了 12 次，全部在主语/主格位置，并且与不同的动词组合，尽管澳齐在动词与第三人称单数主语的搭配上没有能够保持绝对的一致性——例如："*she* want that，I don't like it"（4;2;15），"*she* has a turn"（4;3;22），"*she* make it noisy"（4;3;22），"*she* don't like big. *she* like it"（4;3;22），但数据中没有发现格或性的用法错误。性的零错误使用现象可能受限于录音环境。澳齐总是和他妹妹雪莹一起玩，有时候他的玩伴是邻居家的一个小女孩，所以，他谈论 he 的机会很少。澳齐通常用专有名称指称与他同龄的男孩，比如"Mum，Oscar want water"。在代词的格的使用方面，英语数据中的宾格代词没有被不恰当地用作句子主语，而在澳齐的单语同龄人的早期模式化言语阶段，宾格代词充当主语是一种典型的误用现象（Huxley，1970：147—154；Radford，1986：20）。

表 6.6. 英语代词出现的顺序（3;0—4;0）

序号	代词	年龄/阶段	语例	注解
1	mine（我的）	3;0;14 第Ⅰ阶段	Y: don't play A: *mine. mine*	
2	your（你的）	3;3;03 第Ⅰ阶段	A: *shou3 jiao4 shenme?* R: *jiao4* hands A: wash-*your*-hands	手被叫作什么？叫 hands，洗一下你的手
3	I（我）	3;4;22 第Ⅰ阶段	A: how-*I*-wanna-what-you-are… A: *I*-m a-li-teapot…	
		3;6;01 第Ⅱ阶段	A: *I* want toilet	
4	me（我）	3;5;20 第Ⅰ阶段	A: cuse-*me*. cuse-*me*	3;6;25 时，会说"别碰我（宾格）"
5	my（我的）	3;6;09 第Ⅱ阶段	A: what's your name? *my* name is James.	问一位客人
6	it（它）	3;7;03 第Ⅱ阶段	A: *it*'s mine. lolly. *it*'s mine. don't touch.	4;0 岁，"把它放进去，别碰"
7	you（你）	3;9;26 第Ⅲ阶段	A: do-*you*- try this? Do-*you*-try book?	

第六章 人称代词的习得（汉语-英语）

表 6.6 与表 5.7 中的信息相似，后者提供了有关英语第一人称代词出现的数据。除 mine 以外，几乎每一个英语人称代词的形式都经历了公式化用法阶段。根据在 6.6.1 中设定的独立标准，对这些代词进行仔细观察后会发现一种不同的现象：在第 I 阶段和第 V 阶段，澳齐的英语代词出现的顺序与他在这些词的生成性使用上的发展顺序不一致。

表 6.7. 英语代词生成性使用的顺序（3;0—4;0;02）

序号	代词	年龄/阶段	语例	所指对象	功能
1	mine（我的）	3;0;14 第 I 阶段	Z: don't play A: *mine. mine*	讲话人	声明所有权
2	I（我）	3;6;01 第 II 阶段	A: *I* want toilet	讲话人	表达意愿
3	me（我）	3;7;03 第 II 阶段	A: don't touch *me*. don't push *me*	讲话人	表达情绪
4	your（你的）	3;10;07 第 III—IV 阶段	A: put book on *your* hat A: this *your* finger one. come on	受话人	强调
5	you（你）	3;11;14 第 IV 阶段	A: *you* try this A: *you* get this?	受话人	言语角色
6	it（它）	4;0 第 V 阶段	A: put in *it*. then don't touch *it*	非参与者（非生命体）	指示
7	my（我的）	4;0;02 第 V 阶段	A: this is *my* Joy	讲话人	描述所有权

注：A=澳齐，Z=父亲。

表 6.7 呈现了澳齐在 3;0—4;0;02 期间在英语代词生成性使用上的习得顺序。澳齐的年龄和习得阶段都附有代词话语、语义指示对象

以及每个代词在使用时的语义或语用功能。此处，代词的生成性用法或习得表明，澳齐的代词输出符合语句独立的标准——也就是说，代词以独立的语言单位被使用并发挥功能，而不仅用于固定的短语中。值得关注的是，尽管在表6.7中澳齐使用的代词形式都是自发产生的，但在类似目的语的用法方面，这些代词的语义和语用功能非常有限，形式和功能的映射不完整并且完全受限于语境。例如，mine用于声称对一个玩具或物品的所有权，这是典型的儿童用语，有异于在名词词组语境中用mine描述所有权的成人语："Mine is here"。（在下一部分中，我将详细讨论儿童输出模式中的形式与功能的映射。）表6.7清楚地显示了在3;0—4;0;02期间澳齐的英语代词在生成性使用上的发展顺序。有趣的是，从布朗划分的第Ⅰ阶段至第Ⅴ阶段，澳齐以几乎同等的速度先后习得这些代词。Mine出现在第Ⅰ阶段，而I和me在第Ⅱ阶段被习得；第Ⅲ阶段和第Ⅳ阶段见证了your和you的出现，而第Ⅴ阶段发展的则是it和my。

6.6.4. 与单语者的比较

表6.8提供了关于汉语人称代词习得的三个研究结果——郑秋豫（Tseng，1987）、许洪坤（Hsu，1987）以及许政援和闵瑞芳（Xu & Min，1992）。然而，这些研究也只是对发展的笼统描述。与很多其他针对汉语代词的研究相类似，研究者没有采用话语平均长度测量法，没有提供习得标准，也没有对儿童的一般句法发展进行概述。基于这些原因，与汉语儿童的同类数据进行的对比研究所得出的结论具有不确定性。

第六章 人称代词的习得（汉语–英语）

表 6.8. 汉语和英语单语儿童的人称代词出现的顺序

英语			汉语		
提出者	赫胥黎（Huxley, 1970） 克拉克（Clark, 1978） 恰 特（Chiat, 1986）	布朗（Brown, 1973）	郑秋豫（Tseng, 1987）	许洪坤（Hsu, 1987）	许政援和闵瑞芳（Xu & Min, 1992）
出现的顺序					
1	I & me	I 第 I 阶段	我 (第一人称单数)	我 (第一人称单数)	我 (第一人称单数)
	2;3	1;6—2;3	1;8—2;0	1;10	1;7—2;0
2	you	you 第 I 阶段	你 (第二人称单数)	你 (第二人称单数)	你 (第二人称单数)
	2;4		2;0 - 2;8	2;0	1;9 - 2;2
3	he, she, we, they（未完全固定）	It 第 I 阶段	他/她/它 (第三人称单数)	他/她/它 (第三人称单数)	他/她/它 (第三人称单数)
			2;7	2;1	2;0 - 3;3
4		My 第 I 阶段	我们 (第一人称复数)		
			2;4		
5			你们 (第二人称复数)		
			2;8		
6			他们/她们/它们 (第三人称复数)		
			3;0		
使用的术语	出现	使用	显现	出现	产出-习得 （4 岁时达到熟练程度）

表 6.8 中的一些数据可以验证第五章中讨论的观点，因此，我只解释一些相关的要点。基于第一语言研究文献以及表 6.8 中的数据，汉语儿童话语中的第一人称单数代词在 2;0 前出现，其恰当的用法出现在 2;8—2;10 期间，而第二人称代词紧随第一人称代词，二者的间隔期为一周至几个月不等（参见综述 Erbaugh，1992；Xu & Min，1992）。在以英语为第一语言的儿童的话语中，相应的代词大约出现在 1;6—2;0 期间（Brown，1973），到 2;10 时已被熟练掌握。据报告，两种语言中的第三人称单数代词（例如：英语中的 it 和汉语中的"他 / 她 / 它"）均在第一人称和第二人称单数代词之后被习得。文献表明，其余人称代词出现的顺序不清晰，直到 5;0 甚至 6;0 时，这些代词的发展才达到完全稳定的状态。汉语和英语作为（单语）第一语言的第一人称、第二人称和第三人称单数代词的习得在出现的时段、顺序以及路径方面都有显著的相似之处。形式上更简单的汉语代词系统显然并没有表现出习得进程加速或延缓的迹象。目前需要进一步探讨的有如下问题：双语数据与单语数据相似吗？如果不同，其原因是什么？在这个领域，是否存在一种语言影响另一种语言的系统性的相互依赖型发展模式？

与单语同龄人的代词习得相比较，澳齐的汉语代词和英语代词的出现都滞后近一年。但是，如果考虑到他的代词使用模式以及他能够正确输出这些代词的年龄范围或阶段，他的两种语言的代词习得均在语言发展的正常范围内。尤其是到第 V 阶段，澳齐已经熟练掌握了两种语言中的大部分代词的用法，达到了相应单语者的水平。（这一点在 6.6.1.5 中有进一步的讨论。）澳齐的代词习得顺序与单语数据的顺序既有相似之处也有不同之处，他的汉语代词习得顺序为"他 / 她 / 它"

（第三人称单数）、"我"（第一人称单数）、"你"（第二人称单数）、"我的"（第一人称单数所有格）、"你的"（第二人称单数所有格）、"我们"（第一人称复数）和"我们的"（第一人称复数所有格）。这种"他/她/它"（第三人称单数）先出现的模式与汉语单语数据不一致。因此，仔细研究"他/她/它"的使用语境和功能有助于更准确地理解澳齐的代词发展的异常顺序。

在有关汉语儿童第一语言代词发展的文献中，对代词的出现和生成性使用有不同的界定标准，这些标准不同于当下双语第一语言习得研究所界定的标准。关于这一点，参见表6.8末行中所列的各种未定义的术语："出现"（emerged）、"使用"（employed）、"显现"（appeared）、"产出-习得"（produced-acquired）和"掌握"（mastered）。令人困惑的是，研究者所指仅限于代词形式的出现还是代词形式和功能映射的正确使用？也许目前无法厘清这一问题。然而，在6.6中界定的独立标准或许能够用于解释澳齐的汉语代词习得顺序与现有汉语单语数据显示的习得顺序不一致的现象。

需要指出的是，澳齐在代词的自我指称上使用了他自己的两个名字："儿儿"和"澳齐"，先顺时，然后共时。汉语和英语文献以及挪威语-英语双语研究都记载了儿童使用自己的名字指称自我的现象，但是先前的研究没有发现在交际语境中会出现先顺时后共时使用两个名字指称自我的现象。一方面，在2;2—3;9;08期间，对自我指称名字的延长使用可能使澳齐的代词发展（过程）变得模糊不清；另一方面，这可能是一个接受性学习阶段。在此期间，澳齐观察代词的使用并识别代词的言语角色功能：或是从别人对他所讲的话语中（在作为受话人的语境中），或是从旁听的话语中（在作为非受话人的语境中）。显然，他的汉语代词发展的异常顺序（第三人称先于第一人称和第二人称）可能意味着，当他到达第Ⅲ阶段的2;10;07时，对第三人称代词的使用不一定是一件困难的事情。对第三人称代词在某一个领域的语义特征和指称功能（例如：以非参与者角色指称一个玩偶）的习得可以先于第一人称和第二人称代词或与其同步。因此，可以推测，对三个人称代词的理解大约发生在同一时期，这个观点与恰特的言语角色假说一致（Chiat，1986）。

如果将澳齐的英语代词习得顺序与单语数据进行比照，可以发现其过程与布朗的研究对象显著匹配。在代词的生成性使用上，澳齐的习得顺序为mine、I、me、you、your、it及my。根据布朗（Brown，1973：210）的报告，他的研究案例中的三名美国儿童在第Ⅰ阶段（1;6—2;3）输出的人称代词依次为I、you、it及my——但是布朗的调查没有包括mine、me和your。这方面的数据显示，澳齐的弱势语言与单语同龄人的英语的发展模式相同。

根据研究结果，语言的复杂度并不比其他因素更重要——例如：语言的独特因素、输入和语用约束条件。德·胡文（De Houwer，1990：234）也曾指出，语言形式的复杂度并不是习得的决定因素。更确切地讲，就某个特定意义的语言表达需要而言，在某一种语言内部，某个特定形式A与其对应的形式B的输入频率可能决定其在孩子的输出语中出现的次序。蓝泽进一步强调了输入的重要性："双语发展是各种要素相互作用的结果，包括输入的数量和类型"（Lanza，1997：325）。此外，无论是在宏观的社区层面（例如：生活在显然由一种语言居于强势地位的社区中）还是微观的互动层面（例如：与父母和其他看护人的话语交流），一般认为，在一种特定语言中，输入愈多，发

第六章 人称代词的习得（汉语–英语）

展速度愈快；使用愈频繁，水平就愈高（Zhu & Li, 2005）。我的研究结果可能有两方面的价值：一是证明代词习得存在一些普遍的潜在发展机制；二是证明输入和语言的独特因素也会促进发展。例如：在一个讲故事的语境中，澳齐用"他/她/它"（第三人称单数）指称一个玩偶，而他的外婆总是用"他/她/它"指称书中的角色——动物、人和玩偶。"他/她/它"的第一次出现清楚地反映了成人话语的输入频率和使用规范。

此外，澳齐对指代自我的汉语专有名称的延长使用更有可能和他的汉语对话者的互动类型相关。我在第五章中指出，根据中国人家庭内部的文化倾向，在指称自我、其他人以及与孩子的互动中，名字和亲属称谓代替了人称代词。在澳齐的录音谈话中，所有的家庭成员在大多数情况下使用专有名称称呼他，他的外婆用"儿儿"，他的母亲用"儿儿"和"澳齐"两个名字，而他的父亲只用"澳齐"。显然，澳齐在与家人的互动语境中所接受的汉语代词输入相对较少，因此他以专有名称的成人语规范指称自我的用法就不足为奇。真正令人惊奇的是澳齐最终实现了从人称名词向人称代词的突破，虽然在那个阶段，专有名称的固定用法似乎已经满足了他的交际需求。仔细研究澳齐初次使用代词的各种条件——在各种测量情况下的恒定条件——也许可以使我准确定位从人称名词向人称代词（与人称名词搭配）的过渡。

澳齐初次使用的代词是第三人称单数"他/她/它"。在 2;10;07 时，他会说"他/她/它玩。他/她/它……"和"他/她/它哭……"，第一句中的"他/她/它"指称书中的玩偶，第二句中的"他/她/它"指称电视中的一只小猫。虽然玩偶和动物在交际场景中的角色是非参与的生命体，但是它们都不属于人类。此外，澳齐将"他/她/它"

与行为动词连用以表示状态的变化:"玩"和"哭"。孩子的关注点不是特定的人,而是动作(玩,哭)——也就是说,关注点不是谁做什么,而是发生了什么。基于对"他/她/它"的这种分析,可以设想,对代词的最初习得是在有限的语境中通过有限的表达而实现的。孩子开始使用代词的时候也许并不是把其当作具体的指称表达,而是当作语境指称表达,代词附着于叙述当下事件的话语,并对正在发生的行为或状态的变化进行编码。因此,表达的重心是被实施或期待的行为,而不是谁做什么或所描述的事件。此外,在学话的早期,澳齐就能理解第三人称单数代词的正确意义:"他/她/它"用来指一个非参与者。尽管孩子对"他/她/它"的首次使用可以被解读为对他外婆话语中的"他/她/它"的一种模仿,但是我认为,如果孩子没有理解话语"他/她/它哭……"中的"他/她/它"是用来指一个非参与者,他可能会误认为这个表达指他自己或一个受话人的行为。因为澳齐没有误用这个言语表达,所以他一定明白,"他/她/它哭……"只用以指非参与者的行为——尽管他可能不知道"他/她/它"意味着非参与者。

大岛-高根(Oshima-Takane, 1988:97)认为,当儿童自发地模仿其他人的话语时,他们对这些表达加以解读——姑且不论这些解读正确与否,或者他们是否理解话语中的每个单词都有独立的意义。为了正确模仿其他人对第三人称代词的使用,并且将特定代词与特定语境中的特定动作相联系,澳齐肯定已经明白,整个话语(包含第三人称代词)只用来指示一个非参与者的行为,后来出现的第一人称单数"我"验证了这一点。在3;0;07时,"我"在澳齐的话语中的出现是为了表达一种紧急状况,他想让别人给他换尿布,因此说道："我臭"。这个表述强调"臭"的状态，并要求立即行动。后来的话语中出现的"我"主要与意念和行为动词搭配（例如："是"，"给"，"玩"，"不会穿"，"要"），用来表达内心活动、声明意愿或要求一种行为。蓝泽（Lanza，1997：154）在她的双语研究对象斯里（Siri）的话语中也发现了代词 I /"我"的行为控制功能。在单语文献中，巴德维（Budwig，1989，1990）记载了习得美国英语的儿童试图将具体的第一人称代词形式与各类语义单位和语用目的相联系的情形。儿童话语中的第一人称代词的形式-功能模式涉及"施事和控制的相关概念"（Budwig，1990：129）。巴德维（Budwig，1989：273）认为，I /"我"倾向于出现在表达儿童内心状态和意图以及施事意图较低的话语中——与其相对照，包含 my /"我的"的话语表示儿童充当改变现状的原型施事者。以上分析表明，语义和语用因素可能会促使儿童快速达到使用人称代词的阶段。在某些语境中，语言的个性特征和输入频率可能是影响代词的输出顺序的附加因素。澳齐的英语代词系统的发展路径与英语单语儿童的发展路径相似。

6.6.5. 汉英比较

在迁移方面，没有出现系统性的相互依赖现象。杰尼斯认为，"迁移……意味着一种语言合并另一种语言的某种语法特性"（Genesee，2000：169）。就年龄、布朗界定的阶段以及出现而言，澳齐的汉语代词和英语代词的习得顺序很不相同，没有出现严重的跨语言的过度概括或外延过窄现象。例如：汉语的所有格标记"的"（-de）始终没有被迁移，也没有与英语主格代词搭配使用；换句话说，没有出现过 I-de、you-de 和 it-de 的用法。英语的代词形式和功能的映射特征也没有被迁移到汉语中。例如：澳齐用汉语代词"他／她／它"仅指称生命体。此外，"他／她／它"在 2;10;07 时被初次使用，出现在话语的主语位置。在 3;2;12—3;2;19 期间，"他／她／它"（100%）的 14 个早期形符无一例外地出现在主语位置，完全符合汉语"他／她／它"的语用约束条件。

与汉语代词"他／她／它"相对照，澳齐话语中的英语无生命代词 it（4;0）的出现早于其他第三人称代词形式（4;2;03），在那个阶段，it 的使用次数增多。在代词 it 出现的初期，它被当作孩子已经习得的未经解析的语块的一部分。例如 *it*'s mine、*it*'s broken。随后，it 开始出现在与指称无生命物体的名词词组相同的语句位置。例如："put in *it*, don't touch *it*"。这种现象与布朗（Brown, 1973）的单语数据以及蓝泽所研究的挪威语-英语双语者斯里使用 it（Lanza, 1997：111）的数据相一致。与安焦利洛和戈尔丁-梅朵（Angiolillo & Goldin-Meadow, 1982）的研究结果相符的一点是，it 在澳齐的早期使用中通常出现在动词之后。此外，澳齐使用的 it 指代无生命体。然而，需要注意的是，澳齐始终遵循英语的句法规则（非零主语）：英语的主语不可省略（汉语不存在这种现象），甚至当主语并非语义的必要成分时，也需要有一个形式主语 it。

此外，通过对比代词的出现和生成性使用的发展过程可以看出，澳齐对汉语和英语采取了不同的习得策略，在习得两种语言的词汇和句法结构时，他使用的也是这些策略。在习得汉语时，他倾向于使用分析法，而对英语的习得偏重综合法。在汉语中，代词出现的顺序恰好与其生成性使用的顺序相一致。回顾澳齐初次使用第三人称代词之前的三个月，他经历了一个模仿／重复阶段，其特征是"代词+好"的问候

第六章 人称代词的习得（汉语-英语）

模式。然而，后来的发展表明，每一个代词形式的出现并不是这种模仿的结果。澳齐将这些代词与各类早先习得的词语分别结合使用。在这个发展阶段，他的英语仍然是弱势语言，习得过程有差异：代词出现的顺序与其生成性使用顺序不匹配，这种差异表现在除 mine 之外的所有代词的公式化使用阶段。虽然 mine 的公式化用法不可被忽视——因为它出现在第一阶段（即独词阶段），并且没有与其他任何要素同时出现——但是在各类语境中，mine 数次单独出现，因此，我把它视作生成性话语。表 6.6 中的其余代词在达到表 6.7 中的生成性使用顺序之前，都经历了"空缺"模式的公式化过程。关于每一个代词发展过程的细节都将在 6.6.6 中予以表述。

澳齐的双语代词习得在量和质上有一定的差异。分析表明，澳齐在其双语发展的其他方面所使用的策略同样被用于汉语和英语的代词习得中。此外，两种语言的第三人称单数代词（"他/她/它"和 it）的不同分布模式和代词用法的形式-功能关系表明，澳齐的代词发展具有语言依赖性。

6.6.6. 每个代词的输出模式

汉语

要想了解澳齐的代词输出，回顾他在早期将专有名词当作代词的情况或许会有帮助。第五章讨论了澳齐从名词性自我指称向第一人称单数代词发展的过程。本部分着重讨论每个代词的主要发展过程；依照表 6.9 至 6.18 中记录的 3;0—4;0 期间的数据，同时讨论习得中的过程性错误——人称代词的反转——并提供可能的解释。

"我"（第一人称单数）：

在全部语料库中,"我"总共出现 72 次。在达到形式-功能匹配的成人语水平前,"我"的发展经历了五个阶段:

1. 功能受限的用法与名词性自我指称交替使用期（3;0;07—3;1;17）
2. 与第二人称的混淆期（3;1;17—3;2;02）
3. 混淆解除期（3;2;09—3;2;12）
4. 名词性自我指称语消失期（3;2;14—3;9;26）
5. 近似成人语期（3;10;07—4;0;0）

第五章讨论了"儿儿""澳齐"和"我"在形式和功能上有差异的共时使用现象。据此,我将名词性自我指称的形式和功能映射列举如下:在 3;0;07—4;0 期间输出的"儿儿"和"澳齐"主要保留了在 2;0—3;0 期间的角色。在使用中略有偏离:"儿儿"指个人的、私密的自我,而"澳齐"指描述性的和社会的自我。表 6.9 提供了支撑这一观点的数据。在含有"儿儿"的话语中,足有 70% 与表达个体需求或体验的动词有关联（例如:"吃""看""要""梦"）。在含有"澳齐"的话语中,约有 44% 用于自我认知语境和涉及社会自我的活动中,而其余使用"澳齐"的场景涉及辨识绘本或电视中的男孩们（有一段时间,澳齐把一本书中的任何一个男孩都称作"澳齐"）。关于这一点,参见澳齐（A）在 3;2;18 时与他母亲（R）的一段即兴对话:

R: *po2 na3 zou3 le a. ni3 zai4 zhao3 shen2me*?
（外婆拿走了,你在找什么？）

A: *Auchee zhao3 Er2er de. Auchee zhao3 Er2er de*
（澳齐找儿儿的｛画｝。澳齐找儿儿的｛画｝。）

第六章 人称代词的习得（汉语-英语）

  R： *ni3 zhao3 ni3 zi4ji3 de hua4 a*
  （你找你自己的画吗？）
  A： *en*（是）

  "澳齐"和"儿儿"的独特功能在同时包含两个名字的语句中显而易见：*Auchee zhao3 Er2er de* /"澳齐找儿儿的｛画｝"。

  在6.6.1中，我以"他/她/它"和"我"为例，探讨了澳齐所使用的指称语从纯粹的名词性指示对象向代词性指示对象转换的原因。依据上文的分析，在习得初期，代词的语境和功能可能均受到限制。表6.10中"我"的第一阶段的数据使此结论具有说服力。

表6.9. 汉语名词性自我指称的形式和功能映射（3;0;07—4;0;0）

输出形式	年龄	所指对象	功能	语例
*儿儿（Sonson）[38]	3;2;16—3;9;08	讲话人[35] 作为所有人的自我[3]	个　人 [26] 70%	的 chi1（吃），kan4（看），yao4（要），meng4（梦），
澳齐（中文名）[47]	3;0;07—3;8;22	讲话人[33] 所有人[3] 自我身份识别[2]	社　会 [17] 44%	的 I.自我身份识别 1.某男孩（3;02;16） 2.他自己（3;06;09） II.社会自我 A：*Auchee zhao3 er2er de {hua4}.* （澳齐找儿儿的｛画｝。）

  注：在持续三个月（2;11;17—3;02;16）的一段时间，"澳齐"（*Auchee*）被频繁使用，"儿儿"（*Er2er*）没有出现。方括号中的数字表示类型的形符数。

  表6.10中的第一阶段的语例表明，澳齐最初使用"我"表达对行动的要求。虽然在3;9;08之前三个自我指称形式同时被使用，但是"我"的功能与"澳齐"和"儿儿"的功能有所差异。值得注意的是，

第一阶段所有包含"我"的话语在语义和句法上都是正确的,"我"被用于指讲话人:孩子本人。"我"指称受话人的用法出现了一次。

在第二阶段(3;1;17—3;2;02),第二人称单数代词"你"的出现经历了短暂的混淆期,集中表现为用变换指称的"你"和"我"指代讲话人。表 6.11 中的对话录音(3;2;02)可以作为例证,当时的场景是外婆(G)指着沙发上一团压碎的饼干责备澳齐(A)。

表 6.10. 第一阶段"我"（*wo3*）的使用语例

语例	注解
31. *wo3 chou4.*	31. 我臭
34. *gei3 wo3 wan2 yi1 xia4.*	34. 让我玩一下
35. *wo3 yao4 jin4 lai2.*	35. 我要进来
35. *wo3 bu2 hui4 chuan1.*	35. 我不会穿

注： 数字表示录音编号。

表 6.11. 第二阶段"我"（*wo3*）的使用语例

语例	注解
G： *Auchee. zhe4 shi4 **ni3** gao3 de ba?*	澳齐,这是你搞的吧?
A： *en*	是
G： ***ni3** shuo1 zhe4 shi4 ni3 gao3 de*	你说这是你搞的
A： ***ni3** gao3 de*	你搞的
G： *shuo1 "**wo3** gao3 de"*	说"我搞的"

（下页续）

第六章 人称代词的习得（汉语-英语）

（续表）

语例	注解
A： **po2** gao3 de	外婆搞的
G： enhn. shuo1 "**Wo3** gao3 de"	不对，说"我搞的"
A： **wo3** gao3 de	我搞的
［澳齐的妈妈 R 又发现一堆脏乱的东西］	
R： zhe4 ye3 shi4 **ni3** gao3 de ba?	这也是你搞的吧？
A： zhe4. **ni3** gao3 de	这，你搞的

表 6.11 显示，当混淆出现时，成年人很难纠正澳齐对"我"和"你"的错误用法，原因是，与孩子直接交流的话语中不包含人称代词的正确使用模式。在这样的话语中，孩子们观察到的现象是，第二人称代词始终指他们自己，而第一人称代词指的是对他们讲话的人。读者也许能记得，在澳齐使用"我"的初期，他输出的包含这个代词的话语始终是正确的。显然，只有当孩子已经习得一种代词（第一人称单数）并开始尝试使用另一种代词（第二人称单数）时，才会出现代词的不正确用法（第一人称和第二人称的反转）。

澳齐是如何分辨第一人称单数和第二人称单数的正确用法的？对于这个问题，第三阶段（3;2;09—3;2;12）也许可以提供答案。第一人称单数所有格形式"我的"出现在 3;2;12 时，在第 38 号录音片段中有一个争论的场景：两个男孩争抢一本书，他们嘴里都重复着"我的"以声称对物品的所有权。在迪迪（T）和澳齐（A）的以下争论中可以见到这个用法。

T：zhe4 shu1. **wo3de**. bu4 shi4 **ni3de**

（这书，我的，不是你的）

A：zhe4 **wo3de**

（这 我的）

T：zhe4 **wo3de**

（这 我的）

A：zhe4 **wo3de**

（这 我的）

T：zhe4 **wo3de**

（这 我的）

A：zhe4 **wo3de**. wo3 zhao3 Po2 qu4. Po2

（这 我的。我去找外婆｛帮我｝。外婆）

G：ai. Zen3me le?

（哎。怎么了？）

T：zhe4 shu1. **wo3 de**

（这书，我的）

G：Er2er；hao3 hai2zi, ting1 hua4. TiTi shi4 ke4ren2. Ni3 ying4-gai1 gei3 **ta1**.

（儿儿，好孩子，听话。迪迪是客人，你应该给他）

A：shi4 **wo3de**

（是我的）

201　　在这个语境中，第一人称所有格形式"我的"的引入似乎帮助澳齐分清了混用的人称代词，即他用"你"指称自己或用"我"指称受话

第六章 人称代词的习得（汉语-英语）

人。同龄人的玩耍容易引发竞争的情境，在此类场景中，同龄人有机会使用"我的"之类的代词；澳齐很快就开始模仿迪迪（TiTi）的行为。儿童与同龄人互动时所接触的话语与来自父母的输入语有差异。在这个特殊时期，同龄人的语言与孩子自己的语言系统相互影响（同龄人效应），这种互动显然有利于澳齐向目标语的转化。需要注意的是，当外婆试图说服澳齐放弃书的时候，她在同一段话语中使用了第二人称和第三人称代词（*ni3ying4gai1 gei3 ta1* /"你应该给他"），这可能会使澳齐反转使用代词，但是澳齐在回应中两次都选择了代词形式"我的"的正确用法："是我的"。在这个冲突情境中，同龄人效应帮助他分清了代词形式"我"和"你"的差别。当然，同龄人效应不仅出现在儿童语言的代词指称的发展中。当同龄人和成年人在自然场景中互动时，儿童（作为观察者）接触的是来自外界的二价和多价话语，这种亲历现场的语境使儿童有机会接触人称指示的指称转换范例——这些范例可以帮助儿童正确使用人称代词。

在澳齐的话语中，"我的"起初表示的是一种可让与的所有权，语义的重心是意愿功能，而成人语中的所有格人称指示具有描述功能。这与多伊奇和巴德维（Deutsch & Budwig, 1983）的研究结论一致，他们发现，可让与所有权似乎是儿童代词表达出现的第一个语义域。澳齐对"我的"的使用也表明，从儿童语言向目标语的转换取决于具体的语域。显然，在语言的发展过程中，儿童并不是在某个时间点突然发现目标语的内在规则，而是基于讲话人以自我为中心的优势视角，逐步学会成人语言中的人称指示用法（参见 Clark, 1978）。

表 6.12. 第四阶段"我"（wo3）的使用语例

录音编号	语例	注解
42	*wo3* yao4 xiao3 bing3gan1/niu2nai3/ling1	我要小饼干 / 牛奶 / 拎
42	*wo3* gao3	我搞
44	ye3yu3 you3, ye3yu3 mei2-you3. *wo3* zhao3 zhao kan4	也许有，也许没有，我找找看
44	*wo3* ma3shang4 jiu4 lai2 la	我马上就来啦
45，46	*wo3* lai2 le	我来了
46	*wo3* ma3shang4 jiu4 chuan1 hao3 le	我马上就穿好了
46	jiao3 *wo3* gan4 shen2me?	叫我干什么？
48	*wo3* na3 zhi1dao4	我哪知道？

第四阶段（3;2;145—3;9;26）的特征是名词性自我指称的淡出。在 3;9;08 时，"儿儿"不再出现，比"澳齐"的消失（在 3;8;22 时被放弃）晚一个月。正如第五章阐述的情况，澳齐对"儿儿"和"澳齐"的使用显著减少，在三个月期间的（3;2;20—3;5;29）300 段话语中，"儿儿"出现了 11 次，而"澳齐"只出现了 4 次。"我"出现了 47 次，占含有"我"的 79 段话语中的 59%。此外，所有的"我"都指称讲话人，而且被正确地使用于各种近似成人语的句子位置。表 6.12 中的语例均直接取自电脑处理的转写样本。

表 6.13. 第五阶段"我"（wo3）的使用语例

语例	注解
录音片段 61：澳齐（A）不想让他妹妹在他面前屙屎。他对他父亲（Z）和母亲（R）发牢骚。	
Z： hao3 le. Joy yao4 e1 shi3 le	好了，雪莹要屙屎了
A： bu2 yao4. bu2 yao4 gei3 *wo3* e1	不要，不要给我屙

（下页续）

第六章 人称代词的习得（汉语-英语）

（续表）

语例	注解
A： *bu2 yao4. bu2 yao4 gei3 ta1 e1.hao2 chou4*	不要，不要给她屙，好臭
R： *bu2 yao4 ta1 zai4 ni3 mian4 qian2 e1. shi4 bu2 shi4?*	不要她在你面前屙，是不是？
A： *en*	嗯

第五阶段（3;10;07—4;0;0）涉及情境行为限制。根据这七周的录音数据，"我"出现了12次，其中，仅有两例与代词的反转错误有关，其余用法均正确。这两例错误用法表明，澳齐的代词反转错误既不是系统性的，也未呈现一致性，被反转的代词总是伴随着正确用法出现，这种现象与日记研究（Cooley，1908；Jespersen，1922）和一项案例研究（Chiat，1982）的结果相似，澳齐在3;10;07时的数据可以验证此论断。表6.13所列的第61条录音数据表明，澳齐错误地使用了第一人称和第三人称代词：

在这个对话中，澳齐起初说 *bu2yao4 gei3 wo3 e1* / "不要给我屙"。随后，他可能意识到了此处使用"我"是错的，因为他马上纠正自己的话，用同一个句式改说为 *gei3 ta1*/ "给她"，而他真正想表达的是 *bu2yao4 ta1 zai4 wo3 mian4qian2 e1* / "不要她在我面前屙"。在这个语句中，澳齐需要在同一话语的不同位置使用两个代词形式[1]——第三人称代词"他/她/它"在中心位置，而第一人称代词"我"在介词短语中。当澳齐使用的语句呈现出高度复杂性和认知要求时，指示转换可能未得到充分表达，导致了例句中的代词错误。此外，在与他爸爸（Z；参见表6.14）的同一段对话录音（61）中，澳齐使用了第一人称代词"我"和第二人称代词"你"的形式和功能的正确映射。

表 6.14. "我"（wo3）和"你"（ni3）的使用语例

语例	注解
A: put book on your head.	把书放在头上
Z: ba3 shu1 fang4 zai4 dou1 shang4 gan4 shen2me?	把书放在头上干什么
A: **wo3** jiang3 yin1yu3, **ni3** ye3 yao4 jiang3 yin1yu3	我讲英语，你也要讲英语
Z: all right	好的

总体上，在澳齐的代词习得过程中，正确使用率超过了反转使用率。因此，可以说，澳齐在这一阶段的代词使用错误反映的是行为的局限，而不是因能力不足而导致的语义错误。指示转换是在话语中必须实践的一种语义或语用操作，有些话语语境可能会使孩子犯反转错误的风险增大。这种解释与戴尔和克雷恩-托雷松（Dale & Crain-Thoreson, 1993）提出的加工复杂度假说不谋而合。依据此假说，当语句输出涉及较高的语言或认知复杂度时，由于行为而非能力的因素，指示转换可能会被省略掉。

总而言之，在 3;0;07—4;0 期间，"我"在形式-功能匹配上经历了五个发展阶段。到 4;0 时，澳齐对"我"的使用在大多数情况下都接近目标语。虽然在少数情况下澳齐表现出转换代词的困难，但是这种困难产生的原因主要是行为的局限，而不是人称代词言语角色功能的语义混淆。表 6.15 汇总了"我"的发展。

表 6.15. "我"（wo3）的形式和功能匹配发展（3;0;07—4;0;0）

其他代词形式的出现或消失	年龄	所指对象	功能
	第一阶段 3;0;07—3;1;17	讲话人 [9] 回应 [1]	引发行动

（下页续）

第六章　人称代词的习得（汉语-英语）

（续表）

其他代词形式的出现或消失	年龄	所指对象	功能
出现： 你（第二人称单数） 3;2;02	第二阶段 3;1;17—3;2;02	讲话人[2]	混淆 你（ni3）= 我（wo3） 指代讲话人 （输入问题）
出现： 我的（第一人称单数所有格） 3;2;12	第三阶段 3;2;09—3;2;12	讲话人[8]	所有格形式的出现有助于澄清混淆
消失： 儿儿（Er2er） 3;9;08 澳齐（Auchee） 3;8;22	第四阶段 3;2;14—3;9;26	讲话人[47]	言语角色
	第五阶段 3;10;07—4;0;0	讲话人[10] 非参与者[2]	正确的言语角色 行为局限： 指示转换困难

注：方括号中的数字表示某代词形式的使用频率。

"你"（第二人称单数）：

在全部语料中，有60例可辨识的"你"的形符。在达到接近成人语的形式和功能匹配之前，"你"经历了三个发展阶段：

I. 指称对象的非转移用法（3;2;02—3;2;19）
II. 指示用法（3;2;21—3;10;07）
III. 扩展用法（3;11;07—4;0;0）

表6.17提供了澳齐输出的"你"（第二人称单数）的形式和功能匹配的发展过程、年龄范围和相应的发展阶段，标明了"你"的指称

对象和功能，并附以语例和注解。

第一阶段记录了在 3;2;02 时"你"的出现。在此期间，澳齐总共输出六段包含"你"的话语，这些表达都符合语法规范。然而，仔细研究语境会发现，在其中的四段话语中，"你"是作为讲话人的孩子对自己的指称，此处的 *gei3 ni3*/ "给你"在话语功能上是不正确的表达。孩子想让别人给他递一个玩具，因此他应该说 *gei3 wo3* / "给我"。另外一个场景发生在托儿所门口，澳齐的妈妈和他道别，澳齐提醒妈妈让爸爸来接他。澳齐的话语本意是：*ba4ba lai2 jie1 wo3*/"爸爸来接我"，却对妈妈说：*ba4ba lai2 jie1 ni3*/"爸爸来接你"。这些对"你"的不恰当使用都源自成人语的输入。例如，当成人给澳齐或成人之间相互传递食物的时候，总是说 *gei3 ni3* / "给你"。在后一种情况下，澳齐单纯地模仿爸爸的表达：*ba4ba lai2 jie1 ni3*/ "爸爸来接你"，这是他爸爸送他去托儿所道别时说的话。但是，在同一时期的一些话语中，澳齐也可以实现"你"的形式和功能的正确匹配——例如，在 3;2;02 时，澳齐对妈妈表达情感的话语：*wo3 xi3huan1 ni3*/ "我喜欢你"；在 3;2;12 时，澳齐要打妈妈时的恐吓语：*da3 ni3*/ "打你"。第二人称单数代词不一致的用法表明，孩子已经意识到了"你"的成人言语角色指称功能，有时候他可以正确使用这个代词，但是还没有完全掌握"受话人-唯一-指称对象"的用法。因此，澳齐对"你"的不正确使用（反转）情况多于正确的使用。如果任何有意图的语言表达都涉及代词的言语-角色功能——因为每段话语都隐含一名讲话人和一名受话人——也许儿童能够辨识隐含的言语功能的现象就不足为奇了，他们最初的语言表达是有意图的。反转的"你"反映了孩子对成人话语模式的自发模仿，也直接复制了受话人的视角。此结论与恰特（Chiat, 1985：

第六章　人称代词的习得（汉语-英语）

353）的主张一致，他认为，没有证据表明犯这类错误的孩子会遇到个人言语角色或含有言语角色的代词形式的辨识问题。此外，我辨析了这种现象出现的语境。前面已经提到，就澳齐而言，只有当他已经习得一种代词形式（"我"，第一人称单数）并开始习得另一种代词（"你"，第二人称单数）的时候才会发生反转现象。

有趣的是，在孩子的语言发展的这个阶段，"你"在所有的话语中只出现在宾语的位置，这反映了成人语的规范。原因在于汉语是零主语语言，在日常谈话中，如果第二人称受话人显而易见，"你"可以被省略掉。通常，在对话中有人提问时，如果指称对象为受话人，就不需要直接使用"你"。在孩子的语言输入中，听到"你"出现在主语位置的机会少于第一人称单数"我"。因此，澳齐最初在话语的宾语位置使用"你"也就不足为奇。

在第二阶段（3;2;21—3;10;07）的全部48段话语中，"你"的使用次数和正确用法均有所增加。在46段自发性话语中，"你"的形式和功能的恰当匹配表明，澳齐能够驾驭"你"作为受话人的话语-角色功能，甚至在第一阶段出现的错误使用都可以找到合理的解释。例如，在第47号录音资料中（3;5;05），有一段澳齐（A）和他妈妈（R）之间的对话，当时他们在玩传球游戏。

表6.16. 第二阶段"你"（ni3）的使用语例

语例	注解
R：er2er. lai2. wo3men lai2 da3 qiu2 ba	儿儿，来，我们来打球吧
A：ai. gei3 **ni3**	哎，给你
（他把球扔了出去。）	

（下页续）

（续表）

语例	注解
A：*gei3 **wo3***	给我
（澳齐做手势让母亲把球扔给他。）	
R：*gei3 ni3*	给你
A：*gei3 **ni3***	给你
（他把球扔给母亲。）	
R：*Aao*	啊哦
A：*gei3 **wo3***	给我
（他想要球。）	

注： A=澳齐，R=母亲。

表 6.16 清楚地表明，在对他人讲话的语境中，澳齐娴熟地掌握了第一人称单数"我"和第二人称"你"的指示特征。此外，他将"你"与话语中的不同动词结合使用，并且"你"在语句中的位置也接近成人用法：*ni3 shi4 zai4 shang4ban1* /"你是在上班"（在电话上对他父亲说 ;3;6;01）；*ni3 qu4 mai3 dong1xi1* /"你去买东西"（问他母亲 ;3;7;19）。

在第三阶段（3;11;07—4;0;0），"你"在录音中出现六次，所有用法都接近成人语。澳齐扩展了"你"的指示用法以使其达到拟人化效果，他特意采用第三人称视角讲述绘本中的一个故事。他扮演一只狗的角色，对一只猫说道：*xiong2mao1, xiong2mao1, ni3 bu2 neng2 lai2. Wo3 bu4 xi3huan1 ni3* /"小猫，小猫，你不能来，我不喜欢你"（3;11;07）。此时，可以说，澳齐已经熟练掌握了第一人称和第二人称代词的言语角色指称功能。分析表明，孩子对交际情境中不同的视角和个体参与者都有敏锐的感受力。

第六章 人称代词的习得（汉语-英语）

总而言之，在形式-功能关系方面，第二人称单数代词"你"的用法在达到接近成人语水平前经历了三个阶段。起初，澳齐自发模仿成人的模式，输出较多的指称讲话人的无（视角）转换的错误话语以及较少的指称受话人的正确话语。然后，他进入了正确使用目标语言语-角色指称的话语输出阶段。最后，澳齐超越了"你"的指示用法阶段，将"你"用于拟人化表达中，以实现视角转移功能——代表受话人的视角，并且产生了不同的语用效果。

表6.17. "你"（*ni3*）的形式和功能匹配发展（3;0;07—4;0;0）[60]

年龄	所指对象	功能	语例	注解
第一阶段 3;2;02—3;2;19	讲话人 [4] 受话人 [2]	无指称转换*	37. *wo3 xi3huan1 ni3* 38. *gei3 ni3* 41. *ba4ba lai2 jie1 ni3* (*wo3*)	37. 我喜欢你 38. 给你 41. 爸爸来接你（我）
第二阶段 3;2;2—3;10;07	受话人 [46] 歌曲 [2]	言语角色		
第三阶段 3;11;07—4;0;0	拟人化 [2] 受话人 [4]	言语角色 视角转换	63. *xiong2mao1,* *xiong2mao1,* *ni3 bu2 neng2 lai2*	63. 小猫，小猫， 你不能来

注： 在第二人称代词习得过程中，澳齐似乎能够自发地通过模仿学说话。方括号中的数字表示形符数。"语例"栏目下的数字表示录音编号。

"他/她/它"（第三人称单数）：

在3;0;07—4;0;0期间的全部语料中，共有33个可辨识的"他/她/它"的形符。在达到近似成人语的形式-功能匹配前，"他/她/它"的发展经历了四个阶段：

I. 语域受限用法（3;2;12）

II. 指称对象扩展用法（3;2;16）

III. 指称转移困难（3;2;19）
IV. 近似成人语（3;7;09—3;11;07）

　　表 6.19 提供了关于澳齐使用"他 / 她 / 它"（第三人称单数）的数据，包括其形式-功能匹配的发展、年龄范围以及相应的发展阶段，标明其所指对象和功能，并附以语例和注解。

　　第一阶段是在 3;2;12 时，"他 / 她 / 它"指称的是非参与者角色。第 6.6.2 部分探讨澳齐在这个阶段的限制性语域中输出"他 / 她 / 它"的情况，语境为讲故事和看电视；此处，我聚焦的是"他 / 她 / 它"的发展变化，澳齐的输出逐渐接近成人语中的形式-功能匹配。

　　在第二阶段（3;2;16），"他 / 她 / 它"的用法前进了一步，从指称玩具和动物到指称书中的人物。这个变化在"他 / 她 / 它"出现仅仅四天后就发生了。录音中有四个包含"他 / 她 / 它"的话语片段，"他 / 她 / 它"指称一个男孩和一个女孩，语境为讲故事。同时，"他 / 她 / 它"指称动物的用法仍然存在，这种用法在同一阅读时段的录音中出现两次。在全部话语中，"他 / 她 / 它"均出现在主语位置，这与澳齐使用的英语代词 it 有所不同，后者一直出现在动词后的宾语位置。

　　在第三阶段（3;2;19）录制的话语中，"他 / 她 / 它"出现了一次指称现实中的人。有趣的是，这个代词是以视角转移的方式指称澳齐自己。在第 41 号录音片段中，有澳齐（A）、他母亲（R）和外婆（G）之间的一段对话，话题是孩子喜欢的棒棒糖。起初，母亲和外婆在谈话，但是，当棒棒糖的话题出现时，澳齐突然插话（表 6.18）。

第六章 人称代词的习得（汉语-英语）

表6.18. 第三阶段"他/她/它"（ta1）的使用语例

语例	注解
录音编号41: 非受话人情境	
（母亲和外婆在谈论澳齐的棒棒糖）	
母亲: zhe4 ta1 hai2 chi1 bu4 chi1?	这（糖）他还吃不吃?
（对外婆说）	
外婆: tang2. ta1 bu4 chi1 le	糖，他不吃了
澳齐: ta1 chi1	他吃（"他"指称他自己）
[目标语的回答应该是"我吃"（wo3 chi1）。]	

很显然，澳齐明白，成人对话中的"他/她/它"指他自己，也是对话中第三人称代词所指称的非参与者。从讲话人的视角用 wo3 chi1/"我吃"介入谈话才是恰当的用法，而他却以第三人称视角回答。当然，由于当时的会话速度快，澳齐以成人的视角即刻，没有能够把代词指称从第三人称转换为第一人称。

还有两例类似的非反转使用。在其中一例中，澳齐问外婆：ta1 ba4ba dao4 na3 qu4 le / "他爸爸到哪儿去了？"。这是一个合乎语法的汉语语句，只有一点不恰当之处，澳齐没有将指称对象从第三人称单数"他"转换为第一人称单数"我"。这种视角转换的话语源自成人输入语。在晚餐时间，澳齐经常听到外婆和妈妈谈话，外婆会以同一个问题了解他爸爸的活动。因此，当澳齐自己想了解爸爸的去向时，他只是简单地模仿这个语句，没有反转代词。

在第五阶段（3;7;09—3;11;07），澳齐对"他/她/它"的使用接近成人语。录音中共出现20个"他/她/它"的形符，在形式-功能关系上，这些话语没有偏离成人语的规范。这20个"他/她/它"指称不同的对象，2例指称玩具娃娃，10例指称生命体，8例指称人，所有指称对象均为交际场景中的非参与者。数据表明，澳齐在这个阶段已经熟练掌握了"他/她/它"的指示特征。

总体上，澳齐最初在限制性语域中习得"他/她/它"，然后逐步扩展其语义域，最后孩子输出的代词达到了接近成人语的形式与功能映射。代词反转确实出现在第三阶段，主要用于讲话人的角色：当需要用到"我"的时候，澳齐采用了成人的第三人称角色，用"他/她/它"指称自我。"他/她/它"的言语角色的这种错误输出归因于成人语的输入。

根据许政援和闵瑞芳（Xu & Min, 1992：343）的研究报告，汉语单语儿童在"他/她/它"的习得上经历了类似的发展过程，在他们的研究对象当中有 5 名年龄为 0;5—3;5，28 名年龄为 3;0—4;0。这些儿童的数据表明，在 2;0 左右，"他/她/它"最初用于指称玩具娃娃和动物、绘本中的玩具或人物形象；7 至 10 个月之后，"他/她/它"用于指称生活中的人，在有些话语中，会出现指称错误，如指称转移。三个月后，即在 3;3 左右，汉语儿童已经能够理解"他/她/它"的非参与者言语角色功能的正确用法。值得关注的是，根据英语单语发展的文献，第三人称自然性别代词在达到近似成人语的形式和功能映射前经历了类似的发展过程。虽然汉语中的"他/她/它"没有性别区分，但是其发展过程却相同。查尼（Charney, 1980：525）对人称代词发展的深入研究表明，21 名年龄为 1;6—2;6 的女童在代词 *her* 的使用上表现出确切的发展顺序：孩子们首先用这个代词指称玩具娃娃，然后以回指照应法指称人，接着以指示法指称非参与者。在澳齐的汉语发展早期，第三人称也用于指称玩具。在这一方面，澳齐的数据与汉语单语和英语单语儿童的数据有相似之处。

表6.19. "他/她/它" (ta1) 的形式和功能匹配发展（3;0;17—4;0;0）[33]

年龄	所指对象	功能	语例	注解
第一阶段	洋娃娃 [2]	非参与者（非人类）	38. ta1 wan2. ta1. bu4 hui4 le	38. 它（一个洋娃娃）玩，不会了
3;2;12	生命体 [2]		38. ta1 ku1 le	38. 它（一只小猫）哭了
第二阶段	生命体 [3]	非参与者（虚构的人）	录音编号 40（讲故事）	
3;2;16	书中的人 [4]		ta1 tiao4	他（一个男孩）跳
			ta1 die1 dao3	她（一个女孩）跌倒了
第三阶段	真实生活中的人 [1]	指称转换困难：	录音编号 41：（非受话人情境：母亲和外婆在谈论澳齐的棒糖）	
		他 (ta1) = 我 (wo3)	母亲：zhe4 ta1 hai2 chi1 bu4 chi1?（对外婆说）这糖他还吃不吃?	
3;2;19	讲话人 [2]		G外婆：tang2. ta1 bu4 chi1 le	糖，他不吃了
			澳齐：***ta1 chi1*** (wo3 chi1)	他吃（wo3 chi1）
			录音编号 41：（澳齐同外婆）	录音编号 41：（澳齐同外婆）"他"指称他自己
			ta1 ba4ba dao4 na3 qu4 le	他爸爸到哪儿去了?（"他"指称他自己）
第四阶段	真实生活中的人 [8]	言语角色（非参与者）		
3;7;09 – 3;11;07	生命体 [10]			
	洋娃娃 [2]			

注：方括号中的数字表示类型的形符数。

因此，对于单语儿童来说，学习第三人称单数代词的形式和功能关系的正确用法是一个渐进过程，这一点与澳齐的经历类似。

英语

表 6.7 中的所有英语代词形式几乎均源于表 6.6 中未经解析的短语。表 6.7 列出了在 3;0—4;0 期间输出的每个代词的主要发展过程。

Mine：

在 3;0—4;0 期间的录音中，mine 只出现了五例。4 岁之后，mine 出现的次数有所增加。因此，为了更清楚地了解孩子对这个代词的掌握情况，数据分析扩展至 4 岁之后的半个月。Mine 经历了两个发展阶段：

I. 有限功能内的使用（3;0;14）

II. 近似目标语的形式和功能映射（4;0;15）

澳齐第一次用 mine（3;0;14，第 I 阶段）是为了声明所有权，当时他手里的玩具将要被人拿走。一年半之后，他对 mine 的使用仍然限于声明所有权的功能，如 "*mine*，don't touch it"（3;6;25，第 II 阶段）。直到 4;0;15，mine 的使用才有了类似成人语的功能，即指示所有权。

A：This is not *mine*. *Mine* in garage（4;0;15，第 V 阶段）

（这个相机不是我的，我的相机在车库。）

I：

数据中总共有 20 个 I 的形符。3;5;05—4;0 期间的数据表明，I 的发展经历了三个阶段：

I. 公式化模式（3;5;05）

II. 带有限功能的生成性使用（3;6;01）

第六章 人称代词的习得（汉语-英语）

III. 近似目标语的形式-功能匹配（4;0）

在录音中，I 最初出现在澳齐 3;5;05 时演唱的歌曲中，如 "Twinkle-twinkle little star, how-*I*-wonder what-you-are……" 和 "*I*-m a-little-teapot……"。在同一个录音片段（3;4;22）中，I'm 随后出现两次，当时澳齐假装给一个英国朋友打电话。奇怪的是，他没有用自己的名字澳齐，而是以虚拟的名字 Ben 指称自己："Hello, *I*'m Ben"。他输出的 I'm 可以被解释为基于 I'm+X 结构而推导出的公式化短语，但是也没有足够的证据表明他在这个阶段是以生成的方式使用 I。直到 3;6;01 时才出现充足的证据表明澳齐以生成的方式使用 I。如第五章中的例子，在一个汉语语境中，澳齐急需换尿布，当他说 *wo3 chou4*/"我臭"的时候，汉语第一人称代词在发音以及意义和功能的表达上惊人地清晰而准确。在英语语境中也有一个类似的紧急情况，当时，澳齐正在和一个讲英语的朋友玩耍，突然急需上厕所，他大声说："I want toilet./ 我想上厕所。"从那天起直到 4;0，在他的话语中，I 的形符大约出现 16 次，并与各类英语动词相组合。语例如下：

  A：*I* want water　　　　　（3;7;01）

  A：*I* want toilet　　　　　（3;7;03）

  A：*I* want biscuits　　　　（3;7;19）

  A：*I* don't know　　　　　（3;8;09）

  A：this book, *I* found　　　（3;11;07）

  A：*I* want orange juice.

  　　I want some orange　　（3;11;14）

A : *I* get seven （4;0）

A : *I* go to the toilet （4;0）

可以看出，在含有 I 的话语中，55% 都与动词 want 组合，这表明，I 首先限于意志功能的表达，其作用是控制行为。此外，在包含 I 的全部语料中，I 总是占据主语的位置。在 4;0 时，即布朗的第 V 阶段，I 开始与更多类型的动词同时出现，在形式-功能关系上接近目标语。

216   **Me：**

录音中有 9 个 me 的形符。Me 的出现经历了两个阶段：

I. 公式化用法（3;5;20）

II. 类似成人语的用法（3;7;03）

me 的公式化用法在几个场景中出现的较早。首先，当澳齐想要别人让路时，他发出的音是 "cuse-*me*, cuse-*me*"——也就是，excuse me（3;5;20）。另外一次，因为一个玩具要被拿走，澳齐很生气，说道："*don't touch-me*"（意思是 "不要碰我的玩具"；3;6;25）。当他母亲纠正他的话并让他学说 "It's *don't touch it*, not *don't touch-me*"（"应该是 *don't touch it*, 不是 *don't touch-me*"）时，他索性放弃了这个代词，而以 "*don't touch*" 回应。大约在 3;7;03 时，澳齐对 me 的使用接近目标语：don't touch *me*. don't push *me*（3;7;03）。

Your：

录音中 your 出现了 11 次。your 的习得经历了两个阶段：

第六章　人称代词的习得（汉语-英语）

I. 公式化用法（3;3;03）
II. 类似成人语的用法（3;10;07）

your 初次出现在一个固定短语中，当时澳齐的年龄为 3;3;03，处在习得的第 I 阶段。这是一个汉语语境，澳齐问他母亲汉语中的 *Shou3*/"手"如何用英语表达，因为他在英语托儿所每天都听到 *wash your hands*，英语词语 hands 使他想起了相关的用语 *wash your hands*。

A：*shou3 jiao4 shenme?* /"手叫什么"
R：*jiao4 hands* /"叫 hands"
A：*wash-your-hands* /"洗你的手。"

名词 hands 的独特英语发音可能启动了话语转换，并且使澳齐即刻联想到一个熟悉的英语短语（Clyne，2003）。克莱因（Clyne，1967，1972）调查了生活在澳大利亚的德英双语成年人的语言接触并指出了被他称为"启动词"的现象，也就是说，这些词属于或看似同时属于双语者的两种语言——例如：专有名词。这些启动词可能或多或少引发了从一种语言通向另一种语言的无意识转换。桑德斯（Saunders，1988）特别留意他的双语儿子们的语言转换中的启动情况，尽管这些现象不经常发生。对于澳齐来说，启动词可能导致了包含代词的相关固定短语的出现（参见 Myers-Scotton，2006）。

在 3;10;07 时，澳齐对 your 的使用发生了一次变化：从公式化短语转换为生成性用法。your 开始在不同的句子结构中与各种名词相组合。以下语例是他在 3;10;07 时的录音：

"put book on *your* hat."

"put on *your* hat. sit down！"

"this *your* finger one. come on."

数据显示，此后，澳齐对 your 的使用完全正确，并且总是接近成人语，句法正确，语义和语用恰当，受话人的言语-角色功能从最初就得以确立。

You：

与 your 的出现类似，you 在 3;9;26 时首先出现在一个公式化短语中。在第三年的全部语料中，you 的形符共有 21 个，其中，65% 出现在 4;0 时。同 your 的情况一样，you 的变化经历了两个阶段：

Ⅰ. 公式化用法（3;9;26）

Ⅱ. 类似成人语的用法（3;11;14）

在第一阶段，澳齐使用了一个固定模式，Do-you-try+X，以表达请求／询问的概念，这个概念对整个情境编码，包括受话人 you：

"Do *you* try book?"

"Do *you* try lolly pop?"

"Do *you* try this?"

从 3;11;28 开始的第二阶段，you 从固定词组和未经解析的语块中分离出来，并作为独立的单位特指受话人。其用法见于以下语例：

"Catch you."

"*You* got this? *You* got that. Put on the tissue."

在 4;0 前的包含 you 的全部语料中，90% 的 you 出现在主语位

第六章 人称代词的习得（汉语-英语）

置，两例用法出现在宾语位置（例如："catch you"）。you 没有出现在所有格或其他的位置。可以说，澳齐对 you 的使用在语义和形式上都接近成人语，没有显示汉语的任何影响。以下采用儿童语言数据交换系统（CHILDES）符号的转写包含了澳齐在 4;0 时对 you 和 your 的使用，他的输出完全契合三段相关话语的言语和交际语境。

@Participants： JMS James Child，MOM Ruying Mother
（参与人） （JMS 澳齐，MOM 母亲）
@Date： 14-DEC-1997
（日期） （1997 年 12 月 14 日）
@Situation： James is with MOM at night
（情景） （夜晚，澳齐和母亲在一起）
@Language： English
（语言） （英语）

*MOM： I am going to wash my face, brush my teeth.
（我要洗脸、刷牙了。）
*JMS： You brush your teeth. You wash your face.
（你刷你的牙，你洗你的脸。）
*MOM： Are you going to brush your teeth?
（你要刷你的呀吗？）
*JMS： No. You brush your teeth.
（不。你刷你的牙。）

这段对话进一步证实，澳齐的英语第二人称单数代词的习得受英语自身系统的支配，而不受汉语系统的支配。

It：

在 3;0—4;0 期间的录音片段中，it 的形符只有 5 个。如果将 4;0 以后的数据计算在内，it 的形符增加至 41 个。如同其他代词，it 的用法也经历了从公式化到生成性使用的发展过程。

I. 公式化用法（3;7;03）

II. 类似成人语的用法（4;0）

在 3;7;03 时，即布朗的第 II 阶段，澳齐会说 *it's mine.lolly* 和 *it's mine. don't touch*。这两段话语都表示他在声称对一个物品的所有权。虽然 it 的语句位置和意义与各自的语境完美匹配，但是 it 没有被当作一个独立的语言单位，而是被嵌入公式化短语 *it's mine* 中，话语聚焦的是涉及各种无生命实体的声明或关系，而不是指称特定的无生命实体。

可以说，在孩子满 4;0 时，it 已经获得了独立语言单位的地位，具有指向非参与者无生命实体的指示功能：*put in it. Then don't touch it*（4;0）。

在 4;0;02 之后，含有 it 的话语与英语指示代词 this 和 that 交替使用。在这个阶段，虽然澳齐的英语语法还有待完善，但是指示代词和 it 的所有用法都符合英语代词的形式-功能关系框架。儿童语言数据交换系统（CHILDES）类型的转写案例可以说明这一点：

第六章　人称代词的习得（汉语-英语）

@Participants：　　JMS James Child，MOM Ruying Mother
（参与人）　　　　（JMS 澳齐，MOM 母亲）
@Date：　　　　　18-DEC-1997
（日期）　　　　　（1997 年 12 月 18 日）
@Situation：　　　James is playing buying and selling
（情景）　　　　　（澳齐模仿买卖）
@Language：　　　English
（语言）　　　　　（英语）

*JMS：Number 1? Number 2? Number 3? Number 7? Oh, I get seven.
（1？ 2？ 3？ 7？ 哦，我有七个。）

How much is **it**? One dollar? Two dollar?
（多少钱？一块？两块？）

Mummy，big one?（Mummy, do you want a big item?）
（妈妈，你要大的吗？）

Mummy，jingle bell? One jingle bell or two jingle?
（妈妈，铃铛？一个铃铛还是两个铃铛？）

（铃铛指的是印有圣诞老人的圣诞卡）

Put in it，then don't touch it.（代词"它"指一个信封）
（放进去，不要动它。）

Stay there. I go to the toilet.
（呆在那儿。我去厕所。）

More jingle bell. You get **this** jingle bell. Not this one.
（还要一个铃铛。这个铃铛，不是这个。）

215

You get **that**.

（给那个。）

You get some **this**? No, you get some **that**? How much that?

（你要这个？不，你要那个？那个多少钱？）

*MOM： Three dollars.

（三块。）

*JMS： What **that**?

（那什么？）

%COM： JMS put MOM's money into his cashier machine, then gave MOM a plastic Bag

（注：澳齐把母亲的钱放进他的收款机，然后给了母亲一个塑料袋）

*MOM： What's that?

（那是什么？）

*JMS： Put **that** in **this**.（Put the cards in the bag.）

（把那个放这里。）（把卡片放进包里。）

Thomas?（Do you want a Thomas train?）

（托马斯？）（你想要一列托马斯火车吗？）

*MOM： How much?

（多少钱？）

*JMS： Ten dollars.

（十块钱。）

You get some ball?（Do you want some balls?）

（你有球吗？）（你想要一些球吗？）

第六章 人称代词的习得（汉语-英语）

*MOM： Yes.
（是。）
*JMS： *Shen3me* ball?（Which colour ball do you want?）
（什么球？）（你想要什么颜色的球？）
%COM： In Chinese the question should be *Shen3me yan2se4 de qiu2?* —What colour's the ball? After realising that MOM couldn't understand him. JMS rephrased his question.
（注：用汉语提问应该是"什么颜色的球？"当澳齐意识到母亲听不懂他的话时，他换了一种提问法。）
*JMS： You get some blue?（Do you want some blue balls?）
（你有一些蓝色的吗？）（你要一些蓝色的球吗？）
@End（终止）

正如 6.6.2 中的论述，it 总是指称无生命实体，主要出现在动词之后在语句中的正确位置，没有偏离成人语的规范。（随后出现的其他第三人称单数代词在 6.6.2 中予以解释。）

My：
在 4;0 时的全部语料中，仅有 *my* 的 4 个形符。如同上文已经提及的其他英语代词，my 的用法同样经历了从公式化到生成性使用的过程：

I. 公式化用法（3;6;09）

II. 类似成人语的用法（4;0;02）

221　my 最初出现在公式化短语"My name is X"中，澳齐的年龄为 3;6;09（在第五章中讨论过）。此处，我再次引用澳齐和他父亲之间的一段对话：

@Participants： JMS James Child，DAD Yun Daddy
（参与人）　　（JMS 澳齐，DAD 父亲）
@Date：　　　22-JUN-1997
（日期）　　　（1997 年 6 月 22 日）
@Situation：　James is playing with DAD and Joy
（情境）　　　（澳齐、父亲及雪莹一起玩。）
@Language：　English
（语言）　　　（英语）

*DAD： What's your name?
　　　（你叫什么名字？）
*JMS： My name is James.
　　　（我的名字叫澳齐。）
*DAD： What's *mei4mei's* name?
　　　（妹妹叫什么名字？）
*JMS： My name is Joy.
　　　（我的名字叫雪莹。）
*DAD： What's Daddy's name?
　　　（爸爸叫什么名字？）
*JMS： My name is Yun.
　　　（我的名字叫云。）

第六章 人称代词的习得（汉语-英语）

*DAD：What's Mummy's name?

（妈妈叫什么名字？）

*JMS：My name is Mummy.

（我的名字叫妈妈。）

在 4;0;02 时，澳齐开始分离 my 并辨识讲话人，这种情况出现的前提条件是，他已经在一个蕴含整体概念关系的固定框架中习得了 my。即使是这样，澳齐对 *my* 的生成性使用包含所有格的意义 I have/"我有"。my 的这种用法类似成人语，但其外延不足。例如，在 4;0;02 时，澳齐从托儿所回到家，与他父亲进行了以下对话（汉语）：

A：*Jin1tian1 wo3 dui4 you4eryuan2 de xiao3 peng2you3 shuo1 wo3 you3 mei4mei.*

（今天我对幼儿园的小朋友说我有妹妹。）

Z：*Ni3 zen3mo shuo1 de*?

（你怎么说的？）

A：*Wo3 shuo1* "this is my Joy."

（我说"这是我的雪莹。"）

两天后（4;0;04），在一个英语语境中，澳齐在两段话语中清晰地用到了 my，表达的形式和功能关系接近成人语：Look, **my** truck! I want make **my** truck blue。虽然这种现象不足以证明澳齐在这个发展阶段对 my 的使用完全符合成人语规范，但是数据显示，他对 my 的生成性使用正在趋近成人语。

总而言之,澳齐的英语代词发展可以概括为三点。第一,除了 mine 之外,几乎所有的英语代词习得都经历了一段公式化时期。因为 mine 是在独词阶段出现的(布朗的第Ⅰ阶段),它可能也经历过一种公式化用法,但是没有充足的证据可以确凿地证明这一现象。第二,第一人称代词 mine、I、me 和 my 的使用似乎经历了一个受限语境期(参见 Budwig,1989,1990),形式-功能关系的有限映射居于支配地位(例如,I 最初和 want 搭配,表达实施行动的意愿)。第三,其余的人称代词没有经历从形式和功能的有限映射扩展至近似成人语的发展变化过程。数据表明,澳齐在公式化表达中使用第二人称和第三人称代词后不久,就掌握了其类似成人语的形式-功能关系。此外,在第Ⅴ阶段,孩子不仅完全掌握了英语单数人称代词及其形式和功能映射的正确用法,而且掌握了其复杂的语言特征——标记人称的语义特征、标记所属的形态特征(my 和 your)以及标记格的句法特征(I-my-me,you-your-you)。数据中没有发现关于格和所属的错误用法。例如:she 总是出现在主语位置。澳齐输出 it 的时间远早于 she 和 he,并且使用 it 的频率也高于代词的阴性和阳性形式。此外,it 和 she/he(it 从未指代人,she/he 从未指代无生命体)的零错误使用现象也许与表达同一功能的其他形式的空缺相关,这种空缺现象在成人话语模式和儿童自己的(语言)发展系统中都存在。

德·胡文(De Houwer,1990)发现,类似的现象出现在荷兰语-英语双语儿童凯特(Kate)习得 it 和 she/he 的过程中。德·胡文讨论了输入和习得的关系,并提出如下假说:很多形态要素的习得高度依赖(a)输入中某些形式的绝对出现频率和分布率之间的互动状态,以及(b)在任何特定时间,儿童自身发展系统的状态(De Houwer,

1990：140—141）。澳齐习得 it 和 she/he 的情况支持这一假说。此外，就阳性和阴性代词出现相对较晚的现象而言，澳齐在英语代词自然性别方面的习得数据与针对英语单语儿童的研究数据类似。澳齐用 she 指称他妹妹和另一个小女孩的正确用法与至少一个单语案例研究类似（Fletcher，1985）。这表明，不是所有的英语单语儿童从最初就不恰当地使用性别人称代词。在弗莱彻的研究报告中，习得英语的小女孩在选择自然性别代词时从未犯任何错误（参见综述 De Houwer，1990：143—144）。因此，在性别代词的使用方面，澳齐与至少一名单语儿童和一名双语儿童的表现非常相似。

总体上，虽然澳齐在英语代词的使用上接近成人语，但是他对代词的复数形式的使用还不成熟，这种状况甚至到第 V 阶段（4;0）依然存在。在 4;0（甚至 4;06）时，澳齐还处于学习英语代词的各类性别和复数形式的关键期。

6.7. 总结

本部分总结这名双语的儿童的代词习得特征、习得路径以及输出模式。首先讨论习得路径。

1. 人称代词的生成性使用没有清晰的输出顺序，澳齐最初使用的一组代词似乎不能构成一个自然类别。汉语代词的习得顺序为（a）第三人称单数，（b）第一人称单数，（c）第二人称单数。英语代词的习得顺序为（a）第一人称单数，（b）无生命第三人称单数，（c）第二人称单数。
2. 这些代词倾向于出现在特定的语境中，没有达到成人语中的完整语境分布。在汉语中，代词最初以限制性形式-功能配对模式出现（例如：第一人称单数"我"最初用于表达对行动的要求；第三人称单数"他/她/它"最初用于指玩具娃娃）。英语是澳齐的弱势语言，几乎所有代词都出现在公式化的、未经解析的话语中。这些话语从整体上对事件和状态中的各种关系进行编码（例如：在My name is X中的第一人称代词my）。

3. 代词的零星使用常常早于更系统的和频繁的使用。
4. 尽管代词最初的分布可能是零星的或局部的，但是不同的人称代词很少相混淆，尤其易于识别的是这些代词的言语-角色特性。不一致的用法错误确实会发生，但只是在某些可预见的条件下出现。当孩子已经习得了一个人称代词并开始习得另一个人称代词时，更容易犯无指称转移的错误；或者，当孩子处于较高的语言行为压力下，他会采用成人的言语角色，模仿成人的代词使用。根据录音数据，这样的错误仅出现在澳齐的一种语言（汉语）中。

与单语儿童的发展相比，澳齐的双语代词使用模式有以下特点：

1. 虽然"他/她/它"的发展过程与第一语言习得中"他/她/它"的出现相一致——"他/她/它"首先出现，并且早于"我"和"你"——但是这与第一语言习得的研究结果不一致。"他/她/它"最初出现在限制性语域内（比如在讲故事的过程中指称玩具娃娃）。"他/她/它"不仅出现在特定的的语域中，而且表达特定的语义，有特定的句子位置。孩子始终用"他/她/它"指称生

第六章 人称代词的习得（汉语-英语）

命体，并常常将其用于主语的位置，用法符合成人语的规则。
2. 澳齐的英语与汉语代词发展的不同之处在于，在英语人称代词出现之前没有出现名词性自我指称现象。
3. 当英语第一人称单数和第二人称单数代词出现时，没有发生代词反转问题，也没有形式-功能混淆的阶段。
4. 在格方面，英语数据中没有发现宾格代词被不恰当地用作句子主语的现象——这种误用现象是早期模式化言语阶段的一个特征（Radford，1986：20）。澳齐始终能够分清代词I、me和mine的格标记。
5. 孩子只用it指称无生命体，并且严格遵循英语（非零主语语言）的必备主语的语法规则。这与德·胡文（De Houwer，1990：141）在荷兰语-英语双语儿童凯特的发展中观察到的用法一致。

总体上，目前的研究表明，双语儿童澳齐在第一人称和第二人称代词的习得上比同龄的汉语和英语单语儿童明显滞后（大约为一年）。此外，他的英语人称代词在发展过程中没有出现错误，也没有明显的困难。然而他的汉语人称代词的发展经历了三个困难阶段：(a) 名词性自我指称；(b) 第一人称和第二人称单数代词的言语角色指称的混淆；(c) 第一人称、第二人称和第三人称单数代词的视角转换指称中行为限制的滞后。此外，第四章和第五章中论述的策略在澳齐对两种语言代词系统的驾驭上也显而易见：在汉语习得上，他采用的是分析法；而在英语习得上，他采用的是综合法。例如几乎所有的英语代词最初都表现为公式化用法。

6.8. 结语

对澳齐在各类语境中的代词和专有名称习得的系统分析，展现了他从最初的错误使用到正确使用的发展变化过程。这种分析有助于在理论层面了解儿童的人称代词习得特点。例如，在 3;0 以后，人称代词的三种形式密集出现的顺序表明——尤其是汉语第三人称代词先于第一人称和第二人称代词出现的现象——在影响习得的诸因素中，语义复杂度不居首位，原因是代词出现的顺序与代词的复杂度或语义关系模式没有必然的联系（第一人称居先，第二人称其次，第三人称居后）。研究结果似乎支持恰特提出的言语-角色假说，即这名双语儿童很少混淆不同的人称或者代词与非代词类的指称。换句话说，这名双语儿童在习得代词的言语-角色功能方面没有障碍。在代词习得初期，反转输出的情况很罕见，仅在可辨识的语境中出现。虽然没有可靠数据作证，但是根据这种现象可以推测，这名双语儿童在输出前已经能够正确理解这些代词。他的反转现象比较复杂，不能简单地套用克拉克的人称假说或查尼的言语角色中的人称假说而将其归因于语言或认知上的不成熟或模仿。在这名双语儿童的代词发展过程中，反转使用只出现过几次，而且都是在汉语中而非英语中出现。仔细观察会话语境中的反转模式可以发现，反转现象出现在正常代词习得的不同发展阶段。例如：澳齐对第一人称和第二人称代词的反转使用的时段为第二人称代词出现的初期。因此，反转现象透露的信息可能是，新的代词形式与已经掌握的代词形式相互竞争，形式还不稳固，在强烈的语言和行为要求下，可能会出现后期的反转现象。针对两种句法和语用规则相异的语言，仔细分析澳齐在人称代词习得过程中的语境有助于了解儿童给形式赋予意义的方式。数据显示，句法、语用和输入因素都会影响

第六章 人称代词的习得（汉语–英语）

儿童的人称代词的学习速度和进展。例如：同龄人的输入使儿童有机会观察在其他对话中人称指示的转换。此外，相互冲突的输入可以促使孩子同时关注人称指示的形式和功能。

澳齐的英语代词系统的零错误发展也许可以验证迈泽尔的假说（Meisel，1990：18），即双语者更倾向于关注语言的形式，因此，与很多或大部分单语者相比，双语者可以更快地习得某些语法结构，犯的错误也更少。

数据同时表明，从早期输出开始（1;7），澳齐似乎是以两种语言各自特有的方式习得代词系统。然而，帕拉迪斯和杰尼斯（Paradis & Genesee，1996）、叶彩燕和马诗帆（Yip & Matthews，2000）、祝华和李嵬（Zhu & Li，2005）以及其他一些学者认为，应该慎重考虑如下问题：双语儿童的两种语言的分立发展不一定意味着两种语言是以同样的方式或速度发展。目前的研究表明，这名汉英双语儿童在汉语习得上走的是一条"尝错"（trial-and-error）路径，汉语是他的强势语言；在作为其弱势语言的英语的代词发展上，他走的是"零错误"（error-free）路径。澳齐采用分析法习得汉语，而采用综合法习得英语。对两种语言的代词系统的加工分别采取不同策略可能使他的两种语言的发展看起来有较大差异。本研究探讨在代词发展中加工模式的个人偏好对发展过程的影响。

本案例研究深入探讨代词的真实发展过程。对个体双语儿童的代词发展的探究有利于同时关注发展过程中的普遍特征和个性特征。综合考虑儿童在某个特定阶段的自我发展情况以及他/她对某些特定输入形式的敏感度，也许可以解释普遍的趋势与个性变化并存的原因。

尾 注

1. 中枢结构的基本特征为包含一个名词词组,这个名词词组同时充当第二个动词的主语和第一个动词的直接宾语,即名词词组作为连接两个动词的"中枢"而发挥作用。参见赵元任(Chao,1968)在 2.13 的论述,第 124—129 页。

第七章 总结

7.1. 引言

本章概述此项研究的结论对普通语言习得（7.3），尤其是双语习得的启示（7.2），并讨论今后研究的方向（7.4）。

7.2. 双语习得启示

7.2.1. 分立发展假说与单一语言系统假说的比较

在双语第一语言习得研究领域两种观点。一种观点认为，同时习得两种语言的儿童在早期发展的是一个融合的语言系统，随后分立发展为两个系统；另一种观点认为，双语儿童从早期开始发展的就是两个分立的语言系统。大部分研究追踪的是印欧语系儿童的共时双语习得，在这些案例中，父母采取的"一亲一语"的亲子语言互动策略。我的研究数据包括一名双语儿童在 1;7—4;6 期间输出的话语，这名儿童接受的是语境制约性双语输入。他实际上代表了大部分移民家庭的孩子。在这些家庭中，语言分立和语码转换是常态。此外，在探讨分立发展与单一语言系统的理论分歧上，本研究涉及的两种语言在形态和类别上均有显著差异。

为验证分立发展假说的有效性，第四章探讨了双语儿童澳齐的两种语言在总体句法发展中的主语实现和词序模式问题。研究结果显示，澳齐的词序模式偏重汉语的基本句法规则，即{S}VO词序。此外，澳齐与汉语单语同龄人输出的词序没有本质差异。澳齐在英语陈述句中始终使用主语，在他的语料中几乎找不到零主语句。澳齐的英语发展路径在以下几个方面与英语单语者的数据一致：词序、名词词组中的限定词、介词词组的实现以及状语补足语。

总之，研究数据显示，澳齐使用最多的汉语语句结构是-V（O），动词有体的标记，缺少显性主语。与之相对照，他偏好的英语语句结构是SVO和SVC，实义动词很少有屈折变化。澳齐没有将零主语知识从汉语迁移至英语；他的英语语句始终包含显性主语。显然，在句法的这些领域，澳齐的两种语言的发展路径各具风格。

此外，研究结果非常值得关注的一点是，澳齐使用的主句没有偏离两种语言的儿童或成人语词序模式，这说明，澳齐的两种语言的词序是分立发展的。澳齐在汉语和英语主语使用上的差别为瓦利安（Valian，1991）的研究结果提供了佐证，即与意大利语单语儿童相比，英语单语儿童会更频繁地使用主语。我的研究结论也与英格拉姆（Ingram，1992）的发现相同：讲英语的儿童索菲（Sophie）比习得日语的儿童汤古（Yuko）更频繁地使用主语。我的研究结果还与胡安-加劳和佩雷斯-维达尔（Juan-Garau & Pérez-Vidal，2000）的研究发现相吻合，他们的双语孩子安德鲁（Andreu）在讲英语时比讲加泰罗尼亚语时更频繁地输出主语。

在主语的实现或缺席问题上，伯曼和韦森伯恩（Berman &

第七章 总结

Weissenborn，1991）的研究也有类似的发现。在主语发展方面，他们的研究对象——17 名法语、德语和希伯来语单语者较早实现了成人化语言模式（这些语言在主语实现上各不相同）。伯曼和韦森伯恩还强调了儿童语法和目标语或成人语法在词序习得上的连续性。他们没有发现明显的词序错误，这与我的结论相同。德·胡文（De Houwer，1990）对荷兰语-英语双语儿童凯特（Kate）的研究也得出了类似的结论。她观察的是一般词序，没有专门聚焦零主语现象。德·胡文认为，在发展两种相异的成人语言的词序模式时，习得方式各不相同，不会出现严重的跨语言的过度概括或扩展不足现象，这就说明，分立发展假说除了适用于词法外，也适用于句法一个重要领域（De Houwer，1990：280）。鉴于澳齐的早期语言发展有较强的零主语倾向（汉语），或许被过度概括的汉语-V（O）模式会迁移至英语，导致英语 SV（O）模式扩展不足。但是，这种预设的现象没有出现在孩子的语言发展的任何阶段。事实上，数据模式显示的是一种语言对另一种语言影响的缺失。换句话说，澳齐以每种语言的独特方式习得词序模式，这些词序模式在成人汉语和英语中有差异。在语言各自的句法习得上，他遵循的似乎是分立的发展路径。

这一切是如何发生的？德·胡文提出了自己的解释，她的观点也是其他研究者（Meisel，1986）所强调的，即英语和荷兰语早期词序区分的核心是早期句法加工模式："部分原因在于，孩子的注意力集中在输入语的形式层面。因此，从很早开始，她就能运用两种封闭的语言系统"（De Houwer，1990：281）。其他因素包括某些类型的输入条件和语境，它们可能导致不同的发展路径。例如，儿童反复接触成人和儿童本族语社区的语言惯用形式，这些惯用形式与非目标语的形式展开竞争并逐渐占了上风——抑制非目标语形式而使自己成为表达特定交际功能的模式。丰富而真实的输入可以为表层形式及其功能提供各种结构，以此构建更强大的提示信号，防止非惯用形式的干扰。例如，澳齐的弱势语言特点的形成受益于输入语料的真实性、丰富性和多样性，其来源包括澳大利亚的多种本族语社区。因此，在早期词序和主语实现方面，孩子的弱势语言是分立发展的，没有受到强势语言的影响，即弱势语言在输出过程中没有出现混用、迁移或任何第二语言的特征。此外，阻止两种语言相互影响的个体差异也可能会决定儿童对两种语言的早期辨识。可以设想，澳齐对两种语言的辨识和区分可能取决于他对语言具体特征的敏感度和应对潜在干扰或迁移的个人能力。即使他的语言输入中同时存在分立的语码和混合语码，孩子对语境信息的敏感度也有助于他分析不同的语言数据。

在第四章、第五章和第六章中，我讨论了双语习得策略，到目前为止，这一领域在文献中很少被关注。双语习得策略可能是促使双语儿童两种语言分立的重要因素。我在第四章中阐述过，澳齐的英语发展表现为空缺-框架（slot-and-frame）/自上而下（top-down）的习得法，与之形成鲜明对照的是，他的汉语的发展表现为逐项（item-by-item）/自下而上（bottom-up）的习得法。我认为，这与单语儿童的方法差别不大。研究报告显示，汉语单语儿童对于多词组合采用的是逐项习得法（Erbaugh，1982），而英语单语儿童结合这两种方法进行多词组合的习得（Pine & Lieven，1993）。回顾澳齐的名词和代词发展过程可以得知，对这两种语言的人称指称系统和代词系统，这名汉英双语儿童采用了不同的习得方法或策略：对汉语使用的是分析法，对英语使用的是综合法。我认为，这两种截然不同的方法反映了澳齐的两种语言在不同语境中的互补功能——虽然使用是分开的，但是在价值观、各类活动领域和日常生活场景方面，两种语言的表述具有互补性。对他的弱势语言英语，澳齐采用了自上而下的方法，但是这种策略并不能证明双语儿童用弱势语言造句的时候会借助于强势语言的句法结构。此外，双语儿童会利用各种资源以达到交际的要求，因此，言语语境的特点会影响他/她对两种语言的加工和使用（另参见 Lanza, 2000: 134）。据此，还可以推测，在不混用两种语言以及两种语言之间不发生迁移的情况下，双语儿童能够突破其语言能力的极限。

7.2.2. 两种语言的互动

如前所述，在句法领域，澳齐的两种语言以各自独特的方式发展。第五章和第六章的论述表明，在名词性自我指称和代词指称方面，两种语言没有出现相互依赖或迁移的影响。然而，依据第二章的讨论，在若干问题中还有一点需要关注，即双语者和单语者的语言表征不必一致，跨语言的影响不能被排除，持此观点的研究者包括帕拉迪斯和杰尼斯（Paradis & Genesee, 1996）、高黎泰克-迈瓦尔德和特蕾西（Gawlitaek-Maiwald & Tracy, 1996）、缪勒（Müller, 2003）、祝华和李嵬（Zhu & Li, 2005）、叶彩燕和马诗帆（Yip & Matthews, 2000, 2007）。因此，双语儿童的两种语言可能有区分，但是也仍然会相互影响。

在句法、名词指称向代词指称的过渡和代词发展方面，澳齐的语言发展显示了四种不同的差异。

灵活度差异：

第四章中的数据表明，与汉语单语同龄人相比，澳齐使用的目标语词序更多样化。例如，他尝试了最常用的汉语句法模式：-VO、SV、SVO、OV和SOV。在主题化方面，澳齐对OSV的使用远早于汉语单语同龄人（2;3;16，MLU2.3），并且几乎没有犯过错。根据厄尔博（Erbaugh，1982）的报告，不同的词序仅出现在汉语儿童发展的后期。澳齐对句法的灵活掌握等同于成人的语言水平，这表明他对暗示语言潜在结构的表层提示表现出较高的敏感度。与英语单语同龄儿童的语言相比，在他的英语句子中，限定动词形式变化较少，助动词和情态动词比较少，疑问和否定的固定模式囿于局部的范围。澳齐在英语习得上采取了不同的策略，原因可能是他接触英语的机会较少以及英语语境中的不同要求，而他的英语使用的僵化性可能也与习得策略有关。迈泽尔（Meisel，1989：25）分析了两名德法双语儿童的词序模式，起始时间是第Ⅱ阶段（MLU 1.75）。他发现，在所调研的整个多词阶段，SVO结构在两种语言中几乎都占支配地位，词序的变化程度明显小于法语和德语单语儿童的话语。迈泽尔的研究（Meisel，1989）所所发现的词序模式类似于澳齐的英语词序模式，而澳齐的汉语词序表现出更大的灵活性。

速度差异：

值得注意的是，如果以自然年龄为衡量标准，在发展的某些领域，澳齐的双语习得速度不同于单语儿童的习得速度。此外，他的两种语言的习得进展不同步。第四章的阐述表明，澳齐的英语语句发展比汉语滞后大约一年；与之类似，澳齐的英语发展比英语单语同龄儿童滞后大约一年。根据第六章的讨论，澳齐的英语和汉语的人称代词发展均晚于两种语言的单语同龄儿童（滞后大约一年时间）。

第七章　总结

路径差异：

翻译对等语及其在语境中的使用情况是判断双语儿童在第Ⅰ阶段发展的是融合词汇还是双重词汇的重要依据（独词阶段；参见 Quay，1995；Deuchar & Quay，2000）。翻译对等语在 1;10 双语儿童的语言中就已经被研究者发现。这种现象甚至出现在研究者所界定的第Ⅰ阶段，即双语儿童必须经历的单一词汇系统阶段——例如：利奥波德的女儿希尔德加德（Hildegard）以及沃尔泰拉和泰施纳的研究对象莉萨和朱丽娅（Genesee，1989；Quay，1995）。在第五章中，我指出在澳齐的第Ⅰ阶段的词汇中没有发现翻译对等语。他的英语和汉语词汇的分布和构成截然不同。一方面，汉语中的具体名词——尤其是表示亲属关系的名称——约占全部名词性词语的 59%，汉语的亲属名称似乎是指称语的入门词条。另一方面，在澳齐早期习得的 50 个英语词语中，名词只占 2.6%，而 97.3% 的词语均为关系词、拟声词或日常用语。英语中只出现一个亲属名称：父亲（2 个形符），用以指称书中的一名男子，非现实中的人。在此阶段，还没有出现表示生命体和物品的其他词语。可以看出，在这名男孩的英语的早期发展中，虽然关系词和公式化短语的占比相当高，但是没有出现任何其他人称指示词。依据沃尔泰拉和泰施纳界定的第Ⅰ阶段（Volterra & Taeschner，1978），在澳齐的初期词汇中没有出现翻译对等语。然而，他的汉语和英语词汇呈现出语境敏感性，也就是说，他的词汇依据语域呈现互补分布——汉语词汇用于家庭生活中的日常交流，而英语词汇用于阅读、外出和其他活动。澳齐的词汇构成和使用表明，翻译对等语的缺失并不一定意味着双语儿童在第Ⅰ阶段发展的是融合词汇。换句话说，在这种类型的早期双语第一语言习得中，翻译对等语不能有效地证明儿童发展的究竟是双重的还是融合的词汇系统。

　　第六章的讨论表明，澳齐的汉语代词习得顺序既不同于他的英语代词习得顺序，也不同于汉语单语同龄儿童的数据：最早出现的是第三人称代词，其次是第一人称和第二人称代词。此外，根据第五章和第六章中的数据，澳齐以试错法习得汉语（孩子的强势语言）中的名词性人称和代词指称，而他在习得英语（孩子的弱势语言）的名词性人称和代词指称过程中却没有出错。例如，在汉语或英语的单语研究数据中，未见有关汉语的两种自我指称形式并存的报告——根据话语的功能细分而采用不同的自我指称。基于对澳齐的数据分析，施莱特的研究结论有待商榷："双语儿童的强势语言完全等同于单语儿童正常的第一语言，而弱势语言与第二语言有相似之处"（Schlyter，1993：305）。我认为，双语儿童澳齐关注代词的形式和功能的相互关系。在输出过程中，弱势语言没有显示混用、迁移或第二语言特征。澳齐的英语代词的零错误习得过程为迈泽尔的假说（Meisel，1990：18）提供了佐证，即双语者倾向于关注语言的形式，因此，能够更快地习得某些语法特征，并且比很多单语者犯的错误更少。最后一点，在语言的接受阶段，每一名儿童的双语输入条件和语境、个体的谨慎程度的差异和应对潜在干扰或迁移影响的能力也可能在语言的使用中起一定的作用。因此，更关注形式的精确度而不是流利度的儿童会先观察一段时间，直到确信能够做到精确地表达，才会使用目标语形式。

语言习得策略的差异：

　　我在 7.2.1 中阐述过，澳齐对两种代词系统采用的习得策略显而易见（参见第四章和第五章），同样的情况也表现在他的语言加工策略

第七章 总结

的差异上：澳齐对汉语采用的是分析法，但是对英语采用的是综合法。本研究表明，在句法和代词发展方面，加工模式的个体喜好会影响加工过程。此外，加工机制（假设所有儿童的加工机制都一样）与儿童在不同学习语境中接收和加工的输入结构之间存在互动。

7.2.3. 方法论的贡献

单语发展研究表明，在儿童最初习得的100个词语中，基于未经解析的短语而输出的话语模式与固化短语的数量之间有很强的关联度（Pine & Lieven, 1993：568）。正如儿童早期词汇中普通名词的占比，固化短语的数量没有减少，而是有显著增长——约50—100个词语（Pine, 1990）。本研究包括更大语块的数据，比如公式化语言单位，因此，提供了一个观察发展中的连续性和变化的框架，这个框架同样适用于研究两种语言在独词和多词阶段的差异。根据单语和双语习得文献，研究者不需要关注儿童语言中的公式语的数量，而应重视儿童语言发展中的生成性话语单位。贝茨、布雷瑟顿和斯奈德认为，对早期词语发展中未经解析的短语的习得"不会有任何结果"（Bates, Bretherton, & Snyder, 1980：223）；然而，我的研究有力地证实了巴瑞特（Barrett, 1989）——多词话语的习得包括分析性路径和综合性路径。我的发现也支持布雷恩的结论（Braine, 1976）生成性话语模式是从最初未经解析的短语（另参见 Pine & Lieven, 1993）发展而来的。此外，本研究还认为，对固化短语的习得不仅有利于从独词向多词话语的转换，而且在语言的选择和使用方面，这样的策略有助于增强双语儿童避免混用或迁移的能力。这种结论意味着研究者可能需要重新评估双语数据的分析单位：公式化短语——比如因采用综合性策略而产生的"空缺-框架"模式——可以使儿童获得非常重要的分布性信息,这类信息有助于提高他们对语言个性特征的敏感度,并且使他们建立类别的概念。因此对澳齐的公式语数据的分析是一种有用的方法论工具,可以用于探究正常的双语发展过程中核心机制的特征。

7.3. 双语习得研究与单语习得研究的观点之争

第六章的分析表明,在汉语儿童的话语数据中,汉语第三人称代词可以在具体的语域中最先被习得。此结论对克拉克的名称假说(Clark,1978)和查尼的话语角色中的人称假说(Charney,1980)提出了质疑。在澳齐的汉语和英语的全部语料中,虽然存在不一致的用法错误,但是并没有出现系统性的代词误用现象。本研究有助于从理论层面理解儿童学习人称代词的机制。研究的结论似乎支持克拉克(Clark,1978)和恰特(Chiat,1981,1986)提出的话语角色假说——双语儿童很少混淆不同的人称,也很少将代词与其他类别的词相混淆。话语输出中的反转现象在代词习得初期很少见,即使出现,也仅见于可辨识的语境中。这种现象可能表明,这名双语儿童在输出代词之前已经能够正确理解其用法(尽管需要获取关于理解力的数据用来证实这个推论)。数据表明,句法、语用和输入因素会影响人称代词的输出速度和顺畅性。

本研究聚焦的是先前的双语第一语言习得研究未曾系统涉及的领域。文献回顾表明,针对双语分立和互动的研究没有深入探讨过双语环境类型、输入、语境、强势语言与弱势语言、特别是习得加工策略等因素,探究这些因素之间的相互影响有助于以全局的视野理解语言习得。我对代词习得的研究表明,在儿童的语言习得中,其话语意义不仅通过言语本身呈现，还通过一系列的环境和惯用特征得以交流，话语的形式结构只是这些特征中的一种（Olson, 1977 : 183）。此外，目前的研究表明，不同类型的输入体验会影响儿童输出人称代词的速度和顺畅性。不同的学习语境使双语儿童有机会利用语言加工策略习得两种语言的代词的目标形式和功能的映射。

7.4. 今后的研究方向

本研究立足于心理学的框架，将个体的人视为基本单位。这种思路与斯特恩（Stern, 1927）的主张一致，即发展是从一种基于"身心一体"的状态中划分不同领域的过程。斯特恩的观点不具有现代学术意义上的规范性。只有开展深入的案例研究才能对发展过程提供真实的描述，双语儿童自身就可以实现对社会变量的控制（Slobin, 1973 ; Meisel, 1989 ; De Houwer, 1990）。借助这种方法，我们可以认识到很多相互依附的变量。这些变量不仅出现在语言系统内，而且还出现在个体所处的社会环境和心理结构中（De Bot, Lowie, & Verspoor, 2007）。如前所述，本研究策略便于同时聚焦发展的一般过程和特殊过程。

双语习得研究可以丰富对语言习得的总体认识。双语儿童的身份识别和代词发展是了解语言发展和认知发展接口的数据源。对家庭结构和输入模式的研究——例如：儿童的不同语言环境——有助于了解认知、社会和环境因素的持续的相互作用过程以及因此而出现的创造性言语交际行为。如果将理解力数据纳入双语儿童代词习得的研究中，关于儿童代词学习规律的三个假说——名称假说、话语角色假说和话语角色中的人称假说——可能会更具说服力。对儿童语言习得后期的英语复数人称代词使用情况的研究有助于深入了解在非语言和语际语情境下代词的数与格的发展。

双语习得具有复杂的动态变化特征，仍有许多问题有待研究。不同的语言组合以及不同数量和类型的语言接触而导致的多样化情况有待探讨（Genesee，2003：224）。将来的研究应该更多地关注儿童早期双语发展的不同类型和接触程度对两种语言的习得可能产生的影响。在这方面，研究基础较成熟的领域包括语境制约性的"一境一语"移民家庭；多名儿童互动的语境；旁听话语和多元对话的影响；两种语言的动态变化（特别是弱势语言对强势语言的影响以及强势语言被弱势语言超越的过程）；移入国传统语言的传承；认知、社会化和语言的接口。另外，在研究类型相近的语言对时，还应该考虑针对类型相异的语言对所采取的不同策略——本研究所发现的策略——是否在类型相近的两种语言的习得中发挥同样的作用。

本研究和其他诸多研究都证实，双语能力是一笔宝贵的财富。双语能力有助于儿童的认知发展、个人成长和社会适应能力的发展，并且使儿童接触到更多的人类智慧，为他们在多语言和多文化世界中的生活和事业打开更多扇机遇之门。

参考文献

Agar, M. (1980). *The professional stranger: An informal introduction to ethnography*. New York, NY: Academic Press.

Andersen, E. S., Dunlea, A., & Kekelis, L. S. (1983). Blind children's language: Resolving some differences. *Journal of Child Language, II*, 645-664.

Angiolillo, C., & Goldin-Meadow, S. (1982). Experimental evidence for agent-patient categories in child language. *Journal of Child Language, 9*, 637-643.

Argyle, M., & Ingham, R. (1972). Gaze, mutual gaze and proximity. *Semiotica, IV*(1),32-49.

Arnberg, L. (1987). *Raising children bilingually: The pre-school years*. Clevedon, UK: Multilingual Matters.

Amberg, L., & Amberg, P. (1988). Language awareness and language separation in the young bilingual child. Paper presented at the First Hamburg Symposium on Multilingualism: imensions of Bilingual Development, Hamburg. Also published in R. J. Harris (Ed.), *Cognitive processing in bilinguals*. Amsterdam, The Netherlands: North Holland, 475-500.

Australian ABC Radio National. (2011). Your fabulous bilingual brain! Retrieved from http://www.abc.net.au/rn/allinthemind/stories/ 2011/3164263.htm#transcript.

Australian Bureau of Statistics.(2006).Population census. Retrieved from http://www.abs.gov.au/.

Australian Bureau of Statistics. (2009a, September). Australian social trends. 4102.0.

Australian Bureau of Statistics. (2009b). Population by age and sex, regions of Australia. 3235.0.

Bain, R. (1936). The self-and-other words of a child. *American Journal of Society, 41,* 767-775.

Baker, C., & Prys Jones, S. (1998). *Encyclopedia of bilingualism and bilingual education.* Clevedon, UK: Multilingual Matters.

Barrett, M. (1989). Early language development. In A. Slater & G. *BrtmnQx (Eds.) Infant development.* London, UK: Erlbaum.

Barrett, M. D. (1981). The communicative functions of early child language. *Linguistics, 19,* 273-305.

Barrett, M. D. (1982). Distinguishing between prototypes: The early acquisition of the meanings of object names. In S. A. Kuczaj (Ed.), *Language development: Vol. 1. Syntax and semantics.* Hillsdale, NJ: Erlbaum.

Barrett, M. D. (1983, September). *Scripts, prototypes, and the early acquisition of word meaning.* Paper presented at the Annual Conference of the British Psychological Society Developmental Section, Oxford, UK.

Barrett, M. D. (1986). Early semantic representations and early word usage. In S. A. Kuczaj & M. D. Barrett (Eds.), *The development of word meaning.* New York, NY: Springer Verlag.

Barrett, M. D. (1987, July). *Theoretical constructs in the explanation of early word meaning: Event representations and prototypes.* Paper presented at the Fourth International Congress for the Study of Child Language, Lund, Sweden.

Barrett, M. D. (1989). Early language development. In A. Slater & G. Bremner (Eds.), *Infant development.* London, UK: Erlbaum.

Barrett, M. D. (1991). The multi-route model of early lexical development. *Anales de Psicologia, 7,* 123-136.

Barrett, M. D. (1995). Early lexical development. In P. Fletcher & B. MacWhinney (Eds.), *The handbook of child language.* Oxford, UK: Blackwell.

参考文献

Bates, E., Bretherton, I., Shor, C., & McNew, S. (1983). Names, gestures, and objects: Symbolization in infancy and aphasia. In K. E. Nelson (Ed.), *Children's language, vol. 4*. Hillsdale, NJ: Erlbaum.

Bates, E., Bretherton, I., & Snyder, L. (1988). *From first words to grammar: Individual differences and dissociable mechanisms*. Cambridge, UK: Cambridge University Press.

Bates, E., & MacWhinney, B. (1989). Functionalism and the competition model. In B. MacWhinney & E. Bates (Eds.). *The cross-linguistic study of sentence processing* (pp. 3-76). Cambridge, UK: Cambridge University Press.

Bellugi, U., & Klima, E. S. (1982). *The acquisition of three morphological systems in American Sign Language*. Stanford, Calif: Standford University, Dept, of Linguistics.

Benedict, H. (1979). Early lexical development: Comprehension and production. *Journal of Child Language, 6*, 183-200.

Benveniste, F. (1971). *Problems in general linguistics*. Translated by M. E. Meek. Coral Gables, FL: University of Miami Press.

Berman, R. (1986a). A crosslinguistic perspective: Morphology and syntax. In P. Fletcher & M. Garman (Eds.), *Language acquisition*. Cambridge, UK: Cambridge University Press.

Berman, R. (1986b). A step-by-step model of language acquisition. In I. Levin (Ed.), *Stage and structure: Reopening the debate*. Norwood, NJ: Ablex.

Berman, R. A., & Weissenbom, J. (1991). Acquisition of word order: A crosslinguistic study. *Final scientific report*. German-Israel Foundation for Scientific Research and Development (GIF). Research grant agreement no. 1-11-070.4/87 (pp. 12-25). Jerusalem, Israel: GIF.

Bernardini, P., & Schlyter, S. (2004). Growing syntactic structure and code-mixing in the weaker language. *Bilingualism: Language and Cognition, 7*(1), 49-69.

Bettelheim, B. (1967). *The empty fortress*. New York, NY: Cambridge University Press.

Bialystok, E. (2001). *Bilingualism in development: Language, literacy and cognition*. Cambridge, UK: Cambridge University Press.

Bloom, L. (1970). *Language development: Form and function in emerging grammars*. Cambridge, MA: MIT Press.

Bloom, L. (1973). *One word at a time: The use of single word utterances before syntax.* The Hague, The Netherlands: Mouton.

Bloom, L. (1991). *Language development: From two to three.* Cambridge, UK: Cambridge University Press.

Bloom, L., Lightbown, P., & Hood, L. (1975). Structure and variation in child language. *Monographs of the Society for Research in Child Development, 40*(2), 180-230.

Bloom, P. (1991). Subjectless sentences in child language. *Linguistic Inquiry, 21,* 491-504.

Bosch, L., & Sebastián-Gallés, N. (2001). Early language differentiation in bilingual infants. In J. Cenoz & F. Genesee (Eds.), *Trends in bilingual acquisition.* Amsterdam, The Netherlands: John Benjamins.

Bowerman, M. (1978). The acquisition of word meaning: An investigation into some current conflicts. In N. Waterson & C. Snow (Eds.), *The development of communication* (pp. 71-94). Chichester, UK: Wiley.

Bowerman, M. (1980). The structure and origin of semantic categories in the language-learning child. In M. Foster & S. Brandes (Eds.), *Symbol as sense.* Chichester, UK: Wiley. New York, NY: Academic Press.

Bowerman, M. (1982). Starting to talk worse: Clues to language acquisition from children's late speech errors. In S. Strauss (Ed.), *U-shaped behavioral growth.* New York, NY: Academic Press.

Carey, S. (1978) The child as word learner. In M. Halle, J. Bresnan, & G. A. Miller (Eds.), *Linguistic theory and psychological reality.* Cambridge, MA: MIT Press.

Central Intelligence Agency [CIA]. (2011). *Worldfactbook.* Washington, DC: CIA.

Chan, A. (2010). The Cantonese double object construction with *bei2* 'give' in bilingual children: The role of input. *International Journal of Bilingualism,Special Issue, 14*(1), 65-86.

Chao, Y. R. (1951 /1976). The Cantian idiolect: An analysis of the Chinese spoken by a twenty-eight-month-old child. In A. Dil (Ed.), *Aspects of Chinese sociolinguistics: Essays by Yuen Ren Chao.* Stanford, CA: Stanford University Press.

Chao, Y. R. (1968). *A grammar of spoken Chinese.* Berkeley & Los Angeles, CA: University

参考文献

of California Press.

Charney, R. (1980). Speech roles and the development of personal pronouns. *Journal of Child Language, 7,* 509-528.

Cheung, H. (1998). Utterance length and the development of Mandarin Chinese. Paper presented in the First Asia Pacific Conference on Speech, Language and Hearing, Hong Kong, October 1998.

Chiat, S. (1978). *The analysis of children's pronouns: an investigation into the prerequisites for linguistic knowledge.* Unpublished doctoral dissertation, University of London.

Chiat, S. (1981). Context-specificity and generalization in the acquisition of pronominal distinctions. *Journal of Child Language, 8,* 75-91.

Chiat, S. (1982). If I were you and you were me: The analysis of pronouns in a pronoun-reversing child. *Journal of Child Language, 9,*359-379.

Chiat, S. (1986). Personal pronouns. In P. Fletcher and M. Garman (Eds.), *Language acquisition* (pp. 339-355). London, UK: Cambridge University Press.

China statistical yearbook. (2009). Beijing, China: National Bureau of Statistics of China.

Chomsky, N. (1986). *Knowledge of language: Its nature, origin, and use.* London, UK: Praeger.

Chomsky, C. (1969). *The acquistion of syntax in Children from 5-10.*Cambridge, MA: MIT Press.

Clark, E. V. (1978). From gestures to word: On the natural history of deixis in language acquisition. In J. S. Bruner & A. Garton (Eds.), *Human growth and development: Wolfson College Lectures 1976* (pp. 85-120). Oxford, UK: Clarendon Press.

Clark, H., & Sengul, C. (1979). In search of referents for nouns and pronouns. *Memory and Cognition, 7,* 35-41.

Clark, R. (1974). Performing without competence. *Journal of Child Language, 1,* 1-10.

Clyne, M. (1967). *Transference and triggering: Observations on the language assimilation of postwar German-speaking migrants in Australia.* The Hague, The Netherlands: Nijhoff.

Clyne,M.(1972).*Perspectives on language contact*.Melbourne, Australia: Hawthorn Press.

Clyne, Michael. (1987). "Don't you get bored speaking only English?": Expressions of metalinguistic awareness in a bilingual child. In R. Steele & T.Threadgold (Eds.), *Language Topics*, 85-104. Amsterdam, The Netherlands: John Benjamins.

Clyne, M. (1991). *Community languages: The Australian experience*. Cambridge, UK: Cambridge University Press.

Clyne, M. (2003). *Dynamics of language contact*. Cambridge, UK: Cambridge University Press.

Clyne, M. (2005). *Australia's language potential*. Sydney, Australia: UNSW Press.

Cole, P. (1987). Null objects in universal grammar.*Linguistic Inquiry,18*(4),597-612.

Comrie,B. (1989). *Language universal and linguistics typology* (2nd ed.).Oxford, UK: Basil Blackwell.

Cooley,C.H. (1908). A study of the early use of self-words by a child. *Psychological Review*, 15, 339-357.

Cromer,R.F.(1974).The development of language and cognition: the cognitive hypothesis. In B.Foss(Ed.), *New Perspectives in child language*. Harmondsworth, Middx: Penguine Books.

Crystal, D. (1981).Clinical linguistics. Vienna & New York: Springer.

Crystal, D., Fletcher, P. & Garman, M. (1989). *Grammatical analysis of language disability*. (2nd ed.). London: Cole & Whurr.

Dale, P. S., & Crain-Thoreson, C. (1993). Pronoun reversals: Who, when, and why? *Journal of Child Language*, 20, 573-589.

David, A., & Li, W. (2008). Individual differences in the lexical development of French-English bilingual children. *International Journal of Bilingual Education and Bilingualism*, *11*(5), 1-12.

De Bot, K., Lowie, W., & Verspoor, M. (2007). A dynamic systems theory approach to second language acquisition. *Bilingualism: Language and Cognition, 10*(1), 7-21.

DeCasper, A. J., & Spence, M. J. (1986). Prenatal maternal speech influences newborns' per-

参考文献

ceptions of speech sounds. *Infant Behavior and Development, 9*, 133-150.

De Houwer, A. (1990). *The acquisition of two languages: A case study.* Cambridge, UK: Cambridge University Press.

De Houwer, A. (1995). Bilingual language acquisition. In P. Fletcher & B. MacWhinney (Eds.), *The handbook of child language* (pp. 219-250). Oxford, UK: Blackwell.

De Houwer, A. (1998). By way of introduction: Methods in studies of bilingual first language acquisition. *International Journal of Bilingualism, 2*(3), 249-263.

De Houwer, A. (2005). Early bilingual acquisition: Focus on morpho-syntax and the separate development hypothesis. In J. F. Kroll & A. M. B. DeGroot (Eds.), *Handbook of bilingualism: Psycholinguistic approaches* (pp. 30-48). Oxford, UK: Oxford University Press.

De Houwer, A. (2009). *Bilingual first language acquisition.* Bristol, UK: Multilingual Matters.

Deuchar, M., & Clark, A. (1988). *Acquisition of voicing in a Spanish-English bilingual.* Paper presented at the Annual Meeting of the Linguistic Society of America, New Orleans, LA.

Deuchar, M., & Quay, S. (2000). *Bilingual acquisition: Theoretical implications of a case study.* Oxford, UK: Oxford University Press.

Deutsch, M., & Pechmann, T. (1978). Ihr, dir, or mir? On the acquisition of pronouns in German children. *Cognition, 6*, 155-168.

Deustch, W., & Budwig, N. (1983). Form and function in the development of possessives. *Paper and reports on child language development, 22,* 36-42.

Deustch, W., Wagner, A., Burchardt, R., Shulz, N., & Nakath, J. (2001). Person in the language of singletons, siblings, and twins. In M. Bowermann and S. C. Levinson (Eds.), *Language acquisition and conceptual development* (pp.284-315). Cambridge, UK: Cambridge University Press.

De Villiers, P. A., & de Villiers, J. G. (1974). On this, that, and the other: Non-egocentrism in very young children. *Journal of Experimental Child Psychology, 18,* 438-447.

Di Biase, B. (1998). *Second language acquisition notes and exercises.* Sydney, Australia: University of Western Sydney Press.

Dockrell, J., & Campbell, R. (1986). Lexical acquisition strategies in the preschool child. In S. A. Kuczaj & M. D. Barrett (Eds.), *The development of word meaning*. New York, NY: Springer-Verlag.

Döpke, S. (1988). The role of parental teaching techniques in bilingual German-English families. *International Journal of the Sociology of Language, 72,* 101-112.

Döpke, S. (1992a). *One parent, one language: An international approach.* Amsterdam, The Netherlands: John Benjamins.

Döpke, S. (1992b). A bilingual child's struggle to comply with the "one parent-one language rule." *Journal of Multilingual and Multicultural Development, 13*(6), 467-485.

Döpke, S. (1998). The role of parental teaching techniques in bilingual German-English families. *International Journal of the Sociology of Language, 72,* 101-112.

Döpke, S. (2000). *Cross-linguistic structures in simultaneous bilitigualism.* Amsterdam, The Netherlands: John Benjamins.

Dore, J., Franklin, M. B., Miller, R. T., & Ramer, A. L. H. (1976). Transitional phenomena in early language acquisition. *Journal of Child Language, 3,* 13-28.

Dromi, E. (1987a). *Early lexical development.* Cambridge, UK: Cambridge University Press.

Dromi, E. (1987b). *Underlying semantic and cognitive processes in the acquisition of lexical meaning.* Paper presented at the Tel Aviv University Workshop on Language and Cognition: A Developmental Perspective.

Erbaugh, M. (1982). *Coming to order: Natural selection and the origin of syntax in the Mandarin-speaking child.* Unpublished PhD dissertation, University of California, Berkeley.

Erbaugh, M. (1983). Why Chinese children's acquisition of Mandarin predicates should be "just like English." *Papers and reports on child language development, 22,* 49-57.

Erbaugh, M. (1992). The acquisition of Mandarin. In D. I. Slobin (Ed.), *The crosslinguistic study of language acquisition* (Vol. 3). London, UK: Lawrence Erlbaum.

Fay, W. H. (1979). Personal pronouns and the autistic child. *Journal of Autism and Developmental Disorders, 9,* 247-260.

Fay, W. H., & Shuler, A. L. (1980). *Emerging language in autistic children.* Baltimore, MD:

参考文献

University Park Press.

Ferrier, L. J. (1978). Some observations of error in context. In N. Waterson & C.E. Snow (Eds.), *The development of communication*. Chichester, UK： Wiley.

Fletcher, P. (1985). *A child's learning of English*. New York, NY： Basil Blackwell.

Fraiberg, S. (1977). *Insights from the blind*： Comparative studies of blind and sighted infants. New York, NY： Basic Books.

Fraiberg, S., & Adelson, E. (1973). Self-representation in language and play： Observations of blind children. *Psychoanalysis Quarterly, 42*, 539-562. Reprinted in S. Fraiberg (1977). *Insights from the blind*. London, UK： Souvenir Press.

García, E. (1983). *Early childhood bilingualism*. Albuquerque： University of New Mexico Press.

Gawlitzek-Maiwald, I., & Tracy, R. (1996). Bilingual bootstrapping. *Linguistics, 34*, 901-926.

Genesee, F. (1989). Early bilingual development： One language or two? *Journal of Child Language, 6*, 161-179.

Genesee, F. (1993). Bilingual development in preschool children. In Biship & K. Magford (Eds.), *Language development in exceptional circumstances* 62-79. Hillsdale, NJ： Erlbaum.

Genesee, F. (2000). Introduction. *Bilingualism*： Language and Cognition, 5(3), 167-172.

Genesee, F. (2003). Rethinking bilingual acquisition. In J. Dewaele, A. Housen, & W. Li (Eds.), *Bilingualism*： Beyond basic principles. Clevedon, UK： Multilingual Matters.

Genesee, F., Boivin, I., & Nicoladis, E. (1996). Talking with strangers： A study of bilingual children's communicative competence. *Applied Psycholinguistics, 17*, 427-42.

Genesee, F., Nicoladis, E., & Paradis, J. (1995). Language differentiation in early bilingual development. *Journal of Child Language, 22*, 611-631.

Gentner, D. (1982). Why nouns are learned before verbs： Linguistic relativity vs. natural partitioning. In S. Kuczaj (Ed.), *Language development*： Language, culture and cognition. Hillsdale, NJ： Erlbaum.

Gentner, D., & Boroditsky, L. (2001). Individuation, relativity, and early word learning. In M.

Bowerman & S. C. Levinson (Eds.), *Language acquisition and conceptual development*. Cambridge, UK: Cambridge University Press.

Girouard, P. C., Ricard, M., & Decarie, T. G. (1997). The acquisition of persons in French-speaking and English-speaking children. *Journal of Child Language, 24*, 311-326.

Grammont, M. (1902). Observations sur le langage des enfants. In D. Barbelenet & Paul Boyer (Eds). *Melanges linguistiques offerts a M. Antoine Meillet* (pp. 61-82). Paris, France: Klincksieck.

Grosjean, F. (1982). *Life with two languages: An Introduction to bilingualism*. Cambridge, MA: Harvard University Press.

Grosjean, F. (1985). The bilingual as a competent but specific speaker-hearer. *Journal of Multilingual and Multicultural Development, 6*, 467-477.

Grosjean, F. (1998). Studying bilinguals: Methodological and conceptual issues. *Bilingualism: Language and Cognition, 1*(2), 131-149.

Gu, C. (2010). Crosslinguistic influence in two directions: The acquisition of dative constructions in Cantonese-English bilingual children. *International Journal of Bilingualism, Special Issue, 14*(1), 87-104.

Halliday, M. A. K. (1985). *An introduction to functional grammar*. London, UK: Edward Arnold.

Harding, E., & Riley, P. (1986). *The bilingual family: A handbook for parents*. Cambridge, UK: Cambridge University Press.

Hayashi, M. (1992) *Lexical development and early translation equivalents in bilingual children*. Poster presented at the 1992 Child Language Seminar, Glasgow, Scotland.

Hernández Pina, F. (1990). *Teorías psicosociolinguisticas y su aplicacíon a la adquisicíon de lespanol como lengua maternal*. Madrid, Spain: Siglo XXI.

Hsu, J. H. (1987). *A study of the various stages of development and acquisition of Mandarin Chinese by children in Chinese milieu*. National Science Council Research Report, College of Foreign Languages, Taiwan: Fu Jen Catholic University.

Huang, C.-T. J. (1984). On the distribution and reference of empty pronouns. *Linguistic Inqui-*

参考文献

ry, 15, 131-174.

Huang, C.-T. J. (1989). Pro-drop in Chinese: A generalized control theory. In O. Jaeggli & K. Safir (Eds.), *The null subject parameter* (pp.185-214). Dordrecht, The Netherlands: Kluwer.

Huang, P.-Y. (1999). *The development of null arguments in a Cantonese-English bilingual child.* Unpublished M. Phil, thesis, Chinese University of Hong Kong.

Hudson, R. (1984). *Word grammar.* Oxford, UK: Basil Blackwell.

Huxley, R. (1970). The development of the correct use of subject personal pronouns in two children. In G. B. Flores D'Arcais & W. J. M. Levelt (Eds.), *Advances in psycholinguistics* (pp. 141-165). Amsterdam, The Netherlands: North-Holland.

Hyams, N. (1986). *Language acquisition and the theory of parameters.* Dordrecht, The Netherlands: Reidel.

Hyams, N. (1987). *The setting of the null subject parameter: A reanalysis.* Paper presented at the Boston University Conference on Child Language Development.

Hyams, N. (1989). The null subject parameter in acquisition. In O. Jaeggli & K. Safir (Eds.), *The null subject parameter* (pp. 215-238). Dordrecht, The Netherlands: Kluwer.

Hyams, N., & Siguijonsdottir, S. (1990). The development of "long-distance anaphora?": A cross-linguistic comparison with special reference to Icelandic. *Language Acquisition, 1,* 57-93.

Imedadze, N. V. (1967). On the psychological nature of child formation under conditions of exposure to two languages. *International Journal of Psychology, 2,* 129-132.

Ingram, D. (1971). Toward a theory of person deixis. *Papers in Linguistics, 4(1),*37-54.

Ingram, D. (1989). *First language acquisition: Method, description and explanation.* Cambridge, UK: Cambridge University Press.

Ingram, R. (1992). The optional subject phenomenon in young children's English: a case study. *Journal of Child Language, 19,* 133-151.

Jaeggli, O., & Safir. L. (1989). The null subject parameter and parametric theory. In O. Jaeggli & K. Safir (Eds.), *The null subject parameter* (pp. 1-44). Dordrecht, The Netherlands:

Kluwer.

Jespersen, O. (1922). *Language: Its nature, development, and origin.* New York, NY: Holt; London, UK: Allen & Unwin.

Jin, H. G. (1994). Topic-prominence and subject-prominence in L2 acquisition: Evidence of English-to-Chinese typological transfer. *Language Learning, 44*(1), 101-122.

Johnson, C., & Lancaster, P. (1998). The development of more than one phonology: A case study of a Norwegian-English bilingual child. *International Journal of Bilingualism, 2*(3), 265-300.

Johnson, C., & Lancaster, P. (1998). The development of more than one phonology: A case study of a Norwegian-English bilingual child. *International Journal of Bilingualism, 2*(3), 265-300.

Juan-Garau, M. (1996). *Language development in a Catalan-English bilingual between the ages of 1 and 3.* Barcelona, Spain: Publicaciones y Promociones Universitarias.

Juan-Garau, M., & Perez-Vidal, C. (2000). Subject realization in the syntactic development of a bilingual child. *Bilingualism: Language and Cognition, 3*(3), 173-191.

Kaiser, G. (1994). More about INFL-ection and agreement: The acquisition of clitic pronouns in French. In J. Meisel (Ed.), *Bilingual first language acquisition.* Amsterdam, The Netherlands, & Philadelphia, PA: John Benjamins.

Karmiloff-Smith, A. (1983). Language acquisition as a problem-solving process. *Papers and reports on child language development, 22,* 1-22.

Karmiloff-Smith, A. (1985). A constructivist approach to modeling linguistic and cognitive development. *Archives de Psychologie, 55,* 113-126.

Karmiloff-Smith, A. (1986). Stage/structure versus phase/process in modeling linguistic and cognitive development. In I. Levin (Ed.), *Stage and structure.* Norwood, NJ: Ablex.

Keil, F. C., & Carroll, J. J. (1980). The child conception of all? Implications for an alternative view of semantic development. *Papers and reports on child language development, 19,* 21-28.

Klima, E., & Bellugi, U. (1966). Syntactic regularities in the speech of children. In J. Lyons

参考文献

& R. Wales (Eds.), *Psycholinguistic papers*. Edinburgh, Scotland: Edinburgh University Press.

Koppe, R. (1994). The DUFDE project. In J. Meisel (Ed.), *Bilingual first language acquisition*. Amsterdam, The Netherlands: John Benjamins.

Kroeger, P. R. (2005). *Analyzing grammar: An introduction*. Cambridge, UK: Cambridge University Press.

Lanza, E. (1990). *Language mixing in infant bilingualism: A sociolinguistic perspective*, Unpublished PhD dissertation. Georgetown University, Washington, DC.

Lanza, E. (1992). Can bilingual two-year-olds code-switch? *Child Language, 19,* 633-658.

Lanza, E. (1997). *Language mixing in infant bilingualism: A sociolinguistic perspective*. Oxford, UK: Oxford University Press.

Lanza, E. (2000). Concluding remarks: Language contact - A dilemma for the bilingual child or for the linguist? In S. Döpke (Ed.), *Cross-linguistic structures in simultaneous bilingualism*. Amsterdam, The Netherlands: John Benjamins.

Lanza, E. (2001). Bilingual first language acquisition: A discourse perspective on language contact in parent-child interaction. In J. Cenoz & F. Genesee (Eds.), *Trends in bilingual acquisition*. Amsterdam, The Netherlands: John Benjamins.

Lee, T. H. (1981). *Acquisiton of negation in a Mandarin-speaking child*. Unpublished M. A. thesis, University of Hong Kong.

Lee, T. H. (1996). Theoretical issues in language development and Chinese child language. In C.-T. J. Huang & Y.-H. A. Li (Eds.), *New horizons in Chinese linguistics* (pp. 293-356). Dordrecht, The Netherlands: Kluwer Academic.

Legerstee, M., & Feider, H. (1986). The acquisition of person pronouns in French-speaking children. *International Journal of Psychology, 21,* 155-176.

Leopold, W. F. (1939). *Speech development of a bilingual child: A linguist's record. Vol. 1: Vocabulary growth in the first two years*. Evanston, IL: Northwestern University Press.

Leopold, W. F. (1947). *Speech development of a bilingual child: A linguist's record. Vol. 2: Sound-leannng in the first two years*. Evanston, IL: Northwestern University Press.

Leopold, W. F. (1949a). *Speech development of a bilingual child: A linguist's record. Vol. 3: Grammar and general problems*. Evanston, IL: Northwestern University Press.

Leopold, W. F. (1949b). *Speech development of a bilingual child: A linguist's record. Vol.4: Diary from age 2*. Evanston, IL: Northwestern University Press.

Leopold, W.F.(1970). *Speech development of a bilingual child: A linguist's record. Vols. 1-4*. New York, NY: AMS Press.

Li, C. N. (Ed.).(1976). *Subject and topic*. New York, NY: Academic Press.

Li, C. N., & Thompson, S. (1981). *Mandarin Chinese: A functional reference grammar*. Berkeley: University of California Press.

Li, D., & Lee, S. (2004). Bilingualism in East Asia. In T. K. Bhatia & W. C. Ritchie (Eds.), *The handbook of bilingualism* (pp. 742-779). Oxford, UK: Blackwell.

Li, P., Tan, L. H., Bates, E., & Tzeng, O. (Eds.). (2006). *Handbook of East Asian psycholinguistics* (Vol. 1). Cambridge, UK: Cambridge University Press.

Li, W. (2010). Introduction: BAMFLA: Issues, methods, and directions. *International Journal of Bilingualism, 14*(1),3-9.

Li, Y. M. (1995). *Ertongyuyan de fazhan* [Children's language development]. Wuhan, China: Huazhong Normal University Press.

Lieven, E. V. M., Pine, J. M., & Bames, H. D. (1992). Individual differences in early vocabulary development: Redefining the referential-expressive distinction. *Journal of Child Language, 19,* 287-310.

Lindholm, K. (1980). Bilingual children: Some interpretations of cognitive and linguistic development. In K. Nelson (Ed.), *Children's language* (pp. 215-266). New York, NY: Gardner Press.

Loveland, K. A. (1984). Learning about points of view: Spatial perspective and the acquisition of "I/you." *Journal of Child Language, 11,* 535-556.

Lust, B. (1981). Constraints on anaphora in child language: Prediction for a universal. In S. Tavakolian (Ed.), *Language acquisition and linguistic theory*. Cambridge, MA: MIT Press.

参考文献

Lust, B., Loveland, K., & Komet, R. (1980). The development of anaphora in first language: Syntactic and pragmatic constraints. *Linguistic Analysis, 6*(4), 359-392.

Lyons, J. (1977). *Semantics* (Vol. 2). Cambridge, UK: Cambridge University Press.

MacnamaTSL, J. (1972). *Cognitive basis of language learning in infants. Psychological Review, 79,* 1-13.

Macnamara, J. (1982). *Names for things: A study of human learning.* Cambridge, MA: Bradford/MIT Press.

MacWhinney, B. (1995). *The CHILDES Project: Tools for analyzing talk* (2nd ed.). Hillsdale, NJ: Lawrence Erlbaum.

Mandler, J. M. (1983). Representation. In J. H. Flavell & E. Markman (Eds.), *Handbook of child psychology: Vol. 3. Cognitive development.* Chichester, UK: Wiley.

Maratsos, M. P. (1973). The effects of stress on the understanding of pronominal co-reference in children. *Journal of Psycholinguistic Research, 2,* 1-8.

Matthews, P. H. (1982). *Syntax.* Cambridge, UK: Cambridge University Press.

McDaniel, D., Caims, H. S., & Hsu, J. R. (1990). Binding principles in the grammars of young children. *Language Acquisition, 1,* 121-139.

McLaughlin, B. (1978). *Second-language acquisition in childhood.* Hillsdale, NJ: Erlbaum.

McLaughlin, B. (1984). Early bilingualism: Methodological and theoretical issues. In M. Paradis & Y. Lebrun (Eds.), *Early bilingualism and child development* (pp. 19-45). Lisse, The Netherlands: Swets & Zeitlinger

Meisel, J. (1986). Word order and case marking in early child language: Evidence from simultaneous acquisition of two first languages: French and German. *Linguistics, 24,* 123-183.

Meisel, J. (1989). Early differentiation of languages in bilingual children. In Hyltenstam, K., & Obler, L. (Eds.), *Bilingualism across the lifespan: Aspects of acquisition, maturity, and loss* (pp. 13-40). Cambridge, UK: Cambridge University Press.

Meisel, J. (1990). *Two First languages. Early grammatical development in bilingual children.* Dordrecht, The Netherlands: Foris.

Meisel, J. (Ed.). (1994). *Bilingual first language acquisition: French and German grammatical development.* Amsterdam, The Netherlands: John Benjamins.

Meisel, J. (2001). The simultaneous acquisition of two first languages: Early differentiation and subsequent development of grammars. In J. Cenoz & F. Genesee (Eds.), *Trends in bilingual acquisition* (pp. 11-41). Amsterdam, The Netherlands: John Benjamins.

Meisel, J. (2004). The bilingual child. In T. K. Bhatia & W. C. Ritchie (Eds.), *The handbook of bilingualism* (pp. 91-113). Oxford, UK: Blackwell.

Meisel, J. (2007). The weaker language in early child bilingualism: Acquiring a first language as a second language? *Applied Psycholinguistics, 28*(3), 495-514.

Miller, G. A. (1984). Some comments on the subjective lexicon. In D. Schiffrin (Ed.), *Meaning, form, and use in context: Linguistic applications.* Washington, DC: Georgetown University Press.

Miller, G. A., & Gildea, P. M. (1987). How children learn words. *Scientific American, 257*, 86-91.

Muller, N. (2003). Introduction. In N. Muller (Ed.), *(Invulnerable domains in multilingualism* (pp. vii-xiv). Amsterdam, The Netherlands: Benjamins.

Myers-Scotton, C. (2006). *Multiple Voices: An Introduction to Bilingualism.* Oxford: Blackwell.

Nagy, W. E., & Herman, P. A. (1987). Breadth and depth of vocabulary knowledge: Implications for acquisition and instruction. In M. G. McKeown & M. E. Curtis (Eds.), *The nature of vocabulary acquisition.* Hillsdale, NJ: Erlbaum.

Nelson, K. (1973). Structure and strategy in learning to talk. *Monographs of the Society for Research in Child Development, 38*(1-2), ser. no. 149.

Nelson, K. (1975). The nominal shift in semantic-syntactic development. *Cognition Psychology, 7*, 461-479.

Nelson, K. (1985). *Making sense: The acquisition of shared meaning.* New York, NY: Academic Press.

Nelson, K., Hampson, J., & Shaw, L. (1993). Nouns in early lexicons: Evidence, explana-

参考文献

tions and implications. *Journal of Child Language, 20*: 61-84.

Nelson, K. E., Denniger, M., Bonvillian, J., Kaplan, B., & Baker, N. (1984). Maternal input adjustments and non-adjustments as related to children's linguistic advances and to language acquisition theories. In A. D. Pelligrini & T. D.Yawkey (Eds.), *The development of oral and written language: Readings in developmental applied linguistics* (pp. 31-56). New York, NY: Ablex.

Norman, J. (1988). *Chinese.* Cambridge, UK: Cambridge University Press.

Olson, D. (1977) The context of language acquisition. In J. Macnamara (Ed.), *Language learning and thought.* New York, NY: Academic Press.

Oshima-Takane, Y. (1985). *The learning of pronouns,* Unpublished PhD dissertation. McGill University, Montreal, Canada.

Oshima-Takane, Y. (1988). Children learn from speech not addressed to them: The case of personal pronouns. *Journal of Child Language, 15,* 95-108.

Oshima-Takane, Y. (1992). Analysis of pronominal errors: A case study. *Journal of Child Language, 19,* 111-131.

Oshima-Takane, Y., & Oram, J. (1991). *Acquisition of personal pronouns: What do comprehension data tell us?* Paper presented at the International Society for the Study of Behavioural Development, Minneapolis, MN.

Oshima-Takane, Y., Takane, Y., & Shultz, T. R. (1999). The learning of first and second person pronouns in English: Network models and analysis. *Journal of Child Language, 26,* 545-575.

Pan, B. (1994). Basic measures of child language. In J. Sokolov and C. Snow (Eds.), *Handbook of research in language development using CHILDES* (pp. 26-49). Hillsdale, NJ: L. Erlbaum Associates.

Paradis, J. (2001). Do bilingual two-year-olds have separate phonological systems? *International Journal of Bilingualism, 5,* 19-38.

Paradis, J., & Genesee, F. (1996). Syntactic acquisition: Autonomous or interdependent? *Studies in Second Language Acquisition, 18,* 1-15.

Paradis, J., Nicoladis, E., & Genesee, F. (2000). Early emergence of structural constraints on code-mixing: Evidence from French-English bilingual children. *Bilingualism: Language and Cognition, 3*(3), 245-261.

Peters, A. M. (1977). Language learning strategies: Does the whole equal the sum of the parts? *Language, 55*, 560-573.

Peters, A. M. (1983). *The units of language acquisition.* Cambridge, UK: Cambridge University Press.

Peters. A. M. (1986). Early syntax. In P. Fletcher & M. Garman (Eds.), *Language acquisition: Studies in first language development.* Cambridge, UK: Cambridge University Press.

Petitto, L. A. (1987). On the autonomy of language and gesture: Evidence from the acquisition of personal pronouns in American Sign Language. *Cognition, 27,* 1-15.

Pine, J. M. (1990). *Individual differences in early language development and their relationship to maternal style.* Unpublished PhD dissertation, University of Manchester, Manchester, UK.

Pine, J. M., & Lieven, E. V. M. (1993). Reanalysing rote-learned phrases: Individual differences in the transition to multi-word speech. *Journal of Child Language, 20,* 551-571.

Platt, J. (1988). What can case studies do? *Studies in Qualitative Methodology, 1,* 1-23.

Postal, P. M. (1966). On so-called pronouns in English. In F. Dinneen (Ed.), *Nineteenth monograph on languages and linguistics* (p. 340). Washington, DC: Georgetown University Press.

Qi, R. (2005). From nominal to pronominal person reference in the early language of a Mandarin-English bilingual child. *The proceedings of the Fourth International Symposium on Bilingualism* (pp. 1893-1909). Somerville, MA: Cascadilla Press.

Qi, R. (2010). Pronoun acquisition in Mandarin-English bilingual children. *International Journal of Bilingualism,Special Issue, 14*(1), 37-64.

Qi, R., & Di Biase, B. (2005). *L2 and L1 patterns in the bilingual language development of a Mandarin-English child.* Paper presented at the Fifth International Symposium on Bilin-

参考文献

gualism, Barcelona, Spain.

Qi, R., & Di Biase, B. (2007, 16-21 May). *Does the "weak language" in bilingual children develop like L1 or L2? A case study of a Mandarin-English speaking child.* Paper presented at the Fifth International Conference on ELT in China & the First Congress of Chinese Applied Linguistics, Beijing, China.

Qi, R., & Di Biase, B. (2008, 11-12 December). *Does the weaker language of a Mandarin English bilingual child develop like L1 or L2?* Paper presented at the Conference on Bilingual Acquisition in Early Childhood, Hong Kong.

Qi, R., Di Biase, B., & Campbell, S. (2006). The transition from nominal to pronominal person reference in the early language of a Mandarin-English bilingual child. *International Journal of Bilingualism, 10* (3), 301-329.

Quay, S. (1995). The bilingual lexicon: Implications for studies of language choice. *Journal of Child Language, 22,* 369-387.

Quirk, R., Greenbaum, S., Leech, G., & Svartvik, J. (1985). *A comprehensive grammar of the English language.* London, UK: Longman.

Radford, A. (1986). Small children's small clauses. *Bangor research papers in linguistics,1,* 1-39.

Redlinger, W. (1979). Early developmental bilingualism: A review of the literature. *Bilingual Review/La Revista Bilingüe, 6,* 11-30.

Redlinger, W., & Park, T.-Z. (1980). Language mixing in young bilingual children. *Journal of Child Language, 7,* 337-352.

Reinhart, T. (1986). Center and periphery in the grammar of anaphora. In B. Lust (Ed.), *Studies in the acquisition of anaphora* (Vol. 1). Dordrecht, The Netherlands: Reidel.

Ricks, D. M., & Wing, L. (1975). Language, communication and the use of symbols in normal and autistic children. *JAutChSchiz, 5,* 191-221.

Rispoli, M. (1994). Pronoun case overextensions and paradigm building. *Journal of Child Language, 21,* 157-172.

Rizzi, L. (1994). Early null subjects and root null subjects. In B. Lust, G. Hermon, & J.

Komfilt (Eds.), *Syntactic theory and first language acquisition: Cross-linguistic perspectives: Vol. 2. Binding, dependencies and learnability* (pp. 249-272). Hove/London, UK: Lawrence Erlbaum.

Romaine, S. (1985). The notion of government as a constraint on language mixing: Some evidence from the code-mixing compound verb in Panjabi. In D. Tannen & J. E. Alatis (Eds.), *Linguistics and language in context: The interdependence of theory, data and application.* Georgetown University Round Table on Languages and Linguistics. Washington, DC: Georgetown University Press.

Romaine, S. (1989). *Bilingualism.* Oxford, UK: Basil Blackwell.

Romaine, S. (1995). *Bilingualism* (2nd ed.). Oxford, UK: Basil Blackwell.

Ronjat, J. (1913). *Le développement du langage observé chez un enfant bilingue.* Paris, France: Champion.

Runyan, W. M. (1982). *Life histories and psychobiography.* New York, NY: Oxford University Press.

Saunders, G. (1982). *Bilingual children: Guidance for the family.* Clevedon, UK: Multilingual Matters.

Saunders, G. (1988). *Bilingual children: From birth to teens.* Clevedon, UK: Multilingual Matters.

Schiffrin, D. (1987). Discovering the context of an utterance. *Linguistics, 25,* 11-32.

Schlyter, S. (1990a). Introducing the DUFDE project. In J. Meisel (Ed.), *Two first languages: Early grammatical development in bilingual children.* Dordrecht, The Netherlands: Foris.

Schlyter, S. (1990b). The acquisition of tense and aspect. In J. Meisel (Ed.), *Two first languages: Early grammatical development in bilingual children* (87-122). Dordrecht, The Netherlands: Foris.

Schlyter, S. (1993). The weak language in bilingual Swedish-French children. In K. Hyltenstam & A. Viberg (Eds.), *Progression and regression in language* (pp. 289-308). London, UK: Cambridge University Press.

Schlyter, S., & Hakansson, G. (1994). Word order in Swedish as the first language, second lan-

参考文献

guage and weaker language. In K. Hyltenstam (Ed.), *Scandinavian working papers on bilingualism* (pp. 49-67). Stockholm, Sweden: Stockholm University, Centre for Research on Bilingualism.

Schiff-Myers, N. B. (1983). From pronoun reversals to correct pronoun usage: A case study of a normally developed child. *Journal of Speech and Hearing Disorders, 48*, 394-402.

Serratrice, L. (2002). Overt subjects in English: Evidence for the marking of person an English-Italian bilingual child. *Journal of Child Language, 29*, 327-355.

Shatz, M. (1987). Bootstrapping operations in child language. In K. E. Nelson & A. van Kleeck (Eds.), *Childrens language* (Vol. 6). Hills-dale, NJ: Erlbaum.

Sharpless, E. A. (1974). *Childrens acquisition of personal pronouns*. Unpublished PhD dissertation, Columbia University, New York, NY.

Shipley, E. A., & Shipley, T. E. (1969). Quaker children's use of thee: A relational analysis. *Journal of Verbal Learning and Verbal Behaviour, 8*, 112-117.

Sinka, I., & Schelletter, C. (1998). Morphosyntactic development in bilingual children. *International Journal of Bilingualism, 2*(3), 301-326.

Slobin, D. I. (1985a). *The crosslinguistic study of language acquisition*. Hillsdale, NJ: Erlbaum.

Slobin, D.I. (1985b). Introduction: Why study acquistion crosslinguistically? In D.I.Slobin (Ed.), *The crosslinguistic study of language acquisition* (pp.3-24). Hillsdale, NJ: Erlbaum.

Smith,N.V. (1973).*The acquisition of phonology: A case study*. Cambridge, UK: Cambridge University Press.

Snow, C. E., Arlman-Rupp, A., Hassin, Y., Jobse, J., Joosten, J., & Vorster, J. (1976). Mothers' speech in three social classes. *Journal of Psycholinguistic Research, 5*, 1-20.

Stern, D., & Stern, W. (1900-1918). *Die Tagebücher. Elektronische Abschrift der unveröffentlichten Tagebücher aus dem Nachla?* [The diaries. Electronic copy of the unpublished diaries from the literary estate.] Nijmegen, The Netherlands: Max Planck Institute for Psycholinguistics.

Stern, G. (1964). *Meaning and change of meaning*. Bloomington, IN: Indiana University

Press.

Stern, W. (1927). Selbstdarstellung [Self-portrait]. In R. Schmidt (Ed.), *Die Philosophic der Gegenwart in Selbstdarstellungen* [Contemporary philosophy in self-portraits] (pp. 129-184). Leipzig, Germany: Felix Meiner.

Sternberg, R. J. (1987). Most vocabulary is learned from context. In M. G. McKeown & M. E. Curtis (Eds.), *The nature of vocabulary acquisition*. Hillsdale, NJ: Erlbaum.

Strayer, J. (1977). *The development of personal reference in the language of two year olds,* Unpublished PhD dissertation. Simon Fraser University, Burnaby, British Columbia, Canada.

Swain, M. (1977). Bilingualism, monolingualism and code acquisition. In W. Mackey & T. Andersson (Eds.), *Bilingualism in early childhood*. Berlin, Germany: Springer-Verlag.

Swain, M., & Wesche, M. (1975). Linguistic interaction: Case study of a bilingual child. *Language Sciences, 37,* 17-22.

Taeschner, T. (1983). *The sun is feminine: A study on language acquisition in bilingual children*. Berlin, Germany: Springer-Verlag.

Tanz, C. (1980). *Studies in the acquisition of deictic terms*. Cambridge, UK: Cambridge University Press.

Tardif, T., Shatz, M., & Naigles, L. (1997). Caregiver speech and children's use of nouns versus verbs: A comparison of English, Italian, and Mandarin. *Journal of Child Language, 24,* 535-565.

Tomasello, M. (1992). *First verbs: A case study of early grammatical development*. Cambridge, UK: Cambridge University Press.

Tseng, C. (1987). You er xide muyu guocheng zhong de yixie xianxiang chutaz [Preliminary observations of children acquisition of Mandarin Chinese]. *Bulletin of the Institute of History and Philology* LV. Ⅲ Part 4, 719-741.

Tucker, G. R. (1998). A global perspective on multilingualism and multilingual education. In J. Cenoz & F. Genesee (Eds.), *Beyond bilingualism: Multilingualism and multilingual education*. Clevedon, UK: Multilingual Matters.

参考文献

Tyler, L. K. (1983). The development of discourse mapping processes: The on-line interpretation of anaphoric expressions. *Cognition, 13*, 309-341.

Valian, V. (1991). Syntactic subjects in the early speech of American and Italian children. *Cognition, 40*, 21-81.

Van der Geest, T. (1977). Some interactional aspects of language acquisition. In C. E. Snow & C. A. Ferguson (Eds.), *Talking to children: Language input and acquisition.* Cambridge, UK: Cambridge University Press.

Vihman, M. M. (1985). Language differentiation by the bilingual infant. *Journal of Child Language, 12*, 297-324.

Vihman, M. M., & McCune, I. (1994). When is a word a word? *Journal of Child Language, 21*, 517-542.

Vihman, M. M., & McLaughlin, B. (1982) Bilingual and second language acquisition in preschool children. In C. J. Brainerd & M. Pressley (Eds.), *Progress in cognitive development research: Verbal processes in children.* Berlin, Germany: Springer-Verlag.

Volterra, V., & Taeschner, T. (1978). The acquisition and development of language by bilingual children. *Journal of Child Language, 5*, 311-326.

Wales, R. (1986a). Deixis. In P. Fletcher & M. Garman (Eds.), *Language acquisition.* Cambridge, UK: Cambridge University Press.

Wales, R. (1986b). Personal pronouns. In P. Fletcher and M. Garman (Eds.), *Language acquisition.* London, UK: Cambridge University Press.

Wang, Q., Lillo-Martin, D., Best, C. T., & Levitt, A. (1992). Null subject versus null object: Some evidence from the acquisition of Chinese and English. *Language Acquisition, 2*(3), 221-254.

Waryas, D. L. (1973). Psycholinguistic research in language intervention programming: The pronoun system. *Journal of Psycholinguistic Research, 2*, 221-237.

Wells, G. (1985). *Language development in the pre-school years.* Cambridge, UK: Cambridge University Press.

Wölck, W. (1987) Types of natural bilingual behavior: A review and revision. *The Bilingual*

Review/La Revista Bilingüe, 14, 3-16.

Woodward, A. L., & E. M. Markman. (1989). Early word learning. In W. Damon, D. Kuhn, & R. S Siegler (Eds.), *Handbook of child psychology*: Vol. 2. *Cognition, perception, and language* (5th ed.) (pp. 372-420). New York, NY: John Wiley.

Wu, Y. (1997). *Spatial demonstratives in English and Chinese*. Unpublished PhD Thesis, UK: University of Cambridge.

Xu, Z. Y., & Min, H. F. (1992). Chinese children's acquisition of personal pronouns. *ACTA Psychologica Sinaca, 4*, 338-345.

Yang, H., & Zhu, H. (2010). The phonological development of a trilingual child: Facts and factors. *International Journal of Bilingualism, Special Issue, 14*(1), 105-126.

Yin, R. (1984). *Case study research: Design and methods*. Thousand Oaks, CA: Sage.

Yip, V, & Matthews, S. (2000). Syntactic transfer in a Cantonese-English bilingual child. *Bilingualism: Language and cognition, 3*(3), 193-208.

Yip, V., & Matthews, S. (2007). *The bilingual child: Early development and language contact*. Cambridge, UK: Cambridge University Press.

Yip, V., & Matthews, S. (2010). The acquisition of Chinese in bilingual and multilingual contexts. *International Journal of Bilingualism, 14*(1),127-146.

Zhu, H. (2002). *Phonological development in specific contexts: Studies of Chinese speaking children*. Clevedon, UK: Multilingual Matters.

Zhu, H., & Dodd, B. (Eds.). (2004). *Cross-linguistic perspectives on child phonology*. Clevedon, UK: Multilingual Matters.

Zhu, H., & Li, W. (2005). Bi- and multi-lingual acquisition. In M. Ball (Ed.), *Clinical sociolinguistics* (pp. 165-179). Oxford, UK: Blackwell.

Zhu, M. S., Chen, G. P., Ying, H, C., & Zhang, R. J. (1986). Children comprehension of personal pronouns. In M. Zhu (Ed.), *Ertong yuyan fazhan yanjiu* [Studies in child language development] (pp. 114-125). Shanghai, China: Huadong Shifan daxue Chubanshe.

表格目录

表 3.1. 澳齐的社会语言环境和语言输入条件 ················· 56

表 3.2. 录音数据简介 ································· 57

表 3.3. 澳齐的汉语话语平均长度（MLUw）与布朗的阶段量表的比较 ········ 72

表 3.4. 澳齐的英语话语平均长度（MLUw）与布朗的阶段量表的比较 ········ 72

表 4.1. 澳齐的句法发展中词汇的类符和形符总结（1;7—2;0）········ 76

表 4.2. 澳齐的汉语双词及三词组合的类符和形符数（1;7—2;0；N=17）······ 85

表 4.3. 澳齐的汉语多词组合的类符和形符，2;0—2;6（N=237）················ 86

表 4.4. 澳齐的汉语多词话语中句法模式的类符和形符，2;0—2;6（N=189）··· 91

表 4.5. 澳齐的汉语多词话语中常用的小句模式的类符和形符总结，2;0—2;6··· 94

表 4.6. 澳齐的英语双词组合的类符和形符，2;0—3;0（N=24）················ 99

表 4.7. 澳齐的英语双词及三词组合的类符和形符，3;0—3;6（N=31）······ 103

表 4.8. 澳齐的英语句型的类符和形符：3;6;01—4;0（N=221）················ 105

表 4.9. 澳齐的英语多词组合表达否定意思的总集：3;6;01—4;0（N=221）·· 112

表 4.10. 澳齐的英语陈述句、祈使句、疑问句句型的类符和形符总结，3;06;01—4;0 ··· 113

表 4.11. 澳齐常用的汉语多词句句型的类符和形符总结，2;0—2;6（N=196）································· 114

表 5.1. 汉语第一人称代词系统总览 ………………………………… 124

表 5.2. 澳齐的汉英早期词汇的类符（1;7—2;0）………………… 127

表 5.3. 汉语儿语名词与英语儿语名词及儿语关系词的对比（1;7—2;0）…… 128

表 5.4. 第二阶段的英语词汇（2;0—3;0;07）……………………… 130

表 5.5. 自我称谓"儿儿"（er2er）和"澳齐"（Auchee）的形式和功能映射概况（2;0—3;0;01）…………………………… 137

表 5.6. 汉语代词"我"的出现 ……………………………………… 140

表 5.7. 英语代词 mine、I、me 和 my 的出现 …………………… 141

表 6.1. 汉英代词系统总览 …………………………………………… 168

表 6.2. 汉语代词出现的顺序 ………………………………………… 172

表 6.3. 人称代词的形式和功能映射（2;3—3;0）………………… 174

表 6.4. "他"/"她"（ta1）的出现 …………………………………… 174

表 6.5. "我们"（wo3men）的使用（3;7;19）…………………… 176

表 6.6. 英语代词出现的顺序（3;0—4;0）………………………… 178

表 6.7. 英语代词生成性使用的顺序（3;0—4;0;02）…………… 179

表 6.8. 汉语和英语单语儿童的人称代词出现的顺序 …………… 181

表 6.9. 汉语名词性自我指称的形式和功能映射（3;0;07—4;0;0）…… 191

表 6.10. 第一阶段"我"（wo3）的使用语例 …………………… 192

表 6.11. 第二阶段"我"（wo3）的使用语例 …………………… 192

表 6.12. 第四阶段"我"（wo3）的使用语例 …………………… 196

表 6.13. 第五阶段"我"（wo3）的使用语例 …………………… 196

表 6.14. "我"（wo3）和"你"（ni3）的使用语例 ……………… 198

表 6.15. "我"（*wo3*）的形式和功能匹配发展（3;0;07—4;0;0）·············· 198

表 6.16. 第二阶段"你"（*ni3*）的使用语例 ································ 201

表 6.17. "你"（*ni3*）的形式和功能匹配发展（3;0;07—4;0;0）[60]·········· 203

表 6.18. 第三阶段"他/她/它"（*ta1*）的使用语例 ······················ 205

表 6.19. "他/她/它"（*ta1*）的形式和功能匹配发展（3;0;17—4;0;0）[33] ··· 207

图示目录

图 3.1. 澳齐（James）的汉语、英语和混合语的话语平均长度（MLUw）：每三个月为一个间隔周期 ·· 70

图 5.1. 自称以及"我"（*wo3*）的出现和使用（1;07;0—4;0;0）············· 139

附　录

附录一　转写法

1. 首先录入讲话人代码（speaker code）。例如：
   A = 语言研究对象［A.澳齐（Auchee/James）］
   R = 对话人［R.汝莹（Ruying）］
   G = 对话人（G.外婆）

2. 录入讲话人代码之后，单击一次制表键［即在电脑的键盘上按Tab键］。在讲话人代码和这名讲话人的话轮之间不可出现其他字符（仅留一个空格符），这样就可以使电脑清楚地识别每段话轮和讲话人。

   首先录入第一名讲话人的标记符号，单击一次制表键，然后根据磁带录音内容开始转写，以从左至右的线性方向记录话语，直至讲话人的话轮结束。但是，话轮（turn）包含哪些要素？

   此处的话轮指一名讲话人的一段正常的连续话语（包

括停顿）被对话人（即互动中的另一名参与人）认
为已结束而接话，或后者中断前者的话语而接话。

3. 在话轮结尾处，按回车键（即按Enter键），然后，再依次录入（另一名）讲话人的标记符号、按制表键、话轮，按回车键。例如：

    A：what's your name? my name is James

    Y：what's your daddy's name?

4. 不采用除问号外的其他标点符号。采用问号的情况指讲话人似乎在提出问题（例如：有上升的语调），如第3条中的语例所示。

5. 大写字母仅用于专有名词、第一人称单数代词"I"（我）和表示认可的话语"OK"（好）。

    例如：

    R are you OK now?

    （注意，一段话轮的开头不用大写字母，结尾处不用句号）

6. 停顿以一个小圆点（大约相当于一个犹豫性的停顿或普通书写中以逗号代表的停顿）或两个小圆点标示（大约相当于普通书写中以句号标示的停顿），后者为较长的停顿。如果出现比前两者情况更长的停顿，只需在括号中书写长停顿。

    例如：

    A：en. Wo3 enn yao4 mei3..enn（长停顿）

7. 规范（即书写时使用统一的字符串）所有话语/互动的声音标记。

    例如：犹豫（um、uh、unn、erh）、认可和鼓励（mhm）、澄清请求（mm? ern?）和轻微的惊讶（ou、oh）。采用文字（非数字）记录数目。

8. 转写者无法听清楚或理解的音节可以置于圆括号中，用一个X标

附 录

示不清晰的音节或单词，用三个XXX标示较长的不清晰的音节或单词。

9. 转写者的注解应置于圆括号中。例如：
   A：this one?（语言研究对象指着篮子里的一个球）

10. 转写中避免任何特殊的格式化操作，保留一份纯文本（用于分析）副本（另存为）以及一份附编号的话轮副本（作为参考）。在不同的磁盘上备份转写。

以下提供一段简短的转写文本，样例取自澳齐在1;8;02时的录音，编号为片段2。

（A＝澳齐，R＝汝莹，母亲）

R：*lai2 huan4 niao4bu4*（来换你的尿布）

A：*no.bi4 yao4. Bi4 yao4*（不。不要。不要）

R：*po2 ne?*（外婆在哪儿？）

A：*po2. zai4 jia1..*（外婆，在家）

R：*ma1ma ne?*（妈妈呢？）

A：*e.. e..*（呃。呃。）

R：*ern?*（嗯？）

A：*ma1ma zai4 jia1*（妈妈在家。）

R：*na Yi2 ne?*（那姨呢？）

A：*yi2 zai4 jia1*（姨在家。）

R：*ba1ba ne? ai. ai. ba4ba ne?*（爸爸呢？哎。哎。爸爸呢？）

A：*ern?*（嗯？）

（改编自Di Biase，1998：29）

附录二　汉语与英语的类型差异

汉语通常被认为是一种孤立的或分析性语言——这个术语在19世纪早期出现，至今仍未被取代（Comrie，1989）。汉语中的"字"（*zi4*，汉字）相当于词素，无法被进一步解析为更小的成分。词序和词语选择的变化性取决于独立的词语，而不是依附性词素（Norman，1988：7—12，84—87）。汉语的这个关键的类型特征使它与英语在很多方面有差异，后者的孤立性和分析性特征较弱。例如，汉语中的语法关系一般不通过词缀或词形变化显现，而通常是以词序或语法小品词表示。在英语中，一个过去分词词素的形态可以是一个元音的变化（*sit* 和 *sat*）或附加一个后缀（*look* 和 *looked*）。过去时词素 -ed 不能作为一个完整的单词使用，而是以语音的形式附着在动词上；元音的变化是一种抽象的规则，不是词语层面的问题。英语中用作主语的第一人称代词是 *I*，而 *me* 是直接宾语的唯一语法选项。但是在汉语中，一个动词可以同时表示过去和现在时态，代词"我"（*wo3*，第一人称单数）可以同时指男性和女性，同时做主语和直接宾语。以下仅阐述与本研究相关的汉语特征；英语为对照语。

主题凸显语言

在英语和汉语对比方面，一直困扰语言类型学研究者的一个问题是，缺少可以同时适用于两种语言的一个行之有效的语法框架（Li & Thompson，1976），问题的瓶颈在于约束两种语言各自语句关系的基本原则有差异。英语中存在"一个名词词组和其述谓成分之间的纯句法关系"（Comrie，1989：65）——反映在如主语和宾语这类语法关系的概念中。因此，词序和句内关系在很大程度上取决于语句结构。与其相对照的是，汉语中不存在纯粹句法层面的约束关系，"主语不是一个在结构层面可界定的概念"（Li & Thompson，1981：19），"宾语"的概念同理。与动词相关的主要成分的词序似乎主要取决于语法关系之外的因素。李讷和汤普森（Li & Thompson，1976，1981）认为，在语言学的框架内，这些因素属于语义和语用学的范畴。显而易见的是，虽然英语语法符合主流的句法理论，但这些理论难以充分驾驭汉语语法（另参见 Wu，1997：8）。

李讷和汤普森（Li & Thompson，1976，1981）开创了主题凸显（TP）和语句凸显（SP）的类型学研究，黄正德（Huang，1984）对此理论进行了修正。他们都认为，TP/SP 的分类在本质上是语句层面的语法问题。本研究辨识 TP/SP 型语言的三个共同特征：词组结构（PS）规则的特征、空缺要素的分布以及双重名词性结构的在场和缺席（详参 Jin，1994：104-105），这样就可以展示汉语和英语的类型差异，在口语体中这些差异尤其显著。

PS 规则：在汉语中，主题是一个语句的基本单位；而在英语中，一个语句的基本单位是主语。两种语言遵循 PS 规则，如黄正德（Huang，1984：98）对例 1 的描述：

1. 汉语： a. $S^1 \rightarrow$ 主题句
   b. S $\rightarrow$（名词词组）动词词组
   英语： a. $S^1 \rightarrow$（主题）句
   b. S $\rightarrow$（名词词组）动词词组

例 1 的规则表明，也许汉语中不可或缺的是主题，而不是主语；但是，英语的情况则相反。

空缺要素：作为 TP 类语言，汉语允许在三个语句位置的任意一个位置出现空缺——主题、主语和宾语（Huang，1989）——如例 2 所示。作为一种 SP 语言，英语不允许语句中的这三种要素出现空缺。

2. 讲话人 A： *Ni3 yao3 pin2guo3 ma?*

你想要苹果吗？（You want apple?）

（Do you want an apple?）

讲话人 B： *Yao4.*

想要。（Want.）

（[I] want [it]）

在例2中，讲话人B省去了同时充当主题和主语的*I*，也省去了句子的宾语*it*。

双重名词性结构：汉语中的双重名词性结构是一种普遍现象，两个名词性成分之间常有停顿，第一个名词性成分充当主题，第二个名词性成分充当主语。双重名词性结构中的话题和主语可以为非互指关系（如例 3a）或互指关系（如例 3b）。双重名词性结构在英语中可能会出现，但不常见，其使用的普遍性不及汉语。很多讲英语者认为这种结构比较怪异（如例 3c）。

3a. *Na4 ge ren2 ta1 ma1 bing4 le.*

That man his mother sick.（那个人他母亲病了。）

（That man's mother is sick.）（那个人的母亲生病了）

3b. *Na4 ge hai2zi ta1 hen3 tao2qi4.*

附 录

  That child he very naughty.(那个孩子他很淘气。)
  (That child is very naughty.)(那个孩子很淘气。)
  3c. * That man his mother is sick.(那个人他母亲生病了。)

总之,汉英的结构对照表明,汉语是一种主题凸显性语言,而英语属于语句凸显性语言。这种倾向主要反映在PS规则、空缺要素和双重名词性结构等三个方面的特征。

附录三
汉语

年龄:2;0—3;0;01

*zhe4/"这"和 na4/"那"的形式和功能匹配分布表

形式	指称	位置	时间	限定词	其他	总计
zhe4 (这) 2;06;25 3;0;01	6	1	0	7	1	18
Zhe4-ge4 (这个)	3	0	0	0	0	0
Na4 (那) 2;11;17				1 (回应)		

注:Zhe4/"这"始终指无生命体。

273

附录四
汉语

年龄：3;0;07—4;0;0

*zhe4 /"这"和 na4/"那"的形式和功能匹配分布表

形式	指称	位置	时间	限定词	其他	总计
zhe4 （这） 3;0;07–3;11;14	62	7	0	19	2	102
zhe4 量词 （这个量词）	10	0	0	0	0	0
Zhe4-ge4 （这个）	2					
Na4 （那） 3;03;03–3;11;14	0	1	4	2	0	7

注： Zhe4 /"这"始终指无生命的实体。在第 40 号录音片段（3;02;16）中有两个例外的用法，"这"指一本书中的"鸟"和"大象"。这种现象表明接近成人语的发展趋势。

索 引

（索引页码为原书页码，即本书边码）

alternation 交替使用，169，219
audio recordings 音频记录，59，63，64，70

bilingual 双语
 acquisition ~ 习得，iv，viii，xii，xiv，xvi，xvii—xx，xxii，xxiv，xxvi—xxvii，2—4，6，8，11—12，14，16—18，20—24，26
 children ~ 儿童，xix，2—5，8，11—12，15—22，24，28—43，45—47，49—50，121，131，150，157，172，235
 context ~ 语境，1—2，6，9，152，155
 development ~ 发展，xviii—xix，xxii，5，15，18，25，33，38—40，50，191，196
 families ~ 家庭，xix，xxi—xxii，12，34
 first language acquisition/ BFLA ~ 第一语言习得，4，5，11
 unbalanced 不均衡 ~ ，8，31
bilingualism 双语能力/双语接触/双语习得，xvi—xix，xxiii—xxiv，2，12，14，17—18，21，23—25，28，38，51，55—56，59，243
bottom-up，analytic 自下而上，分析性（的），34—35，124，150—151，235

case study 个案研究/案例研究，4，6，9，15，50—53，169，203，228，232
CHILDES 儿童语言数据交换系统，

138，141，218—219，221
clause types 小句类型，98—99，101—102，118
communication skills 交际技能，3
communication competence 交际能力，3，4，38
context 语境，xv，xx，1—3，5—9，16—17，22—28，36—38，40，46—47，51，53，56—59，62—67，69，71，73，77—79，84—85，120—121，128，130—132，155—160，162，165，167，174，178—179，182—184，187，190，192—194，196—198，201，204，206—208，210，215—216，218-219，222，224，226—227，231—232，234—235，237—239，241—243

 context-bound language 语境制约性语言，xxi，6，8，16—17，27，36，59，128，148，152，187，222，232，243

data collection 数据收集，59—62，75
deictic terms 指示语，6-7，158，160，163—165，167
diary records 日记记录，50，59，64，110
dominance 支配/强势，3，26，28—31，35，86，120，147—148
dominant language，强势语言。参见 weaker language 弱势语言

early childhood bilingualism 儿童早期双语现象，12，243
early word learning 早期词语学习，xx，1，6，16，127，132

form and function mapping 形式与功能映射，xxi，3—4，128，131，143，152，157，178，180—181，187，190，194，197—198，204，206—207，212，214，222，242
fusion system hypothesis 融合系统假说 参见 unitary language system hypothesis 单一语言系统假说

home language 家庭语言，xv，13，55，62
identity 身份 xx
immigrant families 移民家庭，xix，6
input 输入，xv，xxi—1，3—6，8，12，15—22，26，29，31—32，36，40，47，57—59，73，81，84，101，115，122，125，130—132，148，151，157，163—164，174，191

 context-bound bilingual input 语境制

276

索 引

约性双语~，8
implicit overheard input / overheard speech 隐性旁听~/旁听的话语，8
peer input 同龄人~，8，22，227，192，194，205，221，223，227－228，234－235，239，241－242，249
sibling input 兄弟姐妹~，20，22
interaction 互动，xxi，3，6，9，16－17，19，25－28，44，47，70，128，152，155，158，236，239，241
interdependence 相互依赖，5，45，128，194
interference 干扰，5－6，32，41，128，234－235，239

James (the bilingual child) 澳齐（双语儿童），xxv，4，7，17，22，51，55－58，62－64，67

kinship nouns 亲属名词，87－88，93，104，106，108，130，133－136，142－144，146，148－149，192，238

language 语言
  contact~接触，xxi，25，30，44，217

environment~环境，xxi，8，242
processing strategies or acquisition strategies~加工策略或习得策略，xxi，3，8，33，38，47，86，132，235，239，242
lexical development 词汇发展，3，27－28，35－36，38，50，148
longitudinal study 纵向研究，xx，8，50，52，167，169

Mandarin Chinese 汉语，xviii－xix，66，70，85，172，174，187，212，276
mixed utterances 混合话语，8，19，40，43，64，70－71，79，173
MLU 话语平均长度，30，42，64，67－74，89，101－102，149，183，187
monolingual 单语的，2－3，7－9，12，15，17，19－21，25，28－30，33－35，37－38，41－43，45－46，50，119－120，157
  acquisition~习得，3，17，29－30，45－46，50，148，173，241

naturalistic data 自然数据，54，166，172－173
nominal 名词性的，1，8，16，21，35，51－52，56－57，67，87－89，92，103－108，120，122，127，129－141，143－151，153，

155—158, 160—162, 166—169, 171—176, 178, 181—184, 186—187, 189—190, 192, 194—198, 200—205, 207, 211—212, 217, 219, 222, 224—228, 235—236, 238—239

noun phrase 名词词组, xx

one language, one environment 一语, 一境, 6, 8, 13, 128

one parent/person, one language 一人, 一语, xv, xxi, 6, 13, 17—19, 31, 43—44, 46, 128, 232

person identification and pronominal acquisition, 身份识别和代词习得, 3, 52

personal pronouns 人称代词, xx—xxi, 6—9, 21, 29, 150, 155—160, 163, 166, 191—192, 196, 225—227

phonology 语音/音系, 3, 31, 50

pragmatic 语用的, 3, 7, 9, 23, 27, 35—36, 38, 42, 103, 129—131, 148, 155—156, 161, 165, 186—187, 191, 194—195, 204, 209, 217, 227, 241

input ~ 输入, 1, 130, 192

pronominal 代词的, vii, xiii, xx, 1, 3, 7—9, 16, 21, 29, 51—52, 56—57, 67, 70—71, 75, 122, 127, 129—137, 139—141, 143, 145, 147, 149—151, 153, 155—158, 160—162, 166—169, 171—176, 178, 181, 183—184, 186—187, 189—190, 192, 194—196, 198, 200—201, 203—205, 207, 211—212, 217, 219, 222, 224—228, 235—236

reference to addressee ~ 指称受话人, 1, 9, 155

reference to nonparticipant ~ 指称非参与者, 1, 9, 155

reference to self ~ 指称自我, 1, 9, 155

pronoun reversal 代词反转, 156, 164—167, 168—169, 171—172, 203, 225

pronouns 代词, xx—xxi, 6—9, 21—22, 29, 38, 47, 54, 56, 70, 77, 86—87, 103, 106, 109, 129—132, 149—150, 155, 172, 174—175, 177—178, 180—181, 183

first-person pronoun 第一人称~, 147, 170

second-person pronouns 第二人

索 引

称~，xx, 19, 164, 168—174, 177, 209, 226—227, 238

third-person pronouns 第三人称~, 164, 167, 169, 171, 177—179, 184, 193, 201, 203, 222

reference 指称/指示, iv, vii, xiv, xx, xxiv, 1, 7—9, 12, 29, 38, 52, 56, 67, 75, 92, 102, 127—139, 141—147, 149—153, 155—156, 158—159, 161—164, 166—167, 169, 174—175, 181, 184, 190, 192, 194, 196—198, 200—202, 205, 209—213, 219, 225—228, 235—236, 238—239

self-referential expressions 自我指称表达, self-reference 自我指称, 8, 29, 56, 67, 92, 130, 132—134, 136, 143—146, 149—151, 164, 167, 175, 192, 196—198, 202, 225, 236, 239

semantic 语义的, xx, 7, 9, 21, 38, 42, 68, 82, 100—101, 129, 131, 155—156, 158—159, 161, 163—166, 173, 186—187, 191, 194, 201, 204—205, 212, 217—218, 222, 225—226

separate development hypothesis 分立发展假说, differentiation hypothesis 区分假说, 5—6, 12, 24, 38, 42—44, 46, 77, 86, 128, 231—233

separation 分立, xxi, 5, 9, 15—16, 18—19, 38, 43, 47, 77, 155, 232, 235, 241

simultaneous acquisition 共时习得, 4, 11—12, 50, 231

socialization 社会化, 26, 151, 243

speech roles 言语角色, xx, 7, 129, 156, 158—164, 168, 177—178, 207

stronger language 强势语言, 29—32, 37, 86, 128, 131, 148, 150, 157, 158, 227, 234—235, 238—239

subject realisation 主语实现, 1, 9, 33, 57, 77—78, 81, 85—86, 116, 118—119, 123, 232—233

a pro-drop language 零主语语言, 83, 86, 118, 123, 182

null subjects 零主语, 82—84, 86, 88, 118, 177, 233

successive acquisition 历时习得, 4

syntactic development 句法发展, 1, 7, 9, 42, 45, 71, 77—81, 83, 85—87, 89, 91, 97, 99, 101, 144, 232, 234, 237

syntactic patterns 句法模式, 94—96,

97—99，110—111，114—116，118—119

top-down 自上而下，synthetic 综合性（的），34-35，124，150—151，235

transfer 迁移 3，5，30—32，40，45，128

translation equivalents 翻译对等语，37，136，237—238

unitary language system hypothesis/ fusion system hypothesis 单一语言系统假说/融合系统假说，5，24—25，38—40，42，44，46，128，231

vocabulary spurt 词汇突增，89

weaker language 弱势语言，xxi，8，28—29，33—37，47，86，128，131—132，148—150，157，178，191，195，224，228，234—235，239，241—243

word 词语

　　combination ~组合，86—93，103-110，122—124，143—144，235

　　order ~序，1，9，29，33，40—42，45，57，77，79，82—83，88，99，101—102，115，119，122—124，232—234

后　记

　　本想三言两语简述一下这本书写作的来龙去脉，却几度搁笔，千言万语，一时不知从何说起。加上疫情、家事等耽搁，延误至今。感谢商务印书馆的理解体谅，给我一而再、再而三的宽限时间。

　　俗话说，十年磨一剑，这本书却整整磨了二十七年！二十多年的跟踪调查研究，三代人的心血，都凝聚在了这部专著里。这本专著首次系统地研究了一名英汉双语儿童的语言发展规律。其研究成果被学术界认为是"开拓性的研究""深具代表性和普遍性"，并被后来的儿童双语研究进一步验证。在此后二十多年中，我和我的同事以及博士生们又跟踪调查研究了其他三十多例双语儿童，其中包括西悉尼大学与暨南大学合办的双语研究实验室跟踪研究的中澳双语儿童。二十多年来，我们在教学、科研和咨询服务中接触了大量社区以及世界各地双语-多语家庭的儿童、少年以及双语习得的成年人、老年人，我们把研究成果运用在双语教育、外语教学、社区服务上，效果显著，尤其能帮助移居海外的华裔家庭排难解惑、指点迷津。

　　二十七年前，初为人母，像许多新移民一样，我在选择用哪种语言来与孩子交流时犯了难，是应该用所居住国使用的英语，还是用祖国的中文？我试过用英文，但我觉得自己说不出"I love you"，用中文说出来很容易,用英文说总觉得别扭。如果在家说中文,又怕孩子英文落后,将来上学有困难。如果不跟孩子说中文,孩子将来不会说母语,不能与祖父母以及国内亲人沟通,会失去了根基……。当时我们的朋友都有同样的困惑与纠结。这种困惑和纠结记录在了澳洲媒体《澳大利亚人报》(*The Australian*,2014年8月20日)对我的专题采访报道中。当时,我找不到任何资料,也咨询不到任何人来解决我的苦恼。索性听从母性的本能,用"母乳",也就是母语——爱的语言来"哺育"幼儿。后来,孩子的外婆齐莹也积极参与母语的"养育",给孩子讲中文故事、陪孩子看中文节目等等。中文是母乳,那英文就是牛乳,孩子三岁前在家主要吃母乳,在外接触牛乳,在家特定时段特定情景也辅助牛乳——看英文儿童节目、听英文故事等。两个孩子都是如此。

二十七年后的今天,同样的烦恼仍困扰着新老移民。在双语养育过程中遇到的挑战,同样让新一代的父母、祖父母担心焦虑,也同样困扰着当代教育工作者、研究人员。比如:最近,"澳洲养育孩子全澳关系网"向我咨询:孩子每日时间有限,如何让孩子既保持家庭语(母语),又学好英语?孩子迟迟不语,是不是大脑给双语搞糊涂了?孩子在幼儿园不说话,是不是给双语弄成语言障碍了?母语强英语弱,孩子上学会不会受影响?等等。这本书对这些问题都做了详尽的数据分析,深入的比较研究,给出了科学的答案。最近,陆俭明教授在"国际中文教育学科建设高端论坛2021"上指出,应关注研究"国际儿童如何学汉语等问题",此书正是应运而生,抛砖引玉。

二十年后,对我来说,培育双语儿童的最大收获,就是可以听到儿子澳齐每天对我说:"Mum, I love you!(妈妈,我爱你)"。女儿雪莹在接受澳洲TVB电台采访时说："说两种语言，拥有了不同的视角。当使用两种语言时，就像两种身份在处理信息。一边透过西方视角，另一边透过东方视角去多方位看问题、多方面理解事物。拥有两种语言的能力，有助于拥有国际视野、国际情怀。"有了双语的基础，让儿女更容易学习第三种第四种语言，触类旁通，对其他学科的学习更能融会贯通，帮助女儿在澳洲高考中取得各科满分的好成绩。在人际交往、学业工作上，发挥中西文化的优势，更加得心应手。祖父母年过九旬，还在坚持学英语，立志成为最年长的双语人，健脑益智。两语三代，根深叶茂，中西合璧，相得益彰。双语对孩子对家庭，科学对待，处理得当，是双倍的祝福。

感谢商务印书馆慧眼识珠，让这本专著终于回到祖国，与中文读者见面。对以下各位的大力支持表示由衷的感激：前总编周洪波，副总编余桂林，朱俊玄主任，戴文颖编辑。

感谢李宇明教授、郭熙教授的知遇之恩。此书英文版（纽约-坎布里亚出版社）出版不久，他们就对此项研究特别重视，赞誉有加。觉得其理论依据、实证方法、家庭实践上均对中国家长、研究人员很有助益，随即推荐给商务印书馆。在我孩子出生数据收集研究的过程中，在论文发表后，以及在汉译本出版前，两位老师都给予了无私的帮助，在漫长辛苦的四年以及后来二十年的日常口语数据收集中，不断给予我鼓励与支持。与我分享他们的一些学术成果，李教授最近出版的《人生初年》一书，看到单语儿童冬冬也有沉默期，与我经历的双语儿童沉默期有异曲同工之妙。郭教授有关华裔华语的研究对我在培养孩子文化传承身份认同方面深有启发。也再次感谢孙德坤老师，不仅在我学术起步时给我热情帮助鼓励，还让我与李明宇教授、郭熙教授结缘。

真诚感谢李宇明教授，在百忙之中拨冗为此书做序。李教授在序言中画龙点睛，对本书在儿童双语习得研究领域的作用给予了热忱的评述和肯定。李教授也曾经"以父亲和学者的双重身份"研究过儿童语言发展，他说他更能够理解我的研究志趣，可谓"知音"！

特别感谢赵娟副教授对此书的出色翻译，忠实原文，精益求精，体现了译者深厚的中英文语言功底和翻译技巧。赵娟一定经过多方推敲，才使译文既尽量忠实于原著，又不偏离汉语惯用语法，使《华裔儿童双语习得》中译本读起来轻松自在，饶有兴味。

感谢西悉尼大学人文与传播学院双语研究实验室的吴万华博士、刘莹博士为译文锦上添花。吴万华对译文做了专业方面的精准修改，刘莹在第一次的校对中对中文表达进行了再次校对和润色。而戴文颖编辑的字斟句酌和专业审编协助，也让成品更臻完美。戴编辑的细心、诚心、耐心、理解让我十分感动。

再次感谢二十多年来伴随此书酝酿、出生、成长、翻译过程中的所有支持者、老师、朋友和亲人，以及双语家庭双语儿童，特别是双语祖孙。

齐汝莹

2021年11月26日于悉尼

图书在版编目(CIP)数据

华裔儿童双语习得/(澳)齐汝莹著;赵娟译. —北京:商务印书馆,2022(2022.4重印)
ISBN 978-7-100-18822-7

Ⅰ.①华… Ⅱ.①齐… ②赵… Ⅲ.①华人—儿童—双语教学—教学研究 Ⅳ.①H09

中国版本图书馆 CIP 数据核字(2020)第 135404 号

权利保留,侵权必究。

华裔儿童双语习得
〔澳〕齐汝莹 著
赵 娟 译

商 务 印 书 馆 出 版
(北京王府井大街36号 邮政编码100710)
商 务 印 书 馆 发 行
北京虎彩文化传播有限公司印刷
ISBN 978-7-100-18822-7

2022年1月第1版 开本 880×1230 1/32
2022年4月北京第2次印刷 印张 9¾
定价:68.00 元